新能源汽车认知与使用

主　编　◎　朱昌新　　张建峰　　高志国
副主编　◎　马　宁　　殷银伟　　段亚楚　　蔡厚厅
编　委　◎　徐　月　　宋龙笛　　安　诺　　李丽伟
　　　　　　张艳娟　　刘中豪　　胡国力

西南交通大学出版社
·成　都·

图书在版编目（CIP）数据

新能源汽车认知与使用 / 朱昌新，张建峰，高志国主编. -- 成都：西南交通大学出版社，2024.8.

ISBN 978-7-5774-0080-8

Ⅰ. U469.7

中国国家版本馆 CIP 数据核字第 2024GY9386 号

Xinnengyuan Qiche Renzhi yu Shiyong

新能源汽车认知与使用

主　编 / 朱昌新　张建峰　高志国	策划编辑 / 黄庆斌
	责任编辑 / 赵永铭
	封面设计 / GT 工作室

西南交通大学出版社出版发行

（四川省成都市金牛区二环路北一段 111 号西南交通大学创新大厦 21 楼　610031）

营销部电话：028-87600564　　028-87600533

网址：http://www.xnjdcbs.com

印刷：四川煤田地质制图印务有限责任公司

成品尺寸　185 mm×260 mm

印张　14.25　　字数　353 千

版次　2024 年 8 月第 1 版　　印次　2024 年 8 月第 1 次

书号　ISBN 978-7-5774-0080-8

定价　48.00 元

课件咨询电话：028-81435775

图书如有印装质量问题　本社负责退换

版权所有　盗版必究　举报电话：028-87600562

前 言

近年来，随着汽车技术的发展，我国新能源汽车技术已经逐渐成熟。在国家各种扶持政策和项目的推行下，新能源汽车的保有量越来越大，随之而来的产生了与新能源汽车应用相关的一些问题。新能源汽车包括混合动力汽车、纯电动汽车和燃料电池汽车，无论哪种形式的动力系统工作电压都很高，有的高达几百伏，极具危险性，如何安全规范地使用新能源汽车是一个至关重要的问题。故新能源汽车使用及维护人员必须掌握新能源汽车构造原理和规范使用方面的相关知识。

本教材以国家发布的中职"新能源汽车运用与维修"专业标准为课程设置与内容选择依据。全面落实"以服务为宗旨，以就业为导向"的职业教育办学指导思想，以"应用"为主旨和特征构建了本课程内容体系。课程采用项目化架构，共包括五个教学项目 16 个学习任务，基于工作过程的课程设计，每个学习任务包括任务目标、任务描述、获取信息、任务实施、任务总结等环节。本教材主要介绍了新能源汽车安全防护认知、纯电动汽车认知、混合动力汽车认知、氢燃料电池汽车认知和新能源汽车使用方面的知识。

本教材适用于项目化教学，教材内容丰富、通俗易懂、实用性强。整本教材以系统介绍新能源汽车安全防护、构造、原理和使用为目标，让使用者了解纯电动汽车、混合动力汽车和燃料电池汽车的组成和原理，并掌握新能源汽车的使用方法和技巧。为了实现这一目标，课程以实际车型为案例介绍了各类新能源汽车结构原理，并结合实际车型介绍各类新能源汽车的使用，注重培养使用者的职业素养。教材以独具魅力的纸质教材为核心，嵌入部分数字资源，可以借助移动互联网，通过扫描二维码实现纸质教材与移动端数字化资源的瞬间链接，将教材配套的数字化资源与纸质教材内容充分融合，易教易学。

本教材可作为中职院校新能源汽车运用与维修等专业教学用书，也可作为成人高等教育或汽车技术人员培训教材，汽车维修人员和汽车技术爱好者亦可用于自学。

由于编者的水平有限，本教材还有很多不足，如有不妥之处，希望及时提出意见和建议，以便在修订时改正和完善。

编　者

2024 年 6 月

数字资源目录

序号	二维码名称	资源类型	页码
1	高压电警告标志	视频	5
2	橙色高压线及高压接头	视频	6
3	单相触电	视频	11
4	两相触电	视频	11
5	跨步电压触电	视频	12
6	密封性能	视频	20
7	安全帽的防护作用	视频	25
8	安全帽的正确佩戴方法	视频	27
9	纯电动汽车组成	视频	45
10	电机驱动系统组成	视频	47
11	纯电动汽车的工作原理	视频	54
12	动力电池模组认知	视频	61
13	电机驱动系统功用	视频	74
14	电机驱动系统基本组成	视频	77
15	永磁同步电机3D结构展示	视频	78
16	电驱冷却系统组成	视频	92
17	并联式混合动力汽车组成及工作过程	视频	109
18	混联式混合动力汽车组成及工作过程	视频	110
19	按照混合度的不同分类	视频	111
20	按照是否能外接充电电源分类	视频	113
21	荣威E550智能电驱变速器位置	视频	127
22	荣威E550动力电池组成	视频	133
23	荣威E550动力电池冷却系统组成	视频	134
24	荣威E550动力系统基本工作原理	视频	135
25	单体燃料电池结构	视频	169
26	燃料电池组结构	视频	169
27	质子燃料电池工作原理	视频	172

目 录

项目一 新能源汽车安全防护认知 ··· 001
    任务一 高压电与高压安全常识 ··· 001
    任务二 触电急救 ·· 008
    任务三 高压防护用品的认知与使用 ··· 018
    任务四 高压绝缘工具的认知与使用 ··· 031

项目二 纯电动汽车认知 ··· 044
    任务一 纯电动汽车结构与原理 ··· 044
    任务二 动力电池系统认知 ·· 058
    任务三 电机驱动系统认知 ·· 073
    任务四 充电系统认知 ·· 095

项目三 混合动力汽车认知 ·· 107
    任务一 混合动力汽车组成与控制原理 ··· 107
    任务二 典型混合动力汽车动力系统结构 ··· 122

项目四 氢燃料电池汽车认知 ·· 141
    任务一 氢燃料电池汽车组成与工作原理 ··· 141
    任务二 典型氢燃料电池电动汽车动力系统结构原理 ······································ 156

项目五 新能源汽车使用 ··· 177
    任务一 新能源汽车仪表及驾驶操作部件认知 ·· 177
    任务二 纯电动汽车驾驶使用 ·· 199
    任务三 混合动力汽车驾驶使用 ··· 205
    任务四 燃料电池汽车驾驶使用 ··· 213

参考文献 ·· 220

项目一　新能源汽车安全防护认知

新能源汽车工作时，动力电池提供 200~600 V 的高压电，为了确保车辆使用和维修的安全，车辆使用和维修技术人员需要对新能源汽车高压电和车辆安全防护有一定的认知。本项目主要包括四个学习任务：高压电与高压安全常识、触电急救与防护、高压安全防护用品的认知与使用、高压绝缘工具的认知与使用。

任务一　高压电与高压安全常识

新能源汽车不仅有 12 V 低压电气设备，还有高压电气系统，有些车辆的工作电压甚至能达到几百伏，稍有不慎就可能触电，甚至会有生命危险。本任务主要介绍高压电、安全电压与安全电流以及高压安全警示标志与标识（见图 1-1-1）。

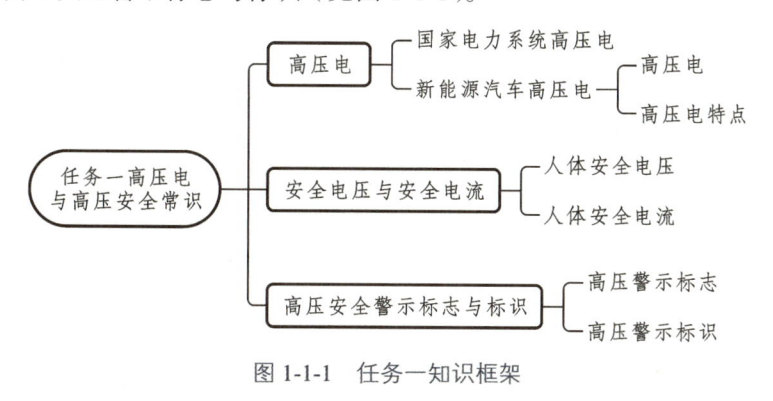

图 1-1-1　任务一知识框架

【学习目标】

知识目标：

（1）列举不同领域高压电及电压的安全级别。
（2）说出高压电的危害。

能力目标：

（1）具备识别新能源汽车高压标识的能力。
（2）具备区分新能源车高压标识和高压警示颜色的能力。

素质目标：

（1）通过高压电与高压安全常识的学习，认识到高压电的危害，树立高压安全意识。

（2）通过新能源汽车高压安全标志和颜色的学习，学会识别高压部件的技巧，培养操作新能源汽车前按照规范做好安全防护工作的工作思路。

【获取信息】

新能源汽车有一个非常明显的特点，就是整车带有"高"压电。在乘用车上，最高电压可达600 V以上。这里我们主要介绍新能源汽车的高压电、高压电的危害、高压安全警示标志与标识。

一、高压电

根据电压的大小，电可以分为高电压、低电压和安全电压。高压电这个概念是相对而言的，低压电和高压电之间没有绝对的界限，应根据实际情况划分。

1. 国家电力系统高压电

在国家电力系统中，高压电是指配电线路交流电压在1 000 V以上或直流电压在1 500 V以上的电；低压电是指交流电压在1 000 V以下或直流电压在1 500 V以下的电。

高低压的区别是：以电气设备的对地电压值为依据。对地电压高于或等于1 000 V的为高压，对地电压小于1 000 V的为低压。

2. 新能源汽车高压电

相对于传统汽车而言，电动汽车等新能源汽车的一个重要特点是：具有高电压、大电流的动力回路。为了适应电机驱动工作的特性要求并提高效率，高压电气系统的工作电压可以达到300 V以上，而因电力传输线路的阻抗很小，所以高压电气系统的正常工作电流可能达到数十甚至数百安培，瞬时短路放电电流更是成倍增加。

（1）高压电

按国际《电动车安全技术规范》的规定，定义高电压的标准是直流60 V、交流25 V以上，人们在维修或接触电动汽车时应配备安全保护装置且必须按一定的操作规范进行作业，否则会危及生命。

一般按车辆使用电压的高低，将车辆电压分为高、中、低电压三类：传统车辆应用低于30 V的直流低电压、轻混合电动汽车通常使用高于30 V低于60 V的直流中等电压、双模混合动力或纯电动汽车应用60 V以上的直流高电压。

（2）高压电特点

在新能源汽车中，低压通常指12 V电源系统的电气线路，而高压主要指动力蓄电池及相关线路的电压。新能源汽车的高压电具有如下特点：

① 高压电压一般设计都在200 V以上。

② 高压电存在的形式既有直流，也有交流。这包括在动力蓄电池的直流，也有充电时的

220 V电网交流电，以及电动机工作时的三相交流电。

③ 高压电对绝缘的要求更高，大多数传统汽车上设计的绝缘材料，当电压超过200 V时可能就变成了导体，因此在新能源汽车使用的绝缘材料需要具有更高的绝缘性能。

④ 高压电对正负极距离的要求高。12 V电压情况下，对正负之间的距离需要很近时才会有击穿空气的可能，但是当电压高到200 V以上时，正负极之间即使有一个很大的距离也可能会发生击穿空气而导电，也就是我们常说的电弧，如图1-1-2所示。在300 V电压下，两根导线距离10 cm时就会发生击穿导电。

图1-1-2　电弧

二、安全电压与安全电流

安全电压是指不致造成人身触电事故的电压，一般低于36 V。一般环境条件下允许持续接触的"安全特低电压"是24 V，安全电流为10mA；干燥而触电危险性较小的环境下，安全电压规定为24V；对于潮湿而触电危险性较大的环境（如金属容器、管道内施焊检修），安全电压规定为12V。

想一想：安全电压一定安全吗？

1. 人体安全电压

通常当人体接触到25 V以上的交流电，或60 V以上的直流电时，人体就有可能会发生触电事故。人体触电并不是指人体接触到了很高的电压，而是因为过高的电压通过人体这个电阻时产生的电流导致人体的伤害。因此必须注意的是，伤害人体的是一定电压下形成的电流。

在电网中，一直认为36 V是人体安全电压。实际上，在高电压的新能源汽车中，这个电压值并不是科学的。主要原因是：一方面，人体的电阻会存在个体的差异性，如图1-1-3所示。例如胖的和瘦的，男的和女的，电阻值都不一样。另一方面，人所处的工作环境不同也会导致人体的电阻值发生变化，例如在潮湿的夏天和干燥的冬天，人体的电阻就不一样，环境越潮湿，人体的电阻就会越小，如表 1-1-1 所示。此外，还需要注意的是，每个人对电流流过身体的反应也不一样，有一部分人可以承受更大的电流。因此，目前国际上对安全电压通行的认识是直流 60 V 以下，交流 25 V 以下。

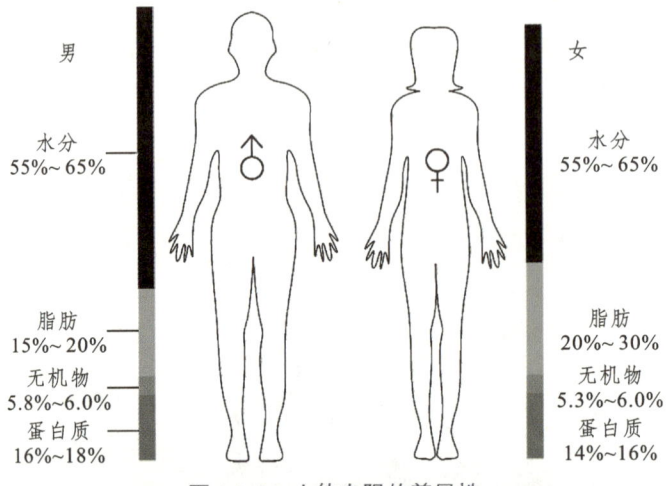

图 1-1-3　人体电阻的差异性

表 1-1-1　人体电阻（不同电压和湿度）

接触电压/kV	人体电阻/Ω			
	皮肤干燥	皮肤潮湿	皮肤湿润	皮肤浸入水中
10	7 000	3 500	1 200	600
25	5 000	2 500	1 000	500
50	4 000	2 000	875	440
100	3 000	1 500	770	375
250	1 500	1 000	650	325

依据国家标准《电动汽车安全要求第 3 部分：人员触电防护》（GB/T18384.3—2015）中人员触电防护要求，根据不同电压等级可能对人体产生的伤害和危险程度不同，在新能源汽车中，将电压按照类型和数值分为两个级别，如表 1-1-2 所示。

表 1-1-2　电压类型和数值

电压级别	工作电压/V	
	DC（直流）	AC（交流）
A	0＜U≤60	0＜U≤30
B	60＜U≤1 500	30＜U≤1 000

考虑到空气的湿度和人体在不同工作环境下的电阻，将车辆电压分为 A 级和 B 级。

A 级是较为安全的电压等级，在直流中小于或等于 60 V；在规定的 150 Hz 频率下，低于 25 V，该电压下的维护人员不需要采取特殊防电保护。

B 级会对人体会产生伤害，被认为是高压。在该电压下必须采取必要的防护设备对维护人员进行保护。

2. 人体安全电流

安全电流又称安全流量或允许持续电流，人体安全电流即通过人体电流的最低值。

触电对人体的危害程度，主要取决于通过人体电流的大小和通电时间长短。电流强度越大，致命危险越大；持续时间越长，死亡的可能性越大。

能引起人感觉到的最小电流值称为感知电流，交流为 1 mA，直流为 5 mA；人触电后能自己摆脱的最大电流称为摆脱电流，交流为 10 mA，直流为 25 mA；在较短的时间内危及生命的电流称为致命电流，电流达到 50 mA 以上，就会引起心室颤动，有生命危险，100 mA 以上的电流，则足以在极短的时间内致人死亡。通常，人体接触 30 mA 以下的工频电流不会有生命危险，即人体允许的安全工频电流为 30 mA。

三、高压安全警示标志与标识

为防止意外触及高压系统，新能源汽车对高压部件均采用特殊的标志或标识，对维修人员或车主给予警示，有时为强调危险，在高压标志旁边还会添加一些警告文字。新能源汽车通常采用两种形式进行高电压的警示，包括高压警示标志和导线颜色标识。

1. 高压警示标志

每辆新能源汽车的高电压组件壳体上都带有一个标记，售后服务人员或每位车主均可通过标记直观看出高电压可能带来的危险，所用警示牌基于国际标准危险电压警告标志。

如图 1-1-4 所示，高压警示标志采用黄色底色，或红色底色，图形上布置有高压触电国家标准。

图 1-1-4 高压标志　　　　高压电警告标志

> 想一想：新能源汽车上有高压警示标志的部件是哪种？
> _____
> _____

2. 高压警示标识

高压导线长度较长，可能有几米长，因此在一处或两处通过警示牌标记意义不大。售后服务人员可能会忽视这些标牌。因此为方便辨别，用颜色标记出所有高电压导线，高电压导线的某些插头以及高电压安全插头也采用相应颜色，起警示作用，如图 1-1-5 所示。

新能源汽车认知与使用

图 1-1-5　高压接线和插头

按国际通行规定，电动汽车高压电配线的线皮标识颜色为橙色，如图 1-1-6 所示。在电动汽车上有高电压的部件，都采用颜色鲜艳的橙色作为警戒标识，在进行维修操作时，对待高压部件应格外小心谨慎，严格按照安全规定进行，绝对不能随便触及。

图 1-1-6　橙色高压线及高压接头

橙色高压线及高压接头

想一想：新能源汽车上有高压警示标识颜色的高压线束主要集中在车辆的哪个位置？

温馨提示（思政）

《新能源电动汽车高压线束技术规范》规定了电动汽车高压线束的设计准则、布置要求、结构设计要求、材料选用要求、性能设计要求和安全使用要求等，加强高压线束生产企业的标准意识和质量意识，为新能源汽车企业的高压安全提供有力的支撑。学生学习《新能源电动汽车高压线束技术规范》，了解到新能源汽车高压线束具体的电压、耐电压、绝缘电阻、盐雾、阻燃要求，使其认识到国家对新能源汽车应用相关产品质量的重视，培养学生强烈的安全规范意识和质量意识，为其未来的学习和工作提供有力的指导。

【任务测评】

一、判断题

1. 在国家电力系统中：电压以电气设备的对地电压值为依据。对地电压高于或等于 1 000 V 的为高压；对地电压小于 1 000 V 的为低压。（   ）

2. 在电动汽车上有高电压的器件，都有颜色鲜艳的红色作警戒标志，作为对维修人员或车主的警示。（   ）

3. 新能源汽车的高电压的标准与国家电力系统高压电标准相同。（   ）

4. 安全电压指人体较长时间接触而不致发生触电危险的电压。（   ）

5. 安全电流又称安全流量或允许持续电流，人体安全电流即通过人体电流的最低值。（   ）

6. 电击对人体的危害程度，主要取决于通过人体电流的大小和通电时间长短。（   ）

7. 当人体接触到 25 V 以上的直流电，或 60 V 以上的交流电时，人体就有可能会发生触电事故。（   ）

二、选择题

1. 纯电动汽车或混合动力汽车动力蓄电池的电压一般在（   ）以上。【单选题】
   A. 380 V B. 300 V
   C. 200 V D. 220 V

2. 在有防止触电保护装置的情况下，人体允许通过的电流一般为（   ）以下。【单选题】
   A. 5 mA B. 10 mA
   C. 30 mA D. 50 mA

3. 一般，安全电压交流电不超过 36V，直流电不超过（   ）。【单选题】
   A. 30 V B. 12 V
   C. 60 V D. 50 V

4. 人体可持续接触的安全电压为（   ）。【单选题】
   A. 30 V B. 42 V
   C. 24 V D. 36 V

5. 高压警示标识采用（   ）底色，或红色底色。【单选题】
   A. 黄色 B. 蓝色
   C. 棕色 D. 黑色

三、简答题

1. 简述新能源高压警示标志作用及特点。
2. 简述安全电压定义及人体安全电压的大小。

任务二　触电急救

新能源汽车有高电压，如果工作人员在新能源汽车作业过程中出现高压触电事故，该如何进行急救呢？本任务主要介绍高压电对人体的伤害、高压触电方式以及触电急救处理流程（见图1-2-1）。

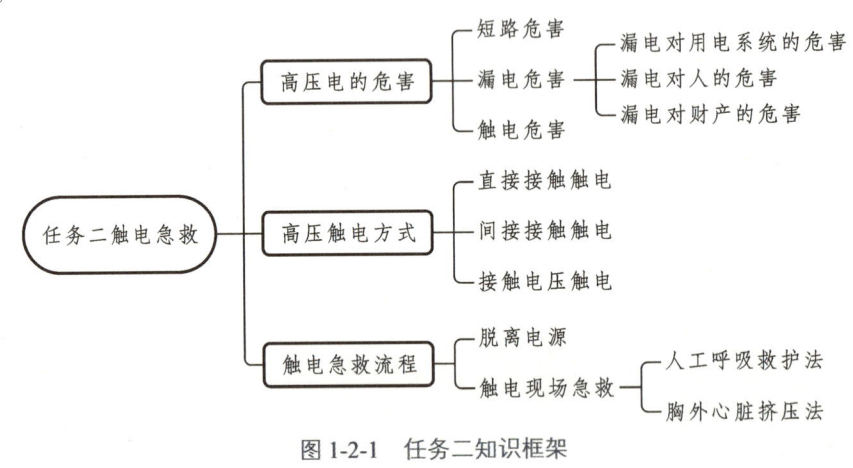

图 1-2-1　任务二知识框架

【学习目标】

知识目标：

（1）描述高压电的危害。
（2）列举高压触电方式。
（3）总结触电急救流程。

能力目标：

（1）具备规范进行高压作业防护的能力。
（2）能在发生触电事故后，做出无意识的正确判定，并能通过人工呼吸抢救触电人员。

素质目标：

（1）通过高压电危害的学习，认识到高压电对人、用电系统和财产的危害，培养高压作业时做好安全防护的意识。
（2）通过触电急救流程的学习，学会触电急救的技巧，了解发生触电事故后进行急救的流程，意识到人工呼吸、胸外心脏挤压等急救方法的重要性。

【获取信息】

电虽然给人类的生产生活带来了极大的好处，但也是有危害的，尤其是高压电，这里主要介绍高压电的危害、高压电触电方式以及触电急救的措施。

一、高压电的危害

高压电的危害很大，这里主要介绍高压电的短路危害、漏电危害和触电危害。

1. 短路危害

在正常供电的电路中，电流流经导线和用电器，再回到电源上，形成一个闭合回路。短路是指电路或电路的一部分被短接，如负载的正、负极被导线连接在一起，就称为短路。短路时，电源提供的电流将比正常电路时提供的电流大得多，一般情况下不允许短路，若短路，严重时会烧坏电源或设备。

电源短路时，因为电源内阻及导线电阻很小，电路上的电流会特别大，电源不能承受，会导致电源损坏，更严重的会因为电流过大导致线路温度升高而发生火灾。

对于电力系统和电气设备，短路电流的热效应会使设备温度升高，导致设备和其绝缘因过热而损坏。

2. 漏电危害

漏电是电气系统的不同带电体之间及带电体与正常不带电的外漏可导电部分之间，因绝缘损坏而出现传导性泄漏电流的一种非正常现象或故障。漏电作为一种故障，不仅对用电系统本身的安全运行具有很大的危害，尤其对使用用电系统的人和财产具有更大的潜在危害，漏电的常见危害如下：

（1）漏电对用电系统的危害

漏电对用电系统的危害主要表现在使系统运行过程中电压、电流不稳定，电能损耗增加，严重时会导致系统局部或全部停电。

（2）漏电对人的危害

漏电对人的危害主要表现在以下三个方面。

① 当用电系统的设备或线路发生漏电时，不同程度地使电气设备外露可导电部分带了电，而由正常不带电部分变为带电部分，同时呈现对地电压。如果地面上的人体无意中接触到这些部分，就会受到触电伤害。这种触电称为间接接触触电。间接接触触电是指人体直接接触到在正常情况下不带电，而在故障情况下变为带电体的电气设备外露可导电部分发生的触电。

② 电气设备或线路何时、何部位漏电，漏电程度如何，人们是无法预知的，也就是说因漏电而对人体造成触电伤害具有很难预测的潜在危险。

③ 电气设备的外露可导电部分在正常情况下是不带电的，所以人们在心理上、精神上就很自然地失去因接触它而意外发生触电伤害的警觉。由此可见，这种间接接触触电，从某种意义上说，比人体直接接触到在正常情况下的带电体所发生的所谓直接接触触电的危险性和危害性更大。

（3）漏电对财产的危害

漏电对财产的危害主要表现在漏电引致电火并烧毁财产的危害。在许多场合电气设备漏电往往伴随着电火花或电弧的产生，如果其周围存在易燃易爆物品，则会被点燃并引致火灾。由此引致的电气火灾无疑会给财产造成巨大损失，有时对火灾场所的人员也会造成巨大伤害。

3. 触电危害

无论是纯电动汽车，还是混合动力汽车，其电压和电流等级都比较高。动力电池的电压一般在 200~600 V，正常工作时，电流可达几百安培。

对于新能源汽车高压系统中的高电压元件，由于内部破损或者潮湿，有可能会传递给外壳一个电势。如果形成两个这样外壳具有不同电势的部件，在两个外壳之间会形成具有危险性的电压。此时，如果手触及到这两个部件，会发生触电的危险！

> **想一想**：怎样避免在进行新能源汽车高压元件维修时发生触电事故？
>
> _____
>
> _____

当人体触电时，电流通过人体流入大地或其他导体形成导电回路，这种情况，就叫触电，触电时人体会受到某种程度的伤害，常见的有电击和电伤两种。

电击是指电流经人体内部流入地下，引起疼痛发麻、肌肉抽搐，严重的会引起强烈痉挛、心脏颤动或呼吸停止，甚至可能因人体心脏、呼吸系统以及神经系统的致命伤害，造成死亡。绝大部分触电死亡事故是电击造成的。

电伤是指触电时，人体与带电体接触不良部分发生的电弧灼伤，或者是人体与带电体接触部分的电烙印，或者是由于被电流熔化和蒸发的金属微粒等侵入人体皮肤引起的皮肤金属化。这些伤害会给人体留下伤痕，严重时也可能致人死亡。

高电压的触电会致人死亡，这是确凿无疑的。当人体接触到高压导线时，就会触电致死。所以在高压电设备附近都有"高压危险、请勿靠近"的字样。

> **温馨提示（思政）**
>
> 高压触电危害是很大的，高压触电会造成电击、电伤，甚至死亡，使用不当时会引起火灾注意操作规范。大家要安全用电、遵守高压作业操作规范和做好安全防护。
>
> 安全用电记心中：不随意飞线作业，不使用大功率电器时刻注意安全防范，减少触电风险，保证人身安全。
>
> 规范操作是关键：高压作业时，严格按照规定的操作流程，遵循安全操作要求，操作人员一定通过规范操作的培训，掌握正确的操作技巧，从而避免误操作和事故发生，提高工作效率和安全性。
>
> 安全防护要先行：高压电作业前，按照规定严格做好安全防护，通过规范的安全防护的实施，能够避免或减少事故的发生，有效保护工作人员和他人的安全健康。

二、高压触电方式

人体对高压电的触电方式可以分为直接接触触电、间接接触触电和接触电压触电三种触电方式。

1. 直接接触触电

直接接触触电是指人体直接接触到带电体或者是人体过分接近带电体而发生的触电现象。直接接触触电又可以分为单相触电和双相触电。

（1）单相触电

当人体直接碰触带电设备或线路其中的一相时，电流通过人体流入大地，这种触电现象称为单相触电。对于高压带电体，人体虽未直接接触，但由于超过了安全距离，高电压对人体放电，造成单相接地而引起的触电，也属于单相触电。

低压电网通常采用变压器低压侧中性点直接接地和中性点不直接接地（通过保护间隙接地）的接线方式，如图 1-2-2 和 1-2-3 所示。

图 1-2-2　中性点接地的单相触电　　　图 1-2-3　中性点不接地的单相触电　　　单相触电

（2）两相触电

人体同时接触带电设备或线路中的两相导体，或在高压系统中，人体同时接近不同相的两相带电导体，而发生电弧放电，电流从一相导标通过人体流入另一相导体，构成一个闭合回路，这种触电方式称为两相触电。

发生两相触电时，作用于人体上的电压等于线电压——380 V，这种触电是最危险的，如图 1-2-4 所示。

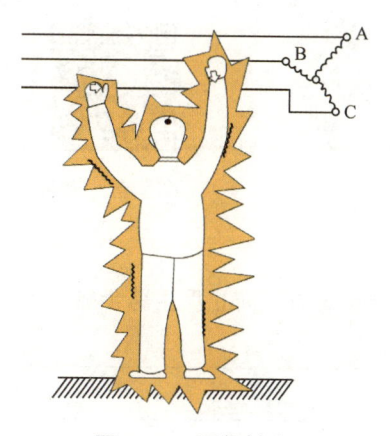

图 1-2-4　两相触电　　　两相触电

2. 间接接触触电

人体触及正常情况下不带电的设备外壳或金属构架,而因故障意外带电发生的触电现象,也称为非正常状态下的触电现象。高压电弧触电和跨步电压触电都属于间接接触触电。

(1) 高压电弧触电

高压电弧触电是指人靠近高压线(高压带电体)造成弧光放电而触电,如图 1-2-5 所示。

图 1-2-5　高压电弧触电

> **想一想**:为防止高压电弧触电事故,当必须接近高压线作业时,应怎样做好防护?

(2) 跨步电压触电

当电气设备发生接地故障,接地电流通过接地体向大地流散,在地面上形成电位分布时,若人在接地适中点周围行走,其两脚之间的电位差,就是跨步电压。由跨步电压引起的人体触电,称为跨步电压触电,如图 1-2-6 所示。

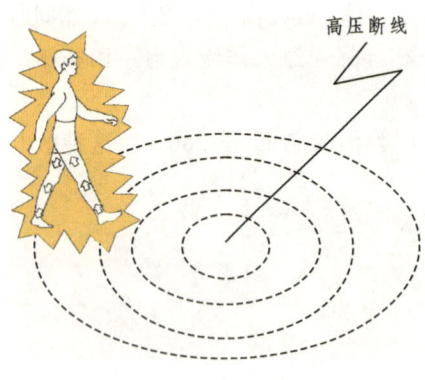

图 1-2-6　跨步电压触电

跨步电压触电

> **想一想**:当电气设备发生接地事故时,怎样行走可以防止反生跨步电压触电?

下列情况和部位可能发生跨步电压触电：

① 带电导体，特别是高压导体故障接地处，流散电流在地面各点产生的电位差造成跨步电压电击。

② 接地装置流过故障电流时，流散电流在附近地面各点产生的电位差生成跨步电压电击。

③ 正常时有较大工作电流流过的接地装置附近，流散电流在地面各点产生的电位差造成跨步电压电击。

④ 防雷装置接受雷击时，极大的流散电流在其接装置附近地面各点产生的电位差造成跨步电压电击。

⑤ 高大设施或高大树木遭受雷击时，极大的流散电流在附近地面点产生的电位差造成跨步电压电击。

跨步电压的大小受接地电流大小、鞋和地面特征、两脚之间的跨距、两脚的方位以及离接地点的远近等很多因素的影响。人的跨距一般按 0.8 m 考虑。

3. 接触电压触电

电气设备的金属外壳本不应该带电，但由于设备使用时间过长，内部绝缘老化，造成击穿；或由于安装不良，造成设备的带电部分碰壳；或其他原因使电气设备的金属外壳带电时，人若碰到带电外壳就会触电，这种触电被称为接触电压触电。

常见的触电形式有如下几种：

（1）接触碰上了带电的导体。这种触电往往是由于用电人员缺乏用电知识或在工作中不注意，不按有关规章和安全工作距离办事等，直接触碰了裸露外面导电体，这种触电是最危险的。

（2）由于某些原因，电气设备绝缘受到了破坏漏了电，而没有及时发现或疏忽大意，触碰了漏电的设备。

（3）由于外力的破坏等原因，如雷击、弹打等，使送电的导线断落地上，导线周围将有大量的扩散电流向大地流入，将出现高电压，人行走时跨入了有危险电压的范围，造成跨步电压触电。

（4）高压送电线路处于大自然环境中，由于风力等摩擦或因与其他带电导线并架等原因，受到感应，在导线上带了静电，工作时不注意或未采取相应措施，上杆作业时触碰带有静电的导线而触电。

三、触电急救流程

救援触电事故中受伤人员时，自身的安全是第一位的，绝对不要去触碰仍与电源有接触的人员，如果可能，马上将电气系统断电，或用不导电的物体（木板、扫把等）把事故受害者或者导电体与电源分离。基本的触电急救流程如图 1-2-7 所示。

1. 脱离电源

触电以后，可能由于痉挛或失去知觉等原因而抓紧带电体，不能自行摆脱电源，这时，抢救触电者的首要步骤就是使触电者尽快脱离电源。

（1）低压触电脱离电源的方法

① 触电电源在近处有开关或插头时，应立即断开电源开关或拔掉电源插头，断开电源。

② 触电电源近处没有开关，则可以用良好绝缘钳柄的电工钢丝钳将电线剪断，或用有干

燥木柄的斧头或其他工具将电线砍断。如触电者因站立地面单相触电时，也可用干燥木板等绝缘物插入触电者身下，隔断电流通路，使触电者脱离电源。

③ 如果身边什么工具都没有，也可以用干衣服、围巾等衣物，厚厚地把一只手严密包裹起来，拉触电者的衣服使其脱离电源。如有干燥木板或其他不导电的物品，救护者应站在上面进行救护。

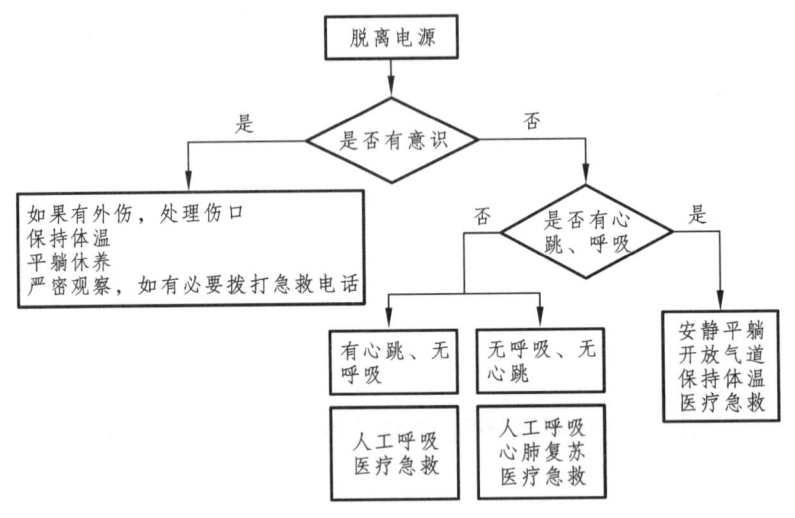

图 1-2-7　急救流程图

（2）高压触电脱离电源的方法

① 立即通知有关部门拉闸停电。

② 近处有开关，要立即戴上绝缘手套，穿上绝缘靴，用相应电压等级的绝缘棒（操作棒）将开关拉开。

2. 触电现场急救

当触电者脱离电源后，应根据触电者的具体情况迅速对症救护，力争在触电后 1 min 内进行救治。国内外一些资料表明，触电后在 1 min 内进行救治的，90%以上有良好的效果，而超过 12 min 再开始救治的，基本无救活的可能。现场应用的方法主要是进行心肺复苏，即同时进行口对口人工呼吸和体外心脏挤压法，严禁打强心针。需要注意的是，在抢救触电者的过程中，口对口人工呼吸和胸外心脏挤压法通常都是同步进行的，这两种施救方法联合实施的过程也叫"心肺复苏"。

口对口人工呼吸法：用人工的方法来代替肺的呼吸活动，使空气有节律地进入和排出肺脏，供给体内足够的氧气，充分排出二氧化碳，维持正常的通气功能。

胸外心脏挤压法：有节律地对心脏挤压，用人工的方法代替心脏的自然收缩，使心脏恢复搏动功能，维持血液循环。

（1）人工呼吸救护法

① 抢救前的判定。

a. 判定有无意识。

救护人轻拍或轻摇触电人肩膀（注意不要用力过猛或摇头部，以免加重可能存在的外伤），并在耳旁大声呼叫。如无反应,立即用手指掐压人中穴。当呼之不应,刺激也毫无反应时,可判定为意识已丧失。

当触电人意识已丧失时,应立即呼救。将触电人仰卧在坚实的平面上,头部放平,颈部不能高于胸部,双臂平放在躯干两侧,解开紧身上衣,松开裤带,清除口腔异物。若触电人面部朝下,应将头、肩、躯干作为一个整体同时翻转,不能扭曲,以免加重颈部可能存在的伤情。翻转时救护人跪在触电人肩旁,先把触电人的两只手举过头,拉直两腿,把一条腿放在另一条腿上。然后一只手托住触电人的颈部,一只手扶住触电人的肩部,全身同时翻转,如图1-2-8所示。

图1-2-8 翻转体位方法示意图

b. 判定有无呼吸。

在保持气道开放的情况下,判定有无呼吸的方法有:用眼睛观察触电人的胸腹部有无起伏;用耳朵贴近触电人的口、鼻,聆听有无呼吸的声音;用脸或手贴近触电人的口、鼻,测试有无气体排出;用一张薄纸片放在触电人的口、鼻上,观察纸片是否动。若胸腹部无起伏,无气体排出,纸片不动,则可判定触电人已停止呼吸。

> **注意**
>
> 触电者伤势不重,神志清醒,但有心慌、四肢发麻、全身无力等症状,或曾二度昏迷,但已清醒过来,此时,一般只需将其扶到清凉通风之处休息,让其自然慢慢恢复。但要派专人照料护理,因为有的病人会在几小时后发生病变而突然死亡。
>
> 触电者有心跳,但呼吸停止或极微弱。应该采用口对口人工呼吸法进行急救,频率是每分钟约12次。
>
> 触电者有呼吸,但心跳停止或极微弱。应该采用人工胸外心脏按压法来恢复病人的心跳,频率是每分钟为60~80次。

② 实施步骤。

a. 使触电人仰卧,迅速解开衣扣,松开紧身的内衣、腰带,头不要垫高,以利于呼吸。

b. 使触电人的头侧向一边,掰开触电人嘴巴(如果掰不开嘴巴,可用小木片或金属片撬开),清除口腔中的痰液或血块等异物。

c. 使触电人的头部尽量后仰、鼻孔朝上,下颚尖部与前胸部大体保持在一条水平线上,避免舌根阻塞气道,如图1-2-9所示。

d. 救护人蹲跪在触电人头部侧边,一只手捏紧触电人的鼻孔,另一只手用拇指和食指掰开嘴巴,可垫一层纱布或薄布,准备输气。

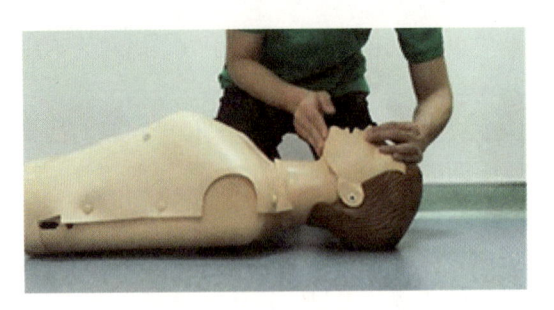

图 1-2-9　人工呼吸急救示意图

e. 救护人深吸气后，紧贴触电人嘴巴吹气，吹气时要使触电人的胸部膨胀。成年人每分钟大吹气 14~16 次；儿童每分钟吹气 18~24 次。不必捏鼻孔，让其自然漏气；

f. 救护人换气时，要放松触电人的嘴巴和鼻子，让其自动呼吸。

g. 人工呼吸的过程中，若发现触电人有轻微的自然呼吸时，人工呼吸应与自然呼吸的节律一致。当正常呼吸有好转时，可暂停人工呼吸数秒钟并观察。若正常呼吸仍不能完全恢复，应立即继续进行人工呼吸。

（2）胸外心脏挤压法

① 使触电人仰卧在坚实的地面上，救护姿势与口对口人工呼吸法相同，使呼吸道畅通，以保证挤压效果。

② 救护人蹲跪在触电人腰部一侧，或跨腰跪在腰部两侧，两手相叠，手掌根部要放在心窝稍高，两乳头间略低，胸骨下三分之一处，如图 1-2-10 所示。

③ 救护人两臂肘部伸直，掌根略带冲劲地用力垂直下压，压陷深度 3~5 cm，压出心脏里的血液，如图 1-2-11 所示。成年人每秒压一次（对儿童用力要稍轻，以免损伤胸骨，每分钟挤压 100 次为宜）。

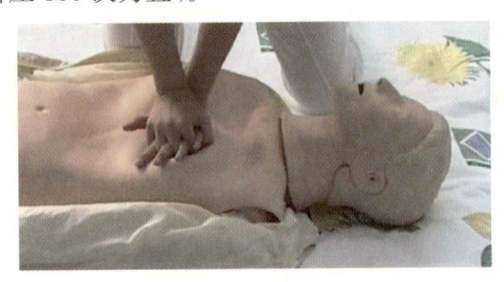

图 1-2-10　胸外挤压处　　　图 1-2-11　胸外挤压方法示意图

④ 挤压后掌根应迅速全部放松，让触电人胸廓自动复原，放松时掌根不必完全离开胸廓。

⑤ 采用胸外心脏挤压法容易引起肋骨骨折，因此，压胸的位置和力度的大小，都要十分注意。

> **注意**
>
> 挤压力要合适，切勿过猛；
> 挤压与放松时间大致相等；
> 保持气管通畅，取出口内异物，清除分泌物；
> 用手推前额使头部尽量后仰，同时另一手臂将颈部向前抬起。

【任务测评】

一、判断题

1. 电源短路会导致电源损坏，更严重的会因为电流过大导致线路温度升高而发生火灾。（　　）
2. 漏电对用电系统的危害主要表现在使系统运行过程中电压、电流不稳定，电能损耗增加，严重时导致系统局部或全部停电。（　　）
3. 当用电系统的设备或线路发生漏电时，若地面上的人体无意中接触到这些部分，就会受到触电伤害。（　　）
4. 发生单相触电时，作用于人体上的电压等于线电压——380V，这种触电是最危险的。（　　）
5. 高压电弧触电和跨步电压触电都属于间接接触触电。（　　）
6. 实施胸外挤压时，挤压时间要稍短于放松时间。（　　）

二、选择题

1. （　　）是指人体直接接触到带电体或者是人体过分接近带电体而发生的触电现象。【单选题】
   A. 直接接触触电　　　　　　B. 间接接触触电
   C. 接触电压触电　　　　　　D. 接触电流触电
2. 高压电的危害主要包括高压电（　　）。【多选题】
   A. 短路危害　　　　　　　　B. 漏电危害
   C. 触电危害　　　　　　　　D. 电击危害
3. （　　）是指电气设备的金属外壳本不应该带电，但由于设备使用时间过长，内部绝缘老化，造成击穿，人碰到带电外壳就会触电。【单选题】
   A. 接触电压触电　　　　　　B. 单相触电
   C. 跨步电压触电　　　　　　D. 高压电弧触电
4. 当发现有人触电后，首先应该做的是脱离电源，接下来要（　　）。【单选题】
   A. 等待专业救援　　　　　　B. 开展心肺复苏
   C. 进行胸外挤压　　　　　　D. 判断有无意识
5. 防止触电的个人防护设备类型主要有（　　）。【多选题】
   A. 安全帽　　　　　　　　　B. 绝缘手套
   C. 绝缘胶鞋　　　　　　　　D. 护目镜

三、简答题

1. 简述漏电危害。
2. 简述人工呼吸的实施步骤。

任务三　高压防护用品的认知与使用

新能源汽车有高电压，在维护新能源汽车时有高电压触电的风险。因此在维护新能源汽车高电压系统时需要做好高电压安全防护。新能源汽车用到的高压防护用品有哪些呢？本任务主要介绍常用高压防护用品的作用、使用要求和使用规范（见图 1-3-1）。

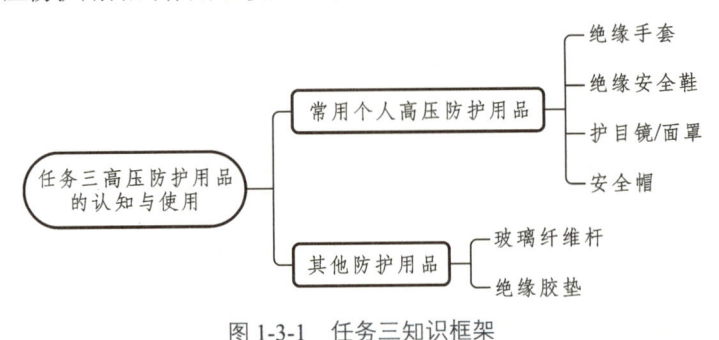

图 1-3-1　任务三知识框架

【学习目标】

知识目标：

（1）描述个人高压防护用品的作用、类型要求及使用规范。
（2）列举其他防护用品的作用。

能力目标：

（1）具备正确检查和使用高压绝缘手套的能力。
（2）具备规范检查和佩戴安全帽的能力。
（3）会规范检查和佩戴护目镜/穿安全鞋。

素质目标：

（1）通过安全帽、绝缘手套、护目镜和绝缘鞋的知识学习，理解各类高压防护用品的使用环境和要求，提高安全防护的意识的同时，学会辨别高压防护用品的使用场景。
（2）通过玻璃纤维杆、锁定标签和锁定箱等防护用品的学习，理解其使用环境和要求，意识到高压安全防护可以从多方面进行，学会在合适情况下选择合理的防护用品。

【获取信息】

新能源汽车上的高压部件都具有高电压，在维护或检修新能源汽车时，具有高电压触电的风险。虽然现有新能源汽车做了很多安全设计以防止意外触电，但是新能源汽车上动力电池的高压电是始终存在的，所以一直存在高压触电的风险。因此进行新能源汽车维护保养或检修作业时，佩戴高压防护用品可以保护汽车保养或维修人员免受高压系统电击伤害，从而有效减小或降低甚至避免高压系统对技术人员的伤害。

一、常用个人高压防护用品

防止个人高压触电的防护用品种类有很多，常用防护用品包括：绝缘手套、绝缘防护服（非化纤材质的衣服）、绝缘鞋、安全防护眼镜/面罩和安全帽等。

1. 绝缘手套

新能源汽车高压电以比较高电气系统运转，有时高达 700 V，有触电的实际风险，因此必须使用被认可的手套，来确保技术人员不受触电伤害。绝缘手套是指在高压电气设备上进行带电作业时能起电气绝缘作用的一种手套，它可使人的两手与带电物绝缘。

（1）绝缘手套作用

绝缘手套区别于一般的劳动保护用的安全防护手套，要求具有良好的电气性能，较高的机械性能，并具有柔软良好的服用性能，其主要作用为：

① 防止高压电的伤害。
② 防止电磁与电离辐射的伤害。
③ 防止化学物质的伤害。
④ 防止撞击、切割、擦伤、微生物侵害以及感染。

（2）绝缘手套类型

绝缘手套按照用途可以分为普通型绝缘手套和带电作业用绝缘手套。普通型绝缘手套分为高压和低压。带电作业用绝缘手套按照在不同电压等级的电气设备上使用，手套分为三种型号：① 适用于在 3 kV 及以下的电气设备上工作。② 适用于在 10 kV 及以下电气设备上工作。③ 适用于在 20 kV 及以下电气设备上工作。

国家标准《带电作业用绝缘手套》（GB/T 17622—2008）规定，绝缘手套适用电压等级共分为 5 级，即 0 级~4 级，其适用电压分别为 380 V、3 000 V、10 000 V、20 000 V、35 000 V。新能源汽车维修时一般选用适用电压等级为 2 级的绝缘手套。

> 想一想：新能源汽车维修时，选用绝缘手套时，需要考虑什么？
> _____
> _____

（3）绝缘手套的要求

绝缘手套区别于一般的劳动保护用安全防护手套，如图 1-3-2 所示，要求具有良好的电气性能（至少应该能防 1 000 V 以上的高压）、较高的机械性能及良好的耐劳性和耐热性能。新能源车辆维修时，当进行任何有关高压组件或线路的操作时必须佩戴符合要求的绝缘手套。

根据相关规定，绝缘手套上必须有明显且持久的标记，如图

图 1-3-2　绝缘手套

1-3-3所示,内容包括标记符号、使用电压等级/类别、制造单位或商标、规格型号,周期试验日期栏、检验合格印章、贴有经试验单位定期试验的合格证等信息。

图 1-3-3　绝缘手套标记

(4)绝缘手套佩戴规范

绝缘手套的必须按照规范进行佩戴,具体如下:

(1)每次使用前,应检查绝缘手套在有效预防性试验周期内。

(2)绝缘手套使用前应先进行外观检查,外表应无磨损、破漏、划痕等。

(3)绝缘手套使用前要进行漏气检查,检查方法为:将手套朝手指方向卷起,当卷到一定程度时,手指若鼓起,不漏气者,即为良好。或者使用特殊设计的绝缘手套充气检查装备对手套进行检查,如图1-3-4所示。通过这些检查验证手套的完整性和安全性。

图 1-3-4　绝缘手套漏气检查　　　　密封性能

(4)将衣袖口套入手套筒口内,同时注意防止尖锐物体刺破手套。

> **想一想**:绝缘手套漏气,还能继续使用吗?
> _____
> _____

(5)绝缘手套的使用要求

用于高压车辆维修用的绝缘手套通常有两种独立的性能,一要在进行任何有关高压组件或线路的操作时,需要使用橡胶制成的电工绝缘手套,并能够承受1 000 V以上的工作电压;二要具备抗碱性,当工作中接触来自高压动力电池组的钾氢氧化物等化学物质时,防止这些物质对人的组织伤害。

在高压系统上作业时，必须始终戴上手套，直到完全确定高压电池已被隔离，电容器已断电。所有车辆提供检测点，以检测电压是否已经消失。图 1-3-5 所示为检测高压系统中的电压操作佩戴的绝缘手套。

图 1-3-5　检测高压系统中的电压示意图

绝缘手套需要定期检验，而且在每次使用前必须自行进行泄漏检查。职业安全与健康管理要求规定：高压手套每 6 个月由有资质的手套检验实验室进行检验。建议车间里准备多双手套，以便在一些手套送出去进行检测时，始终有一些手套可供使用。应在手套袖口靠近手套等级标签处盖印最后的检测日期，如图 1-3-6 所示。

图 1-3-6　检测日期标签

> **温馨提示**
>
> 若一双手套中的一只可能不安全，则这双手套不能使用。
> 使用最佳温度范围为-25 ~ +55℃。
> 绝缘手套使用后应进行清洁，擦净、晾干，并应检查外表的良好性。
> 手套被弄脏时，应用肥皂和水清洗，彻底干燥后涂上滑石粉，避免粘连，及时存放在工具室。
> 绝缘手套应架在支架上或悬挂起来，且不得贴墙放置。
> 绝缘手套应每月进行一次外观检查，做好检查和使用记录。

2. 绝缘安全鞋

在汽车行业中使用的工作鞋一般包括钢鞋头。但是，根据相关标准的要求，在高压电操作时，应使用被列为非传导性（DI）和电气危害（EH）的绝缘安全鞋子，以保护技术人员的安全。可使用适当额定等级的"套鞋"，将套鞋套在工作鞋的外面。

> 想一想：哪些工作场合需要穿绝缘安全鞋？
> _____
> _____

（1）绝缘安全鞋作用

绝缘安全鞋的作用是使人体与地面绝缘，防止电流通过人体与大地之间构成通路，对人体造成电击伤害，把触电时的危险降到最低程度。它还能防止试验电压范围内的跨步电压对人体产生危害，因此进行新能源汽车维修作业时，不仅要戴绝缘手套，还要穿绝缘安全鞋，如图1-3-7所示。

图1-3-7 绝缘安全鞋

（2）绝缘安全鞋类型

绝缘安全鞋按电压等级一般可以分为6 kV绝缘靴、20 kV绝缘靴、25 kV绝缘靴和35 kV绝缘靴，以适应在不同电压等级的环境下使用。

绝缘安全鞋根据《个体防护装备职业鞋》（GB 21146—2007）标准进行生产，电阻值范围为100 kΩ~1 000 MΩ，该产品具有透气性能好、防静电、耐磨、防滑等功能，主要用于避免因静电发生燃爆事故。

（3）绝缘安全鞋使用规范

绝缘安全鞋的使用规范如下：

① 绝缘安全鞋适宜在交流50 Hz、1 000 V以下，或直流1 500 V以下的电力设备上工作时，作为安全辅助用具使用。

② 绝缘安全鞋不能受潮，受潮后严禁使用。一旦受潮，应放在通风透气的阴凉处自然风干，以免变形受损。鞋底被异物刺穿后，不能做绝缘安全鞋使用。

③ 注意绝缘安全鞋的皮面保养，勤擦鞋油。擦拭方式：先用干净软布把鞋表面的灰尘擦去，然后将鞋油挤在布上，并均匀涂在鞋面上，待鞋油略干后再擦拭。

④ 绝缘安全鞋不宜在雨天穿，更不宜用水洗，否则容易发生断线、脱胶、脱色和泛盐霜等现象。

⑤绝缘安全鞋不能与油类、酸性、碱性及尖锐物体等接触,以防腐蚀、变形和受损。
⑥彩色绝缘安全鞋(包括白色)在穿着中尤其应注意不能碰到污水、污物、茶渍和可乐等,否则会留下污渍,使原色受损。
⑦绝缘安全鞋穿着后出现轻微褶皱、轻微变形等属正常现象。
⑧绝缘安全鞋出现盐霜现象时,可用纱布或棉花蘸少量温水擦净,再把鞋放在通风处晾干,最后用鞋油擦拭,反复数次即可恢复原状。
⑨绝缘安全鞋存放时,应保持整洁、干燥,并擦好鞋油,自然平放。存放一段时间后(特别是雨季),要通风干燥,并重新擦拭鞋油以防变霉。
⑩绝缘鞋也要定期进行检验,图1-3-8所示为绝缘鞋的使用方法:

图1-3-8 绝缘鞋使用与检查流程图

3. 护目镜/面罩

在新能汽车的高电压环境下进行作业时,应始终穿戴护目用具。高电压环境包括在关闭或接通车辆电源时检测是否有高电压,或任何时候在高压电池上作业。

> 想一想:在新能源汽车高电压作业环境下,为什么要佩戴护目镜/面罩?
> _____
> _____

(1)护目镜/面罩作用

新能源汽车维修过程中有可能出现电池液的飞溅,为了防止电池液溅入眼睛,维修人员必须佩戴护目镜/面罩,如图1-3-9所示。高压电车辆维修用的护目镜/面罩应该具有侧面防护功能,防止维修过程中产生的电火花对眼睛的伤害。

图1-3-9 护目镜和面罩实物图

(2)护目镜/面罩要求

护目镜/面罩应符合最新标准的规定。ANSI/ISEAZ87.1-2015,美国国家标准学会制定的《职业和教育个人眼睛和脸部防护设备》,是眼睛和脸部防护标准的最新版本,其应有以下特性:

① 护目镜/面罩应使用非导电塑料制造；
② 应"周围包裹"，并包括侧面防护。
（3）护目镜/面罩的使用
① 使用前检查：
a. 检查镜片是否容易脱落。
b. 透镜表面应充分研磨，不得有用肉眼可以看出的伤痕、纹理、气泡和异物等。
c. 戴上透镜时，影像应绝对清晰，不得模糊不清。
② 使用规范：
a. 所选择的护目镜/面罩产品需要经过国家级检测并达到其标准才能使用。
b. 所选用的护目镜/面罩大小及型号要尽量适合使用者的脸型。
c. 护目镜/面罩镜片使用时要注意专人专用，禁止交换使用，防止因护目镜/面罩大小不合适而产生意外情况。
d. 遇液体飞溅应及时清洁，避免使用不当造成护目镜/面罩损坏。
e. 护目镜/面罩使用时间过长或使用不当，会造成镜片粗糙及损坏，留下刮痕后的镜片会影响佩戴者的视线，达不到佩戴安全标准，需要及时进行调换。
f. 护目镜/面罩禁止重压，在保存时尽量远离坚固物体，防止对镜片造成损坏。
g. 在清洗安全防护眼/面罩时，需要使用柔软的专业擦拭布进行清理，并放于眼镜盒或安全的地方。

4. 绝缘防护服

维修新能源汽车高压系统，必须穿绝缘防护服，即为非化纤类的工作服，如图 1-3-10 所示。绝缘防护服可防 10 000 V 以下的电压，阻燃、耐热、耐压、耐老化，以保护操作人员的安全。化纤类的工作服主要会产生静电，并且当发生火灾事故时，化纤会在高温环境下粘连人体皮肤，导致维护人员产生严重的二次伤害。

图 1-3-10　绝缘防护服实物图

（1）绝缘防护服使用规范

绝缘防护服的使用规范如下：

① 绝缘防护服使用前应进行全面检查，发现损坏不得使用。

② 绝缘防护服不宜接触明火以及尖锐物体。

③ 绝缘防护服应保存在通风、透气、干燥、清洁的库房内。

④ 绝缘防护服水洗后，必须阴处晾干，折叠整齐，放入专门的保管袋内。

（2）绝缘防护服使用注意事项

由于在高压系统上或附近作业的技术员不得携带任何导电材料，因此工作服也同样不得带有典型的"纽扣"紧固件，而是必须使用可牢尼龙搭扣（非导电）来扣上工作服。

技术员也不应佩戴任何带电材料，例如：项链、金属手表和手链。

> 想一想：绝缘防护服局部存在破损，还能起防护作用吗？
> _____
> _____

5. 安全帽

安全帽可避免人的头部受坠落物及其他特定因素的伤害，它由帽壳、下颌带和附件组成，如图 1-3-11 所示。

图 1-3-11　安全帽实物图

安全帽的防护作用

> 想一想：什么工作场景下能用到安全帽？
> _____
> _____

（1）安全帽的防护作用

① 防止飞来物体对头部的打击。

② 防止从高处坠落时头部受伤害。

③ 防止头部遭电击。

④ 防止头发被卷进机器或暴露在粉尘中。

⑤ 防止在易燃易爆区内因头发产生的静电引爆危险。

（2）安全帽使用注意事项

安全帽要做基本检查，主要包括以下几项：

① 检查"三证"，即生产许可证、产品合格证和安全鉴定证。

② 检查标识。检查永久性标识和产品说明是否齐全、准确。

③ 安全帽使用前检查，具体如下：

a. 使用之前应检查安全帽的外观是否有裂纹、碰伤痕、凹凸不平、磨损，帽衬是否完整，帽衬的结构是否处于正常状态，安全帽如存在影响其性能的明显缺陷需及时报废，以免影响防护作用，如图 1-3-12 所示。

图 1-3-12　检查安全帽外观

b. 使用者不能随意在安全帽上拆卸或添加附件，以免影响其原有的防护性能。

c. 使用者不能随意调节帽衬的尺寸。

d. 佩戴者在使用时一定要将安全帽戴正、戴牢，不能晃动，要系紧下颚带，调节好后箍以防安全帽脱落。

e. 不要随意碰撞安全帽，不要将安全帽当板凳坐，以免影响其强度。

f. 经受过一次激烈冲击的安全帽应作废，不能再次使用。

g. 安全帽不能在有酸、碱或化学试剂污染的环境中存放，不能放置在高温、日晒或潮湿的场所中，以免其老化变质，如图 1-3-13 所示。

图 1-3-13　禁止存放在酸碱环境

h. 应注意在有效期内使用安全帽，植物枝条编织的安全帽有效期为 2 年；塑料安全帽的有效期限为 2 年半；玻璃钢（包括维纶钢）和胶质安全帽的有效期限为 3 年半，超过有效期的安全帽应报废，如图 1-3-14 所示。

图 1-3-14　安全帽使用年限

（3）安全帽使用规范

安全帽的佩戴要符合标准，使用要符合规定。如果佩戴和使用不正确，就起不到充分的防护作用。具体使用规范如下：

① 戴安全帽前应将帽后调整带按自己头型调整到合适的位置，然后将帽内弹性带系牢。缓冲衬垫的松紧由带子调节，头顶和帽体内部顶部的垂直距离一般在 25~50 mm，以不小于 32 mm 为好，这样能保证遭受冲击时，帽体有足够的空间可供缓冲，平时也有利于头和帽体间的通风，如图 1-3-15 所示。

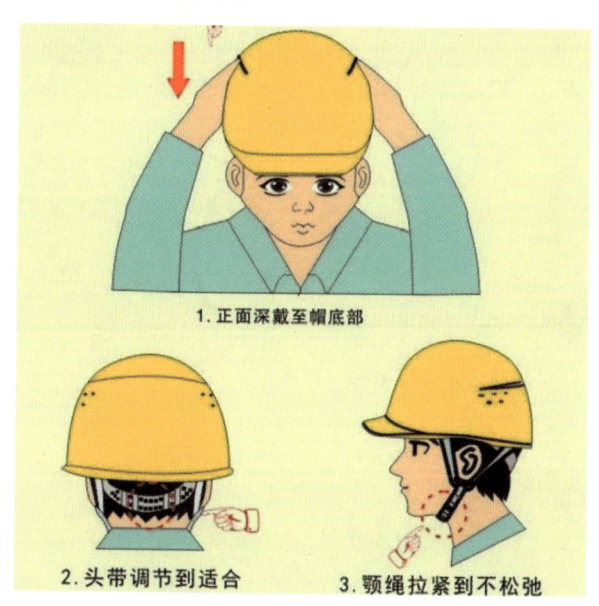

图 1-3-15　正确佩戴安全帽的方法

安全帽的正确佩戴方法

②不要把安全帽歪着戴，也不要把帽檐戴在脑后方，否则会削弱安全帽对冲击的防护作用。

③安全帽的下颌带必须扣在颌下并系牢，松紧要适度。这使安全帽不至于被风吹落，或被其他障碍物碰掉，或由于头的前后摆动而脱落。

④安全帽顶部除在帽体内安装帽衬外，还开有通风小孔，使用时不要为透气而随便再开孔，否则会使帽体的强度降低。

⑤安全帽要定期检查有无龟裂、下凹、裂痕和磨损等情况，发现异常现象要立即更换，不得继续使用。任何受过重击、有裂痕的安全帽，不管有无损坏均应报废。

⑥严禁使用只有下颌带与帽壳连接的安全帽（帽内无缓冲层的安全帽）。

⑦技术人员在现场作业中，不得将安全帽脱下，搁置在一旁，或当坐垫使用。

⑧安全帽不宜长时间在阳光下暴晒。

⑨新领的安全帽，首先检查是否有劳动部门允许生产的证明及产品合格证，再看是否破损，厚薄不均，缓冲层及调整带和弹性带是否齐全有效。不符合规定要求的，立即调换。

⑩在室内作业也要戴安全帽，特别是在室内带电作业时，更要认真戴好安全帽，因为安全帽不仅可以防碰撞，还能起到绝缘作用。

⑪平时使用安全帽时应保持整洁，不能接触火源，不要任意涂刷油漆，防止丢失。如果丢失或者损坏，必须立即补发或更换。

⑫无安全帽一律不得进入作业现场。

二、其他防护用品

1. 玻璃纤维杆

玻璃纤维杆是一种救援用防护用具，在紧急情况下（如：技术员已经触电），可用玻璃纤维杆将触电人员从危险中拉出来。在一些情况下，触电导致的肌肉收缩使得触电人员无法离开。借助玻璃纤维杆可确保救援人员从缓冲区安全地协助受伤人员，而不会对其他人造成危险。

有些公司要求在车间准备一根长度为 10 英尺（3.048 m）的绝缘玻璃纤维杆，以备在紧急情况下使用，如图 1-3-16 所示。

图 1-3-16 玻璃纤维杆示意图

想一想：什么工作场景下能用到玻璃纤维杆？

2. 绝缘胶垫

绝缘胶垫又称绝缘毯、绝缘垫、绝缘胶皮、绝缘垫片等，如图 1-3-17 所示。绝缘胶垫具有较大的电阻率，耐电击穿，用作配电等工作场合的台面或铺地绝缘材料，能起到较好的绝缘效果。目前很多企业要求在进行新能源汽车维修时必须铺设绝缘胶垫保障维修人员安全。

图 1-3-17　绝缘胶垫实物图

温馨提示（思政）

在进行新能源汽车相关操作前，佩戴个人防护用品是保障自身安全的基本措施。规范检查各类防护用品是否安全可靠，可以使学生学会如何正确选择和使用防护用品，确保其能够有效地发挥保护作用。这不仅有助于培养学生的安全意识，还能让他们养成良好的操作习惯，提高学生的自我保护能力。同时，这也让学生意识到安全的重要性，培养学生对生命的尊重和安全的关注，让学生明白无论是在新能源汽车相关操作实践中，还是未来工作中，安全始终是首要考虑的因素，不能有丝毫懈怠。

【任务测评】

一、判断题

1. 绝缘手套是指在高压电气设备上进行带电作业时能起电气绝缘作用的一种手套，它可使人的两手与带电物绝缘。（   ）
2. 绝缘安全鞋能防止试验电压范围内的跨步电压对人体产生危害。（   ）
3. 在新能汽车的高电压环境下进行作业时，不用佩戴护目用具。（   ）
4. 安全帽的帽壳和帽衬之间留有一定空间，可缓冲、分散瞬时冲击力，从而避免或减轻对头部的直接伤害。（   ）
5. 绝缘手套要求具有良好的电气性能，较高的机械性能，并具有柔软良好的服用性能。（   ）

二、选择题

1. （   ）是一种救援用防护用具，在紧急情况下（如：技术员已经触电），可以使用玻璃纤维杆将人员从危险中拉出来。【单选题】
   A. 玻璃纤维杆　　　　　　B. 绝缘胶垫
   C. 绝缘手套　　　　　　　D. 绝缘胶鞋
2. 防止触电的个人防护设备类型主要有（   ）。【多选题】
   A. 安全帽　　　　　　　　B. 绝缘手套
   C. 绝缘胶鞋　　　　　　　D. 护目镜
3. 绝缘安全鞋具有（   ）等功能，主要用于避免因静电发生燃爆事故。【多选题】
   A. 透气性能好　　　　　　B. 防静电
   C. 耐磨　　　　　　　　　D. 防滑
   E. 防燃
4. 使用中的绝缘手套每（   ）进行一次交流耐压试验。【单选题】
   A. 6 个月　　　　　　　　B. 8 个月
   C. 1 年　　　　　　　　　D. 2 年
5. 绝缘手套要求具有良好的（   ）较高机械性能的及良好的耐劳性和耐热性能。【单选题】
   A. 电气性能　　　　　　　B. 电压性能
   C. 电流性能　　　　　　　D. 电磁性能

三、简答题

1. 简述绝缘手套的佩戴规范及检验要求。
2. 简述安全帽的正确佩戴方法。

任务四 高压绝缘工具的认知与使用

新能源汽车因为存在高压电路，在检测、维修新能源汽车高压电气部件时，必须使用专用的高压绝缘工具。检测、维修新能源汽车时，使用的高压绝缘工具有哪些呢？本任务主要介绍高压绝缘工具作用、类型及使用方法（见图1-4-1）。

```
                                  ┌─ 绝缘拆装工具          ┌─ 绝缘套筒工具
          ┌─ 绝缘拆装工具认知与使用 ─┤                      ├─ 绝缘扳手
          │                       └─ 常用绝缘拆装工具 ──────┤
任务四高压               
绝缘工具的 ─┤                       ┌─ 数字兆欧表的认知      └─ 螺钉旋具
认知与使用  │                       ├─ 兆欧表的类型
          │                       ├─ 数字兆欧表的组成
          └─ 绝缘检测仪表认知与使用 ─┤
                                  ├─ 数字兆欧表的使用
                                  └─ 数字兆欧表使用注意事项
```

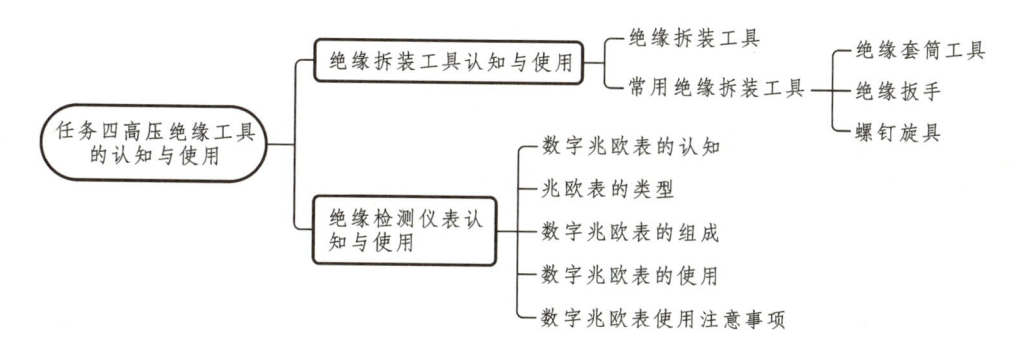

图1-4-1 任务四知识框架

【学习目标】

知识目标：

（1）简述常用拆装工具的作用和使用注意事项。
（2）阐述绝缘检测仪表的作用、组成及使用注意事项。

能力目标：

（1）能正确使用绝缘拆装工具。
（2）能正确使用绝缘检测仪表。

素质目标：

（1）通过常用绝缘拆装的学习，认识选用合适工具的重要性，培养学生进行新能源汽车高电压作业前选用合适的绝缘工具的习惯。
（2）通过常用绝缘拆装和检测仪表的学习，认知新能源汽车使用的高压绝缘工具和检测仪表，意识到工具选用的重要性。

【获取信息】

新能源汽车使用的高压绝缘工具主要包括拆装工具和检测工具。

一、绝缘拆装工具

绝缘拆装工具是普通金属工具与绝缘材料结合的产物,为了保护维修人员的安全,在对带有高压电可能的设备进行维修拆装时,绝缘拆装工具必不可少。

> **想一想**:新能源汽车拆装过程中,为什么要使用绝缘拆装工具?
> _____
> _____

(一)绝缘拆装工具特点

绝缘拆装工具的特点主要包含以下几点:
(1)装有耐压 1 000 V 以上的绝缘柄;
(2)绝缘材料不易脱落;
(3)耐腐蚀;
(4)耐高温;
(5)耐潮湿;
(6)具有一定的机械强度。

(二)常用绝缘拆装工具

绝缘工具是在常用金属工具的外表面采用具有绝缘强度的材料,足以抵抗高压电气设备运行电压的安全工具,如图 1-4-2 所示。目前常用的绝缘拆装工具主要有三类:绝缘套筒工具、绝缘扳手、螺钉旋具。

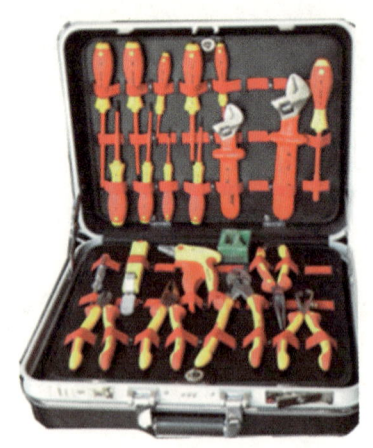

图 1-4-2 绝缘拆装工具

1. 绝缘套筒工具

(1)绝缘套筒工具认知

绝缘套筒是拆卸螺栓最方便、灵活且安全的工具,如图 1-4-3 所示。使用绝缘套筒不易损坏螺母的棱角。绝缘套筒由一套尺寸不同（多个带六角孔或十二角孔）的套筒，并配有手柄、接杆以及弓形的快速摇柄等多种附件组成，对不同标准规格的螺栓螺母均可使用。绝缘套筒扳手既适合一般部位螺栓螺母的拆装，也适合处于深凹部位和隐蔽狭小部位螺栓螺母的拆装。与接杆配合，可加快拆装速度和拆装质量。

图 1-4-3　绝缘套筒工具

（2）使用方法

套筒呈现短管状，一端内部呈六角形或十二角形，用来套住螺栓头；另一端有一个正方形的头孔，该头孔用来与配套手柄、摇柄或扭力扳手的方榫配合。

常规套筒选择规格大小与要拆螺母相同的套筒，连接匹配连杆和手柄或者快速摇柄，进行旋转，就可以完成螺母的拆卸。

（3）注意事项

① 不要使用出现裂纹或已损坏的套筒，这种套筒会引起打滑，从而损坏螺栓、螺母的棱角；
② 禁止用锤子将套筒击入变形的螺栓、螺母六角进行拆装，避免损坏套筒。

2. 绝缘扳手

扳手类工具多用于拧紧或旋松螺栓、螺母等螺纹紧固件，它有以下几种类型。

（1）开口扳手

① 作用。

开口扳手是最常见的一种扳手，又称呆扳手。它一端或两端制有固定尺寸的开口，如图 1-4-4 所示，用以拧转一定尺寸的螺母或螺栓。

图 1-4-4　开口扳手

② 使用方法。

使用时，先将开口扳手套住螺栓或螺母六角的两个对向面，确保扳手与螺栓完全配合后再施力。施力时，一只手推住开口扳手与螺栓连接处，并确保扳手与螺栓完全配合，另一只手大拇指抵住扳头，另外四指握紧扳手柄往身边拉扳。当螺栓、螺母被扳转至极限位置时，将扳手取出并重复之前的过程，如图 1-4-5 所示。

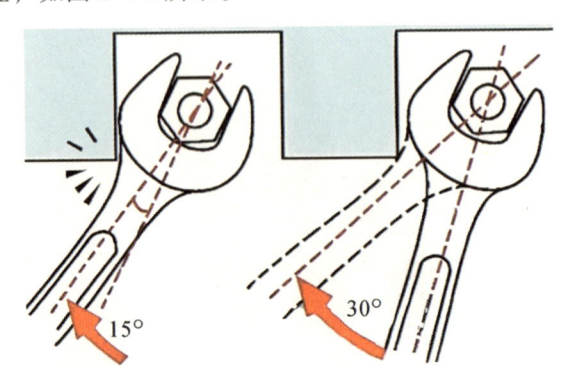

图 1-4-5　开口扳手使用方法

③ 注意事项。

扳转时，禁止在开口扳手上加套管或锤击，以免损坏扳手或损伤螺栓螺母；禁止使用开口扳手拆卸大力矩螺栓；使用开口扳手时放置的位置不能太高或只夹住螺母头部的一小部分，避免在紧固或拆卸过程中造成打滑，从而损坏螺栓、螺母或扳手。

（2）梅花扳手

① 作用。

梅花扳手是两端具有带六角孔或十二角孔的扳手，如图 1-4-6 所示。梅花扳手旋转螺栓部分和手柄部分上下错开。这种结构方便拆卸装配在凹陷空间的螺栓、螺母，并可以为手指提供操作间隙，以防止擦伤。适用于工作空间狭小的场合，与开口扳手相比，梅花扳手强度高，使用时不易滑脱，但套上、取下不方便。

图 1-4-6　梅花扳手

② 使用方法。

使用梅花扳手时，左手需推住梅花扳手与螺栓的连接处，保持梅花扳手与螺栓完全配合，防止滑脱；右手握住梅花扳手另一端并加力，转动 30°后更换位置。

③ 注意事项。

梅花扳手严禁将加长的管子套在扳手上以延伸扳手长度、增加力矩；严禁使用带有裂纹和内孔已严重磨损的梅花扳手。

（3）套筒扳手

① 作用。

套筒扳手由多个带六角孔或十二角孔的套筒并配有手柄、接杆等多种附件组成，如图 1-

4-7所示。它适用于拧转空间十分狭小或凹陷深处的螺栓或螺母，是拆卸螺栓最方便、灵活且安全的工具。

图 1-4-7　套筒扳手

② 使用方法。

使用套筒扳手时要选择合适的套筒，将套筒套在摇杆上，然后将套筒完全套在螺栓或者螺母上。左手握住摇杆端部并保持摇杆与所拆卸螺栓同轴；右手握住摇杆弯曲部迅速旋转拧出螺栓。

③ 注意事项。

在使用旋具套筒拆卸或紧固螺栓时，一定要检查螺栓头部是否有杂物，若有杂物，应清理后再操作；使用时要选择合适的规格、型号，以防滑脱伤手。

（4）扭力扳手

定扭式扭力扳手在拧转螺栓或螺母时，能显示出所施加的扭矩；或者当施加的扭矩到达规定值后，会发出光或声响信号，如图 1-4-8 所示。

图 1-4-8　定扭式扭力扳手

① 使用方法。

a. 使用扭力扳手前要选用合适量程的扳手，所测扭力值不可小于扭力器使用量程的 20%。

b. 确定预设扭矩值。预设扭矩值时，将扳手手柄上的锁定环下拉，同时转动手柄，调节标尺主刻度线和微分刻度线数值至所需扭矩。调节好后松开锁定环，手柄自动锁定。

c. 确认扭力扳手与固定件连接可靠并已锁定。在加固扭力之前，设定需要加固的力矩值，并锁好紧锁装置，调整好方向，在使用时先快速、连续操作 5～6 次，使扳手内部组件上的特殊润滑剂能充分润滑，使扭力扳手更精确。

d. 紧固。将套筒套在螺栓上，握住扳手手柄的中心，缓慢向右旋转加力。旋转过程中要保持扳手水平，垂直作用于螺栓、螺母上。直到听到扭力扳手发出"嗒"的声音，方可停止加力。

（5）内六角扳手

① 作用。

内六角扳手是成 L 形的六角棒状扳手，专用于拧转内六角螺钉，规格以六角形对边尺寸表示，如图 1-4-9 所示。它通过扭矩施加对螺丝的作用力，大大降低了使用者的用力强度；螺栓与扳手之间受力充分且不容易损坏。

图 1-4-9 内六角扳手

② 使用方法。

使用内六角扳手时,先将六角螺栓插入扳手的六方孔中,用左手下压并保持两者的相对位置,以防转动时从六方孔中滑出;右手转动扳手,带动内六角螺栓紧固或松开。

③ 注意事项。

使用内六角扳手时需注意不能将公制内六角扳手用于英制螺钉,也不能将英制内六角扳手用于公制螺钉,以免造成打滑而伤及使用者;不能在内六角扳手的尾端加接套管延长力臂,以防损坏内六角扳手。

3. 螺钉旋具

(1)概述

螺钉旋具又称作螺丝批或螺丝起子,是一种以旋转方式将螺丝固定或取出的工具。主要有一字(负号)和十字(正号)两种,如图 1-4-10 所示。现在随着紧固件形式的多样化,螺丝刀的刀头形状也从原有的一字和十字增加了米字、T形、梅花形、H形、六角形等多种形状,各种形状只是为了使力量分配得更加均匀。螺钉旋具有木柄和塑料柄之分,木柄螺钉旋具又分为普通式和穿心式两种,后者能承受较大的扭矩,并可在尾部作适当的敲击。塑料柄螺钉旋具具有良好的绝缘性能,适合电工使用。

一字螺丝刀,俗称一字形起子、平口改锥,用于旋紧或松开头部开一字的螺钉,工作部分一般用碳素工具钢制成,并经过淬火处理。一字螺丝刀一般由木柄、刀体和刀口组成,其规格以刀体部分长度来表示。使用一字螺丝刀时应根据螺钉沟槽的宽度进行选用。

图 1-4-10 螺钉旋具

(2)使用方法

将螺丝刀拥有特化形状的端头对准螺丝的顶部凹坑,固定,然后开始旋转手柄。根据规格标准,顺时针方向旋转为嵌紧;逆时针方向旋转则为松出。一字螺丝刀可以应用于十字螺丝,十字螺丝拥有较强的抗变形能力。

(3)注意事项

① 应根据螺钉形状、大小选用合适的螺钉旋具;

② 使用时螺钉旋具不可偏斜,扭转的同时施加一定压力,以免旋具滑脱;

③ 使用时手心应顶住柄端,并用手指旋转旋具手柄。如使用较长的螺钉旋具,左手应把住旋具的前端;

④ 螺钉旋具或工件上有油污时应擦净后再使用;

⑤ 禁止将螺钉旋具当撬棒或錾子使用。

二、绝缘检测仪表认知与使用

新能源汽车维修过程中使用的仪表包括数字式万用表、钳形电流表和绝缘检测仪(即:数字式兆欧表)如图 1-4-11 所示,其中进行绝缘检测的数字式兆欧表是新能源汽车特有的检测仪表。

数字万用表 　　　　　数字兆欧表 　　　　　钳形电流表

图 1-4-11　检测仪表

> 想一想:燃油汽车也会出现线路绝缘故障,为什么燃油汽车检修不用数字兆欧表?
> _____
> _____

1. 数字兆欧表的认知

在外部绝缘检测过程中,需要使用专用的工具进行实施,目前一般使用绝缘检测仪。绝缘检测仪是技术人员通过使用对导体、电气零件、电路和器件进行绝缘电阻测试来达到验证电气设备的质量、确保设备满足规程和标准、确定设备性能随时间的变化、确定故障原因的目的的一种功能仪器。

数字兆欧表是一种新能源汽车常用的绝缘电阻检测装置,如图 1-4-12 所示,其可以检测高压线束或器件的绝缘电阻,也可检测线路电压值,但其主要用于检测绝缘电阻。

图 1-4-12 数字兆欧表

2. 兆欧表的类型

目前绝缘检测中广泛使用的兆欧表主要有机械式和电子式。

机械式：机械式数字兆欧表（见图 1-4-13）一般使用较多的为手摇式绝缘电阻表，可以用于多种恶劣环境：如船舶、采矿、重工业领域及军事领域等，强固外壳设计，结构紧凑、全封闭上盖。

电子式：电子式数字兆欧表（见图 1-4-14）是一种适用于多种应用场合的精密工具，包括测试电缆、电动机和变压器；该表既有普通万用表的功能，同时具有测量绝缘性的功能，测量绝缘时，通常设置有 100 V、250 V、500 V、1 000 V 等挡位。电子式具有"一键计算"功能，可计算极化指标和介质吸收率，消除了人为计算误差。

图 1-4-13 机械式数字兆欧表 　　图 1-4-14 电子式数字兆欧表

3. 数字兆欧表的组成

电子式数字兆欧表主要由主机、远程探头、测试导线、鳄鱼夹和 K 型热电偶等组成，如图 1-4-15 所示。

图 1-4-15 数字兆欧表的组成

主机上可以分为四大区域：显示屏区、按钮和指示灯区、旋转开关区、输入端子区，如图 1-4-16 所示。显示屏上布满了各种数值及指示符；按钮和指示灯区，顾名思义，主要分布着几个功能按钮和指示灯；用旋转开关选择任意测量功能档即可启动测试仪；输入端子区主要负责用于线束在主机与检测设备之间的连接。

图 1-4-16 数字兆欧表四区域

（1）显示屏区

显示位数为四位，如图 1-4-17 所示。

图 1-4-17 显示屏

（2）按钮和指示灯区

数字兆欧表按键控制区及指示灯功能介绍见表1-4-1。

表1-4-1　数字兆欧表按键控制区功能符号

按钮/指示灯	功能说明
（蓝色按钮）	选择测量功能
调用/储存	保存上一次绝缘电阻或接地耦合电阻测量结果；第二功能：检索保存在内存中的测量值
PI/DAR 比较	给绝缘测试设定通过/失败极限；第二功能：按此按钮来配置测试仪进行指数或介电吸收比测试。按"测试"开始测试
清除/锁定	测试锁定。如在按测试按钮之前按"测试"，则在再次按下锁定或测试按钮解除锁定之前测试将保持在活动状态；第二功能：清楚所有内存内容
背光灯	打开或关闭背光灯。背光灯在2 min后熄灭
测试	当旋转开关处于绝缘位置时启动绝缘测试；使测试仪供应（输出）高电压并测量绝缘电阻； 当旋转开关处于欧姆位置时，启动电阻测试
危险电压警告	危险电压警告。表示在输入端检测到30 V或更高电压（交流或直流取决于旋转开关位置）。当在"⎓V"开关位置上时，显示屏中显示"OL"，以及"bdtt"显示在显示屏上时也会出现该指示符。当绝缘测试正在进行时，"↯"符号会出现
合格	通过指示灯。指示绝缘电阻测量值大于所选的比较限值

（3）旋转开关区

数字式兆欧表功能选择区各功能介绍见表1-4-2。

表1-4-2　数字兆欧表功能选择区功能符号

按钮/指示灯	功能说明
⎓V	AC（交流）或DC（直流）电压，从0.1 V至600 V
零Ω	O hms（欧姆），从0.01 Ω至20.00 kΩ
1000 500 V / 250 100 50 V	O hms（欧姆），从0.01 MΩ至10.0 GΩ。利用50 V、100 V、250 V、500 V和1 000 V执行绝缘测试
清除/锁定	测试锁定。如在按测试按钮之前按"测试"，则在再次按下锁定或测试按钮解除锁定之前测试将保持在活动状态；第二功能：清楚所有内存内容

（4）输入端子区

数字式兆欧表的线路连接区由三个表笔插孔组成，分别为"COM""Ω"和"V 绝缘"三个插孔，如图 1-4-18 所示。负极表笔始终置于"COM"插孔中，正极表笔则需要根据测量工作类型在剩余两个插孔中切换；"Ω"为电阻测量的输入端子；"V 绝缘"为电压或绝缘测试的输入端子。

图 1-4-18　数字兆欧表线路连接区

4. 数字兆欧表的使用

数字兆欧表主要用来检测绝缘电阻，在使用之前需进行外观检查和数字兆欧表校表，以下以电子式数字兆欧表为例进行介绍。

（1）数字兆欧表检查
① 检查数字兆欧表的外观及显示屏是否正常；
② 检查远程探头测试线外观是否有破损，端子是否有变形或烧蚀等情况；
③ 检查测试笔外观是否有破损，端子是否有变形或烧蚀等情况；
④ 检查鳄鱼夹外观是否有破损，功能是否正常。
（2）数字兆欧表校表
① 选择任意测量功能即可启动测试仪，观察 LCD 显示屏电量显示，确保电量充足，如图 1-4-19 所示；

图 1-4-19　观察数字兆欧表的电量

> 注意
>
> 如果显示电量不足，应关闭仪器，更换新的电池。

② 将绝缘电阻测试探头和测试线分别插入电压和公共输入端子；
③ 将旋转开关转至所需要的测试电压；
④ 按压远程探头的"测试"按钮进行测试，标准值为∞；

⑤将远程探头与测试笔端子进行碰触，再次按压"测试"按钮，标准值为0。

> **注意**
>
> 数字兆欧表校表过程中，若测得值与标准值不符，说明数字兆欧表存在故障，需进行更换。

（3）检测绝缘电阻
① 将探头与待测电路连接，检测绝缘电阻；
② 待数值稳定后读取测得值，标准值为∞。

> **注意**
>
> 检测绝缘电阻过程中，若测得值与标准值不符，说明被测物体绝缘性能异常，可能存在漏电，需更换新的器件。

5. 数字兆欧表使用注意事项

① 数字兆欧表电量低时，会影响测量值的精确性，为保证测量数值的准确，请确保使用的数字兆欧表电量充足；
② 数字兆欧表使用时，应根据被测元件选择合适的量程，否则容易造成被测元件和测量工具的损坏；
③ 电阻测试只能在不通电的电路上进行；
④ 使用完毕后，将测量旋钮置于"OFF"位置，若长时间不使用，应将电池取出，以免漏液造成仪器损坏；
⑤ 测试时操作者必须戴上绝缘手套并保持干燥；
⑥ 测试前，确保所有测试导线与仪表的测试端口连接牢固，没有虚接现象；
⑦ 测量读数时，测试线上附有很大的电流，可能导致人身受到伤害，请勿触摸任何裸露导线。

> **温馨提示（思政）**
>
> 新能源汽车作为环保交通工具，操作时不仅需要专业知识与技能，而且要运用高压绝缘工具和仪器，并保证各类工具安全可靠。
>
> 学生在学习使用高压绝缘工具和仪器的过程中，将肩负起保障自身安全和车辆正常运行的责任。这有利于培养他们的责任感，使其明晰自身行为对他人和社会的影响。
>
> 操作中需使用高压绝缘工具和仪器，突显了安全意识的关键所在，引导学生在面临潜在危险时保持警觉，并采取必需的安全措施。这对培养学生的安全意识、助力其在未来的工作和生活中更好地保障自己与他人的安全具有重要意义。
>
> 确保各类工具的安全可靠，意味着学生要学习并遵守正确的操作规范。借助使用高压绝缘工具和仪器，学生能够养成规范操作的习惯，降低因不当操作引发的安全事故风险。规范操作习惯的养成对学生未来的职业发展和日常生活均具有重要意义。

【任务测评】

一、判断题

1. 在对带有高压电设备进行维修拆装时,绝缘拆装工具是可有可无的。（　　）
2. 绝缘拆装工具的绝缘材料不易脱落,且耐腐蚀、耐高温、耐潮湿。（　　）
3. 扳手类工具多用于拧紧或旋松螺栓、螺母等螺纹紧固件。（　　）
4. 螺钉旋具主要有一字（负号）和十字（正号）两种。（　　）
5. 数字兆欧表可以检测高压线束或器件的绝缘电阻,也可检测线路电压值。（　　）

二、选择题

1. （　　）是拆卸螺栓最方便、灵活且安全的工具。【单选题】
   A. 绝缘套筒工具　　　　　　　B. 绝缘扳手
   C. 螺钉旋具　　　　　　　　　D. 钳类工具
2. 常用绝缘拆装工具主要有（　　）。【多选题】
   A. 绝缘套筒工具　　　　　　　B. 绝缘扳手
   C. 螺钉旋具　　　　　　　　　D. 钳类工具
3. 目前绝缘检测中广泛使用的兆欧表主要有（　　）2种。【多选题】
   A. 机械式　　　　　　　　　　B. 电子式
   C. 电阻式　　　　　　　　　　D. 电控式
4. （　　）又称作螺丝批或螺丝起子,是一种以旋转方式将螺丝固定或取出的工具。【单选题】
   A. 绝缘套筒工具　　　　　　　B. 绝缘扳手
   C. 螺钉旋具　　　　　　　　　D. 钳类工具
5. （　　）扳手在拧转螺栓或螺母时,能显示出所施加的扭矩。【单选题】
   A. 定扭式扭力　　　　　　　　B. 指针式扭力
   C. 内六角　　　　　　　　　　D. 套筒

三、简答题

1. 简述绝缘拆装工具的特点。
2. 简述数字式兆欧表的使用步骤和注意事项。

项目二　纯电动汽车认知

纯电动汽车由驱动电机驱动车轮行驶,动力源主要来自动力电池。与传统的内燃机汽车相比,纯电动汽车结构简单,运转、传动部件少,噪声小且排放"零"污染,同时,驱动电机可回收车辆行驶过程中消耗的部分能量,能量转换利用率高。本项目主要包括四个学习任务:纯电动汽车结构与原理、动力电池系统认知、电机驱动系统认知、充电系统认知。

任务一　纯电动汽车结构与原理

从外形结构上看,纯电动汽车与内燃机汽车没有区别,但是功能结构上来看还是有很大区别的,如纯电动汽车的动力源是驱动电机,不再是发动机;纯电动汽车能量来源是动力电池,不再是油箱内的燃油等。这里主要介绍纯电动汽车的整体结构和工作原理(见图2-1-1)。

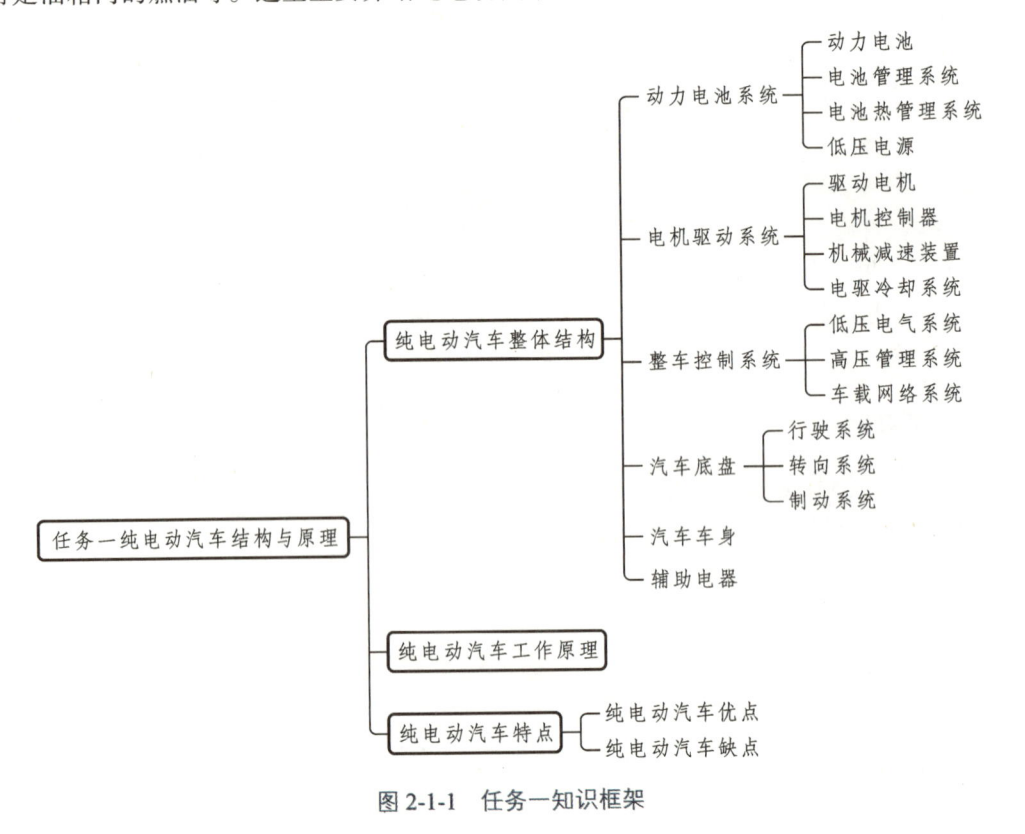

```
任务一纯电动汽车结构与原理
├── 纯电动汽车整体结构
│   ├── 动力电池系统
│   │   ├── 动力电池
│   │   ├── 电池管理系统
│   │   ├── 电池热管理系统
│   │   └── 低压电源
│   ├── 电机驱动系统
│   │   ├── 驱动电机
│   │   ├── 电机控制器
│   │   ├── 机械减速装置
│   │   └── 电驱冷却系统
│   ├── 整车控制系统
│   │   ├── 低压电气系统
│   │   ├── 高压管理系统
│   │   └── 车载网络系统
│   ├── 汽车底盘
│   │   ├── 行驶系统
│   │   ├── 转向系统
│   │   └── 制动系统
│   ├── 汽车车身
│   └── 辅助电器
├── 纯电动汽车工作原理
└── 纯电动汽车特点
    ├── 纯电动汽车优点
    └── 纯电动汽车缺点
```

图2-1-1　任务一知识框架

【学习目标】

知识目标：

（1）掌握纯电动汽车的组成。
（2）描述纯电动汽车工作原理。

能力目标：

（1）能找出电动汽车组成部件的位置。
（2）能分析纯电动汽车特点。

素质目标：

（1）通过学习纯电动汽车的组成，理解纯电动汽车的具体结构及作用，提高学习和分析能力。
（2）通过纯电动汽车工作原理的学习，学会工作原理的分析，提高分析问题、解决问题的能力。

【获取信息】

纯电动汽车是以车载电池为动力输出，用驱动电机驱动车轮行驶的汽车，其属于新能源汽车。不同类型的纯电动汽车，车型结构及工作特性会有所差异。

一、纯电动汽车整体结构

纯电动汽车与燃油汽车结构稍有不同，其主要由动力电池系统、电机驱动系统、整车控制系统三大系统组成，如图 2-1-2 所示，另外还起支撑、防护等作用的车身、底盘及辅助电器。其中动力电池系统就是纯电动汽车的电源系统。

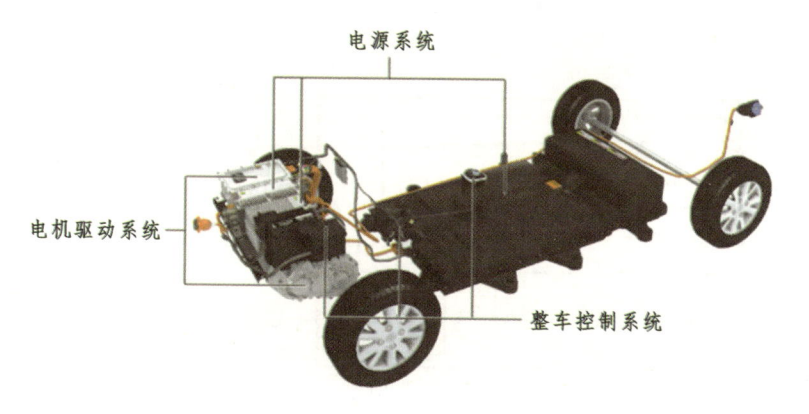

图 2-1-2 纯电动汽车组成

纯电动汽车组成

> 想一想：纯电动乘用车与纯电动公交车有区别吗？
> _____
> _____

（一）动力电池系统

动力电池系统是纯电动汽车的能源系统，它替代了传统燃油汽车的燃油供给系统，主要是给驱动电机提供驱动电能、监测动力电池的使用情况（状态），并向低压蓄电池及车身低压电器提供所需的低压电。纯电动汽车的动力电池系统主要包括动力电池包、电池管理系统、电池热管理部件及连接电路等组成。

1. 动力电池包

动力电池包，简称动力电池，是能量存储装置，它的作用是向电机提供驱动电能。对于没有辅助电源的纯电动汽车而言，动力电池是唯一的动力源，它的好坏直接影响电动汽车的动力性能、续航能力和安全性，如图 2-1-3 所示。

图 2-1-3　动力电池

2. 电池管理系统

电池管理系统即能量管理系统，是电池保护和管理的核心部件，它一方面检测、收集并初步计算电池的实时状态参数，并根据检测值与允许值的比较关系控制动力电池的充电和放电，并控制其电量的变化；另一方面，将采集的关键数据上报给整车控制器，并接收控制器的指令，与车辆上的其他系统协调工作，如图 2-1-4 所示。

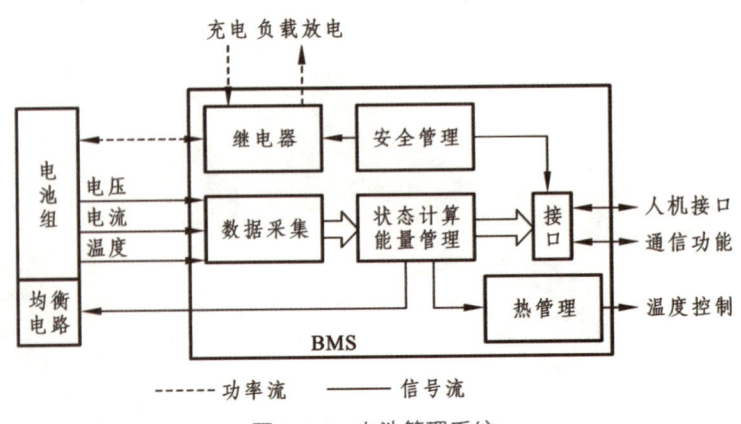

图 2-1-4　电池管理系统

电池管理系统能准确估测动力电池组的荷电状态（电池剩余电量），并动态监测动力电池组的工作状态，在单体电池、电池组间实现状态均衡调节，同时在汽车行驶过程中，它能够有效地进行能源分配，协调各功能部分工作的能量管理，使有限的能量源最大限度地得到利用。

3. 电池热管理系统

电池热管理系统可以将电池系统的动力电池温度控制在正常工作范围以内，动力电池热管理系统是通过导热介质、测控单元以及温控设备构成的闭环调节系统，其作用是使动力电池工作在合适的温度范围之内，以维持其最佳的使用状态，保证电池系统的性能和寿命。

纯电汽车的电池热管理系统可分为冷却系统和加热系统，分别负责对动力电池的冷却和加热。动力电池冷却系统是通过冷却循环系统等对动力电池进行冷却调控的，加热系统采用PTC加热器对动力电池进行加热。

想一想：电池加热系统什么时候起作用？
_____
_____

（二）电机驱动系统

电机驱动系统是纯电动汽车的核心系统之一，可以通过有效的控制策略将动力电池提供的直流电转化为交流电，进而实现电机的转向、转速、扭矩及功率的综合控制。汽车工作过程中，电机驱动系统根据驾驶员的操作意图、动力电池和驱动电机的状态控制车辆的行驶和停止，高效率地将动力电池的电能转换为车轮的机械能，同时在汽车减速制动或者下坡时，进行能量回收，从而达到节能减排的目的。

纯电动汽车电机驱动系统主要由驱动电机、电机控制器、机械减速装置（减速器总成）和电驱冷却系统等组成，并通过高低压线束、冷却管路与其他系统连接，如图2-1-5所示。

图 2-1-5　电机驱动系统

电机驱动系统组成

1. 驱动电机

驱动电机是动力系统的执行元件，是电能与机械能之间的转化部件，如图 2-1-6 所示。驱动电机在纯电动汽车中被要求承担着电动机和发电机的双重功能,即在正常行驶时将电源的电能转化为机械能,通过传动装置驱动车轮。在车辆驱动行驶时,驱动电机起到动力源的作用;在车辆减速或制动时,驱动电机起到发电机的作用。

图 2-1-6　驱动电机

> 想一想:纯电动汽车的驱动电机接入动力电池的电能可以直接工作吗?

2. 电机控制器

电机驱动系统的核心是电机控制器,如图 2-1-7 所示。电机控制器的功用是根据电子控制单元的指令、电动机的速度和电流反馈信号,对电动机的速度、驱动转矩和旋转方向进行控制。

图 2-1-7　电机控制器

电机控制器与电机必须配套使用,当汽车进行倒车行驶时,需通过电机控制器使电机反转来驱动车轮反向行驶。当纯电动汽车处于降速和下坡滑行时,电机控制器使电动机运行于发电状态,电机利用其惯性发电,将电能通过电机控制器回馈给动力电池。

3. 机械减速装置

纯电动汽车机械减速装置,也称为减速器总成,其作用是将驱动电机的驱动转矩传输给汽车的驱动轴，从而带动汽车车轮行驶，所以机械减速装置一般与驱动电机的输出端相连接，安装在驱动桥上，如图 2-1-8 所示。

图 2-1-8　机械减速装置

纯电动汽车机械减速装置（减速器总成）大多采用具有固定传动比的二级减速器和差速器组成，这类机械减速装置与传统汽车的传动系相比具有结构简单、体积小、占用空间小的特点。

4. 电驱冷却系统

电驱冷却系统主要用于保证驱动电机和电机控制器在规定的温度范围内工作，使其具有良好的工作性能。电机驱动冷却系统通常采用的是强制循环式水冷却，其使用电动水泵提高冷却液的压力，强制冷却液在电动水泵、驱动电机、电机控制器、散热器之间循环流动，通过热交换来降低电机驱动系统的主要部件的温度，如图 2-1-9 所示。

图 2-1-9　电驱冷却系统冷却液循环路径

在纯电动汽车工作过程中，驱动电机的温度传感器和电机控制器内的温度传感器实时监测驱动电机和电机控制器的工作温度送给电机控制器。当电机控制器判定电驱系统的驱动电机和电控制器温度较高需要散热时，控制电动水泵和散热风扇工作，电驱冷却系统开始工作。

水冷式冷却系统具体的冷却过程如图 2-1-10 所示，电动水泵将储液罐中的冷却液泵入电机控制器，电机控制器对冷却液进行冷却后，冷却液从出水口流入驱动电机外壳水套，吸收驱动电机的热量后冷却液随之升温，随后冷却液从驱动电机的出水口流出经过冷却管路流入散热器，在散热器中冷却液通过流经散热器周围的空气散热而降温，最后冷却液经散热器出水软管返回电动水泵，如此往复循环。

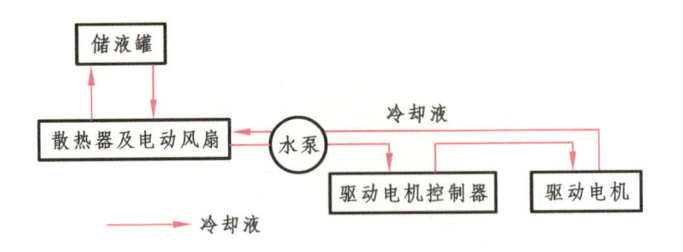

图 2-1-10 电驱冷却系统水循环示意图

想一想：纯电动汽车的倒车是利用电驱动系统的什么部件实现的？

_____

_____

（三）整车控制系统

电动汽车的整车控制系统是保证电动汽车正常工作的关键系统，它对整辆电动汽车的控制起协调管理的作用。纯电动汽车的整车控制系统主要由低压电气系统、高压管理系统、车载网络系统组成，如图 2-1-11 所示。

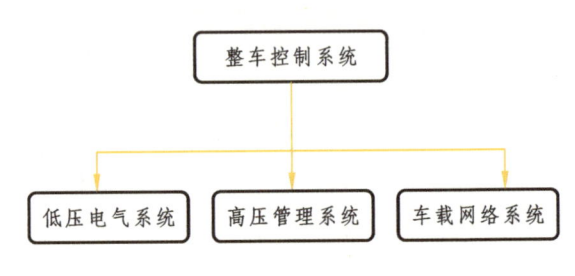

图 2-1-11 整车控制系统

1. 低压电气系统

纯电动汽车的低压电气系统主要由低压电源、DC-DC 转换器、低压电气系统（车身电器、底盘电器）等组成，如图 2-1-12，一般可提供 12 V 或 24 V 的电源，其作用是：一方面为灯光、雨刮等常规低压电器供电，另一方面为整车控制器、电机控制器和电动辅助装置的工作电路供电，监控这些系统的运行状态和故障处理。

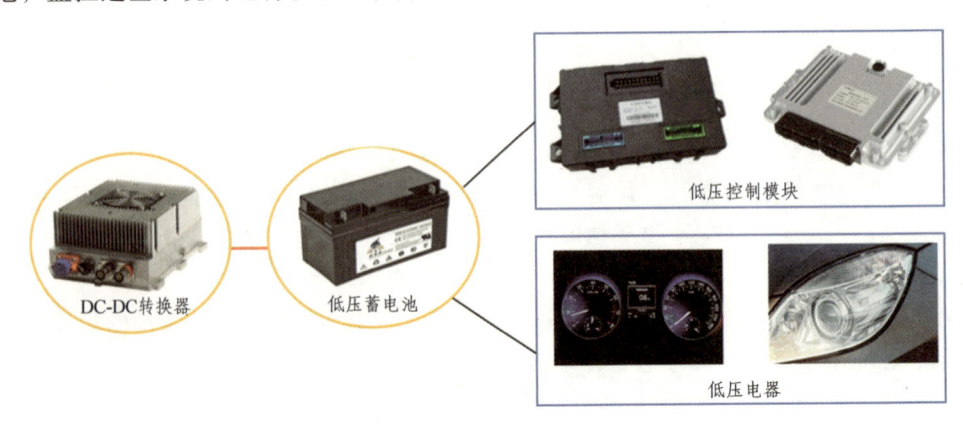

图 2-1-12 低压电气系统

2. 高压管理系统

纯电动汽车的高压管理系统主要部件是整车控制器、电机控制器、高压配电装置、电池管理器等，相对于传统汽车而言，纯电动汽车采用了大容量、高电压的动力电池及高压电机和电驱动控制系统，并采用了大量的高压附件设备，如电动空调、PTC 电加热器及 DC-DC 转换器等，如图 2-1-13 所示。因此，作为纯电动汽车高压系统安全管理的单元，其作用是进行动力电池电源的输出及分配，实现对各支路用电器的保护及切断，同时还可以控制汽车在减速制动或下坡滑行时的能量回收。

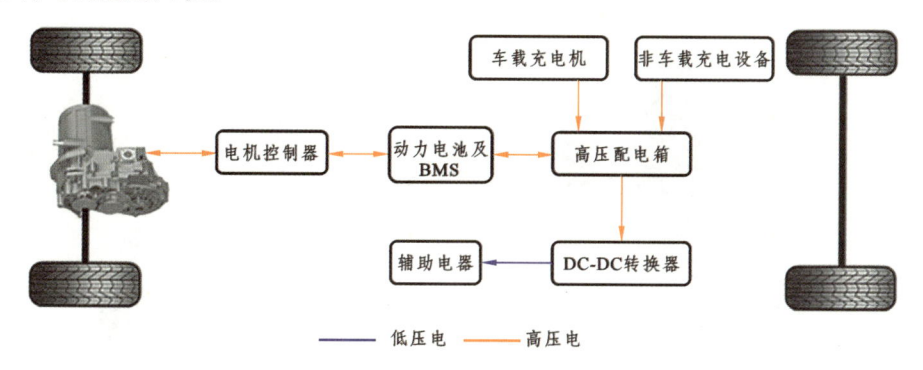

图 2-1-13　纯电动汽车高压管理系统框图

3. 车载网络控制系统

纯电动的汽车车载网络系统使用的是数据 CAN 总线，它是一种串行数据通信总线，是一种很高保密性，有效支持分布式控制或实时控制的现场串行通信网络，其功用是实现通信和资源共享，并解决汽车电子化出现的线路复杂和线束增加的问题，同时也为线控操作技术提供有力的支撑。使用车载网络控制系统可以减少汽车制造成本、简化汽车电器线路、提高汽车通信效率、提高汽车电控系统的可靠性。

纯电动汽车有两条总线网络结构，即驱动系统的高速 CAN 和车身系统的低速 CAN。高速 CAN 总线每个节点为各子系统的 ECU，低速 CAN 总线按物理位置设置节点，基本原则是基于空间位置的区域自治，如图 2-1-14 所示。

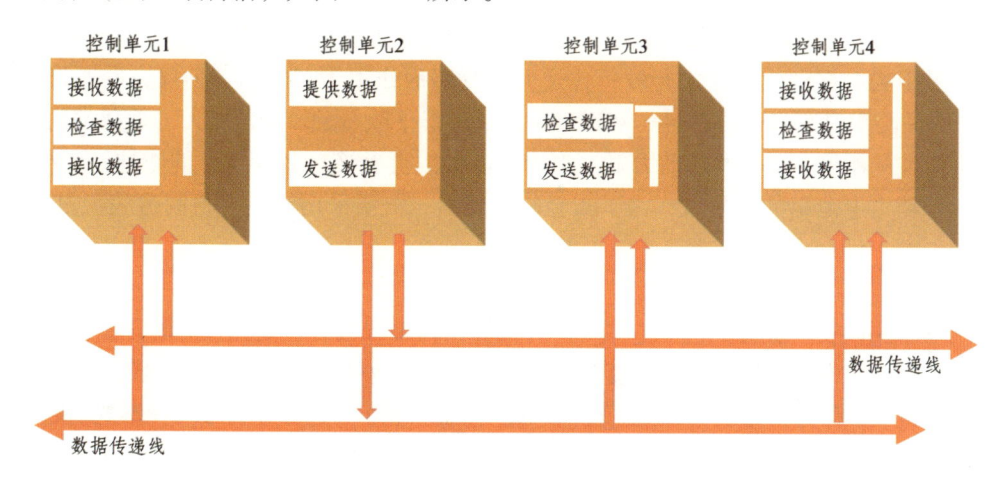

图 2-1-14　车载网络系统

(四)汽车底盘

汽车底盘是整个汽车的基础,它的功用是用来支撑蓄电池、电动机、驱动控制器、汽车车身及空调在内的各种辅助装置,并将电动机动力进行传递和分配,使汽车按照驾驶员意图行驶。传统的汽车底盘包括传动系、行驶系、转向系、制动系四大系统。纯电动汽车的底盘要求具有足够的空间存放动力电池,并要求线路连接、充电、检查和拆卸方便。所以,纯电动汽车底盘布局与燃油汽车有一定的区别,其主要由行驶系统、转向系统和制动系统三大系统组成,如图 2-1-15 所示。

图 2-1-15 汽车底盘组成

> 想一想:纯电动汽车为什么没有传动系?
> _____
> _____

1. 行驶系统

电动汽车行驶系统主要由车架、车桥、车轮和悬架等组成。行驶系统的主要功用是承受汽车的总重量;接收传动系统传来的动力,通过驱动轮和地面之间的附着作用,产生驱动力,从而克服外界阻力,保证汽车正常行驶;传递并承受路面作用于车轮的各种反力及所形成的力矩;缓和不平路面对车身造成的冲击和震动,保证汽车平顺行驶。并且加大了承载空间的跨度和承载机构件的刚度,充分做好动力电池组渗出的酸或者碱液对底盘构件的防护。另外,纯电动汽车由于动力电池组的质量大,为了减轻整车质量,需要采用轻质材料制造底盘总成。

2. 转向系统

当汽车需要改变行驶方向时,必须使转向轮绕主销轴线偏转一定角度,直到新的行驶方向符合驾驶员的要求时,再将转向轮恢复到直线行驶位置。这种由驾驶员操纵,转向轮偏转和回位的一整套机构,称为汽车转向系统。转向系统有机械助力和电动力助力两种形式。电动汽车转向系统主要由转矩传感器、车速传感器、助力电机、减速机构和电子控制单元(ECU)等组成,如图 2-1-16 所示。汽车转向系统的功用是改变或保持汽车的行驶方向。

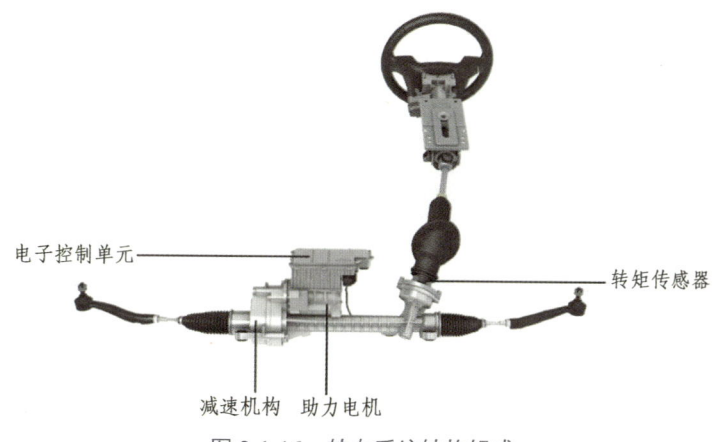

图 2-1-16　转向系统结构组成

3. 制动系统

制动系统能使行驶中的汽车减速甚至停车，使下坡行驶的汽车速度保持稳定，以及使已停驶的汽车保持不动。为实现汽车制动，在汽车上必须装设一系列专门装置，以便驾驶人能根据道路和交通等情况，借以使外界（主要是路面）在汽车某些部分（主要是车轮）施加一定的与汽车行驶方向相反的力，对汽车进行一定程度的强制制动，这种可控的对汽车进行制动的外力称为制动力，这样的一系列专门装置即称为制动系统。电动汽车的行车制动系统主要由制动踏板、真空泵、真空罐、真空助力器、控制单元、制动主缸、制动轮缸、制动器和制动管路等组成，如图 2-1-17 所示。

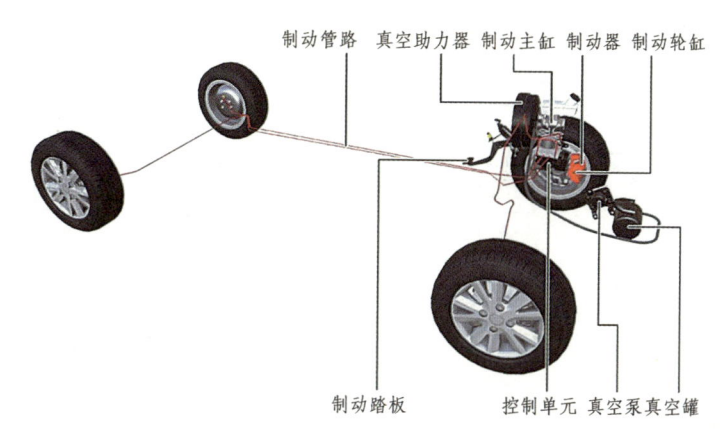

图 2-1-17　制动系统组成

（五）汽车车身

纯电动汽车是轿车的一种，其车身一般由车身本体、内外装饰件、车身附件以及车身电器和电子设备组成。车身能够为驾驶员提供良好的操作条件，还能够隔离汽车行驶时的噪声、废气、振动以及恶劣天气，保证完好无损地运载货物且装卸方便。合理的车身外部形状能够有效地引导周围的气流，提高汽车的动力性、燃料经济性和行驶稳定性。车身应具有合理的外部形状，以便汽车行驶时能有效地引导周围的气流，提高汽车的动力性、燃料经济性和行驶稳定性，并改善驱动电机的冷却条件和室内通风。

（六）辅助电器

电动汽车辅助电器主要有空调、照明、各种声光信号装置、车载音响装置、刮水器、电动门窗、电动座椅调节器、车身安全防护装置等。这些辅助装置主要为提高汽车操纵性、舒适性和安全性而设置的，可根据需要进行选用。在纯电动汽车上，空调系统压缩机采用独立电动机驱动，并由动力电池提供电能。空调压缩系统可以按照制冷量的变换调整运转速度，不因车速或汽车驱动力的变化而受影响。

想一想：纯电动汽车为什采用以动力电池为电源的电动压缩机？

_____

_____

二、纯电动汽车工作原理

当汽车行驶时，电机驱动系统将存储在动力电池中的电能高效地转化为车轮（驱动汽车行驶）的动能，整车控制系统的整车控制器根据加速踏板、制动踏板的输入信号，向电机控制器发出指令，电机控制器控制驱动电机的起动、加速、减速、制动以及汽车减速制动和下坡滑行过程中的能量回收。机械传动装置将驱动电动机的转矩传递给汽车的驱动轴，从而（将动力传递到车轮上，驱动汽车行驶）带动汽车车轮的前进和后退，如图 2-1-18 所示。

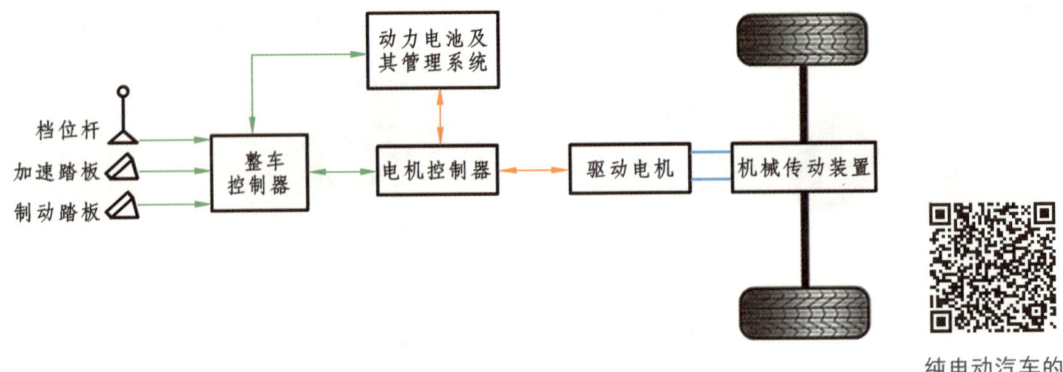

图 2-1-18　纯电动汽车的工作原理

电动汽车续航里程与动力电池容量有关，动力电池容量受很多因素限制，要提高一次充电续航里程，必须尽可能地节省电池的能量。

想一想：纯电动汽车为什么要在减速或下坡时进行能量回收？

_____

_____

三、纯电动汽车特点

纯电动汽车需要通过外接电源来给车辆电池充电,然后驱动电动机行驶。汽车的特点影响汽车的应用,下面从纯电动汽车的优点和缺点两个方面来描述其特点

(一)纯电动汽车优点

1. 能源效率高

纯电动汽车的能源效率与传统内燃机汽车相比,其能源效率更高。传统内燃机汽车效率为38%,尤其是在城市道路中行驶频繁停车、低速行驶等使其最终效率不过12%;纯电动汽车停车时无机器空转,80%以上的电池能量可转为汽车的动力。而且,当车辆制动或减速时,电机可自动转化为发电机,实现能量的回收利用,汽车停止时,则不消耗电量,如图2-1-19所示。

2. 节能环保

纯电动汽车在各种工况下都是由动力电池的电力驱动,电力可以由煤炭、天然气、水力、核能、太阳能、风力、潮汐等能源转化,不一定要依靠石油资源,所以大大节省能源消耗。纯电动汽车行驶过程中无燃料燃烧,也就无废气排放,不污染环境。

3. 结构简单、易保养

纯电动汽车仅使用驱动电机驱动,没有发动机、变速器、油箱和排气系统,而且车上运转、传动的部件很少,所以相较内燃机汽车结构简单。从使用方面来说,纯电动汽车没有传统发动机那些烦琐的养护项目,比如:更换机油、滤芯、皮带等,只需定期检查驱动电机、动力电池等部件即可。

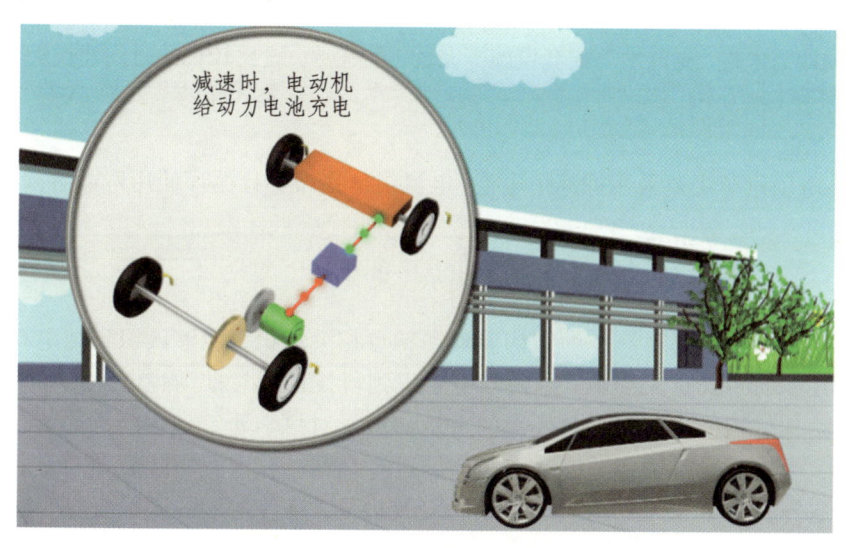

图2-1-19 纯电动汽车能源效率高

4. 噪声低

纯电动汽车没有发动机,其噪声主要来自电机噪声、轮胎噪声和风动噪声,所以相较有内

燃机噪声的传统汽车，车内、车外声音极小。

5. 超高的安全性能

纯电动汽车动力电池包具有防水、防漏电的保护设计，并且电源管理系统智能化监控动力电池的运行参数，保证电池的正常运行。

6. 使用经济性

纯电动汽车使用成本低廉，只有汽油车的五分之一左右。而且能量转换效率高，同时可回收制动、下坡时的能量，提高能量的利用效率。在夜间利用电网的廉价"谷电"进行充电，起到平抑电网的峰谷差作用。

（二）纯电动汽车缺点

1. 续航里程短

目前纯电动汽车使用的动力蓄电池能量密度不是太高，单次充电后可续航里程有限。目前大多数的纯电动汽车续航里程都在 300～500km，可以满足平时上下班或短途驾驶，但是节假日出游等长距离需求难满足。

2. 充电时间长

目前纯电动汽车慢充充电时间为 8 小时左右，快速充电得需要 1 小时左右，其充电时间相较传统汽车补充燃料较长。

3. 配套设施不完善

目前国内的充电桩、充电站等配套设施不完善，还需要一段比较长的时间建设配套基础设施。

4. 易保养，但维修成本高

目前，纯电动汽车主要采用锂离子电池，电池组价格昂贵且循环使用寿命有限，成本较高。

温馨提示（思政）

学生通过学习纯电动汽车的结构原理和特点相关知识，能够认识到纯电动汽车的出现是汽车技术的一次重大创新。这使学生意识到科技创新对推动纯电动汽车发展的关键作用，鼓励他们积极追求知识和技术的进步，激发对科学研究和创新的热情。

同时，学生还能认识到纯电动汽车市场具有全球性，涉及国际合作与竞争。通过引导学生了解不同国家在纯电动汽车领域的发展状况，培养他们的国际视野和团队合作意识。

纯电动汽车的推广有助于减少对传统化石能源的依赖，降低温室气体排放，对环境保护和可持续发展具有重要意义。

【任务测评】

一、判断题

1. 纯电动汽车动力电池系统包括动力电池、电池管理系统、车载充电机、电池冷却系统组成。（ ）
2. 电机控制器可以把动力电池提供的直流电转换为相应电压的高压交流电送给驱动电机。（ ）
3. 电机控制器的功能是根据电子控制单元的指令、电机的速度和电流反馈信号，对电动机的速度、驱动转矩和旋转方向进行控制。（ ）
4. 纯电动汽车传动装置的所有部件协同工作，将驱动电机的驱动转矩传输给汽车的驱动轴，从而带动汽车车轮行驶。（ ）
5. 当汽车行驶时，电机驱动系统将存储在驱动电机中的电能高效地转化驱动汽车行驶的动能。（ ）
6. 纯电动汽车的空调制冷循环系统与燃油车的空调制冷循环系统采用的空调压缩机一样。（ ）

二、选择题

1. 纯电动汽车的低压电气系统包括（ ）。【多选题】
    A. 低压电源　　　　　　　　B. DC-DC 转换器
    C. 低压电气系统　　　　　　D. 驱动电机
2. CAN 总线采用串行通信方式，总信号通过差分电压进行传送，两条信号线分别为（ ）。【单选题】
    A. CANH、CANL　　　　　B. CANA、CANK
    C. CANH、CANB　　　　　D. CANC、CANL
3. 纯电动汽车底盘的布置打破了传统汽车底盘的布置模式，主要由（ ）组成。【多选题】
    A. 行驶系　　B. 转向系　　C. 传动系　　D. 制动系
4. 下列（ ）是纯电动汽车的电池性能。【多选题】
    A. 动力性　　B. 工作电压　　C. 经济性　　D. 安全性
5. 纯电动汽车辅助电器包括（ ）。【多选题】
    A. 空调　　　　　　　　　　B. 照明
    C. 各种声光信号装置　　　　D. 电动刮水器和门窗等辅助装置

三、简答题

1. 请说出纯电动汽车总体组成及各组成系统的作用。
2. 请简述纯电动汽车的特点。

任务二　动力电池系统认知

新能源汽车动力电池系统是新能源汽车的三大核心系统之一，是为电动汽车储存和提供电能源的装置，具有强大的电能容量及输出功率，其工作性能直接关系着电动汽车的动力性能、续航能力以及安全性能。那么动力电池系统是怎样工作的呢？本任务主要介绍动力电池系统的组成和工作原理（见图 2-2-1）。

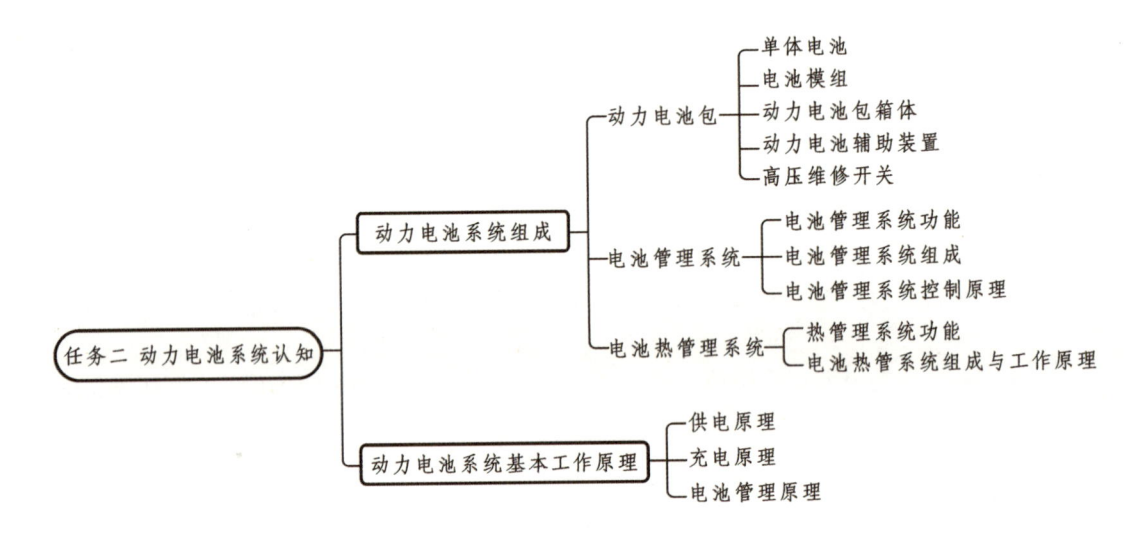

图 2-2-1　任务二知识框架

【学习目标】

知识目标：

（1）描述动力电池系统的作用和组成。
（2）总结动力电池系统的基本原理。
（3）理解动力电池包形成的原理。

能力目标：

（1）具备识别动力电池包性参数的能力。
（2）具备根据车辆结构判定动力电池加热系统和制冷系统类型的能力。

素质目标：

（1）通过纯电动汽车动力电池系统组成的学习，理解动力电池包、电池管理系统和电池热管理系统的作用、组成和原理，提高知识学习和知识应用能力。
（2）通过纯电动动力电池系统基本原理的学习，学会工作原理的分析，提高分析问题、解决问题的能力。

【获取信息】

动力电池系统是纯电动汽车的能源系统，它相当于传统燃油汽车的燃油供给系统，主要是给电动机提供驱动电能、监测动力电池的使用情况（状态），并控制充电机向动力电池充电。

想一想：动力电池系统存在的意义是什么？
_____
_____

一、动力电池系统组成

《电动汽车用锂离子动力蓄电池包和系统 第1部分：高功率应用测试规程》（GB/T31467.1—2015）附录A（资料性附录）中蓄电池系统的典型结构描述，可知纯电动汽车的动力电池系统主要由动力电池包和电池管理系统组成，但电池管理系统对动力电池热管理功能的实现还需要电动水泵、冷却管路等部件的协同，因此为了结构表达得更加清晰，这里将动力电池系统的组成划分为动力电池包、电池管理系统和电池热管理系统三部分。

（一）动力电池包

动力电池包是能从外部获取存储电能，并能对外输出电能的单元，是动力电池系统的核心部件，是没有辅助电源的纯电动汽车的唯一动力源。

想一想：纯电动汽车对动力电池包的要求有什么？
_____
_____

1. 动力电池包结构

动力电池包主要由电池模组、动力电池箱体、辅助元器件、电池管理系统组件和电池热管理系统组件组成，如图2-2-2所示，有些动力电池包内部还有高压维修开关，其中电池管理系统组件和电池热管理系统组件属于电池管理系统和电池热管理系统；电池模组是由多个单体电池经并联或串联所形成的组合体。

（1）单体电池

单体电池，又称为"单体电芯"，是电池系统的最小储能单元，是一个基本的电化学的能源储存装置。构型方式有圆柱形、方形和软包三种，这三种构型都有各自的优势。在单体电池能量密度方面，理论上是软包电池最好，方形电池次之。

单体电池的外形虽不相同，但是其主要组成相同，都是由电极、电解质、隔膜和外壳组成，如图2-2-3所示。

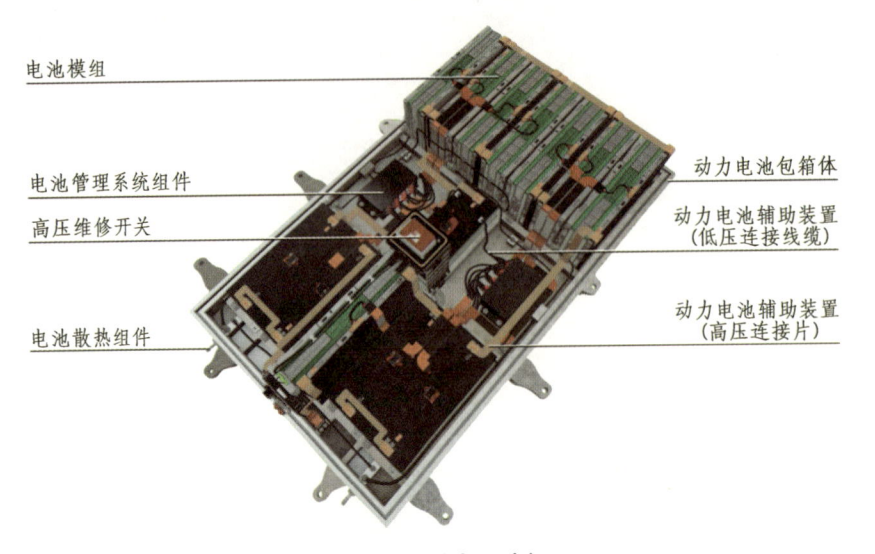

图 2-2-2　动力电池包

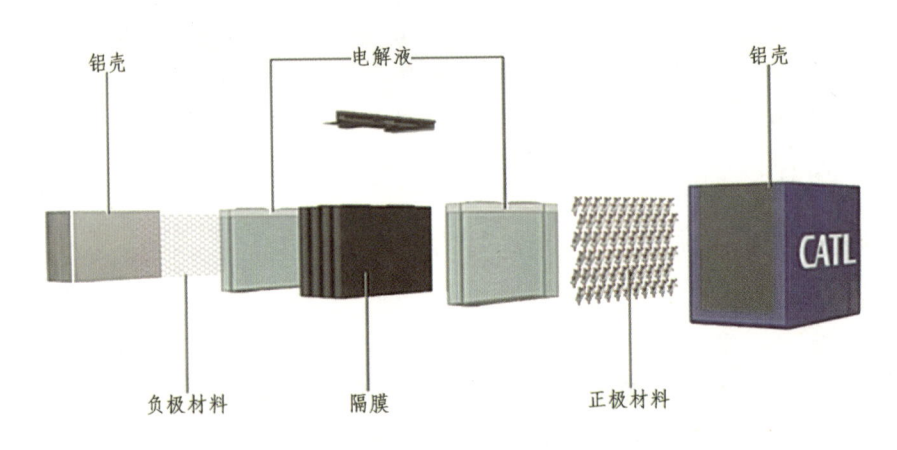

图 2-2-3　单体电池结构

电极一般指与电解质溶液发生氧化还原反应的位置，电极有正负之分。不同类型的电池，正极材料不同，锂电池的正极材料常采用能使锂离子较为容易地嵌入和脱出的材料。电池负极构造主要由石墨材料、导电剂、增稠剂（CMC）、粘接剂（SBR）和集流体（铜箔）组成。

电解质是单体电池中离子传输的载体，位于单体电池正负极之间具有离子导电性的介质，它在电极发生反应时应具有较高的离子导电性，同时还必须对电子绝缘，以免在电池内部发生自放电。电解质的材料一般是液体、胶体或者固体，它可以是酸性的也可以是碱性的，取决于电池的类型。

隔膜是单体电池的重要组成部分，它是隔离正、负极板的微孔材料，常见的材料有木质、橡胶、微孔橡胶、微孔塑料、玻璃等。其功能是防止两极接触而发生短路，同时使电解质离子通过、储存及固定。

壳体一般为钢壳或者铝壳，用来封装单体电池，保护裸单体电池。随着市场对能量密度追求的驱动以及生产工艺的进步，铝壳逐渐成为主流，壳体外部涂有绝缘层。

（2）电池模组

电池模组也称为电池模块，是由几颗到数十颗电池单体经串联、并联所组成的组合体，是介于单体电池与电池包之间的中间单元。不同动力电池包的电池模组的排列方式、容量、电压可能不同，但是其组成基本相同。电池模组主要由单体电池、电池采样线、单体电池固定支架、铜排、壳体组成，如图 2-2-4 所示。

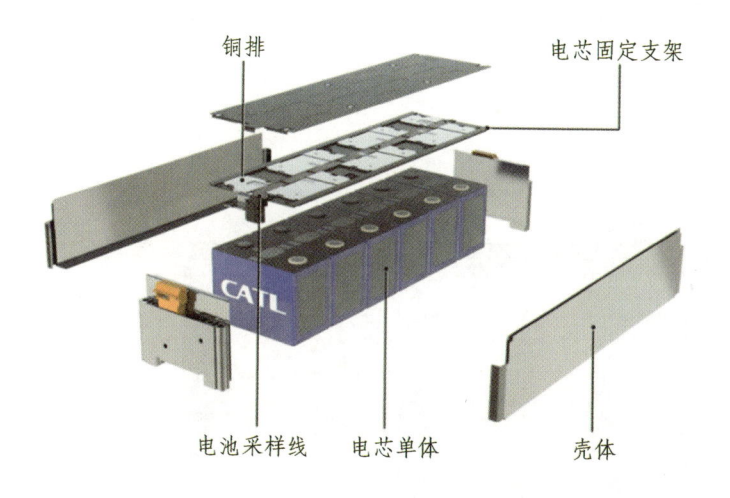

图 2-2-4　电池模组组成

动力电池模组认知

① 电池采样线。

在电池模组中，有电压采样线和温度采样线两种线束。目前，电池模组上的采样线嵌在线束隔离板内，构成了线束隔离板组件。

② 单体电池固定支架。

单体电池固定支架作为关键机械结构件支撑固定模组内部的所有单体电池，一般焊接在箱体上。箱体的固定支架的设计要保证强度，电池模组支架的固定折边需要焊接加强筋，防止电池模组在箱体内部移动。

③ 电池模组铜排。

铜排又称铜母排或铜汇流排，是由铜材质制作的，截面为矩形或倒角（圆角）矩形的长导体，在电路中起输送电流和连接电气设备的作用。铜排具有电阻率低、可折弯度大等优点。

④ 电池模组壳体。

电池模组壳体包含顶盖绝缘板、侧板、端板和底板。一般来说，底板需要承载电池模组的大部分重量，在设计时需考虑机械强度、密封设计、防腐蚀、轻量化等；顶盖绝缘板具有承载自身的强度和防护性能，在设计时确保满足安全要求和机械安全要求。侧板和端板需满足配合顶盖和底板固定电池的要求，同时材质以钣金和铝材板为主。

（3）动力电池包箱体

动力电池箱体是支撑、固定、包围和密封电池系统的部件，主要包含箱体上盖和下托盘，还有护板、螺栓、螺母、压条等一些起到固定密封作用的辅助元器件，动力电池箱有承载及保护动力电池组及电气元件的作用，图 2-2-5 和 2-2-6 为动力电池箱体的上盖和下托盘。

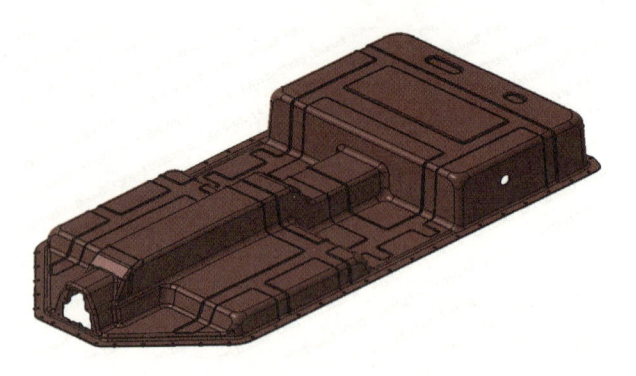

图 2-2-5 动力电池箱体的上盖

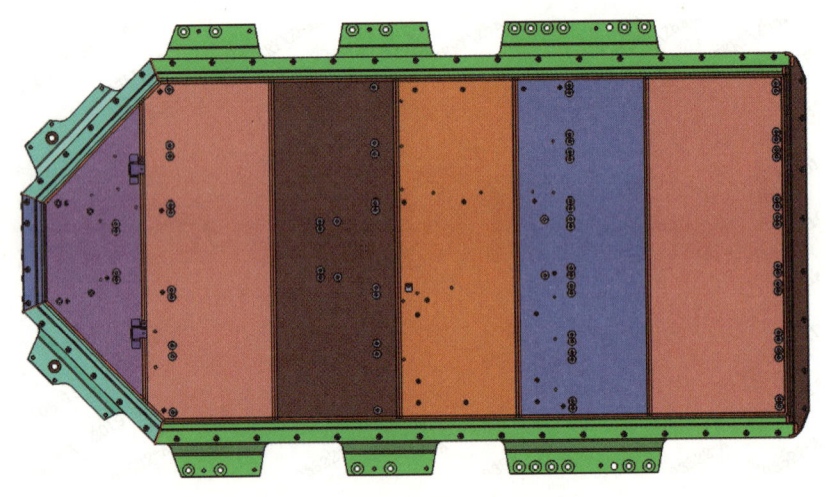

图 2-2-6 动力电池箱体的下托盘

（4）动力电池辅助装置

辅助元器件主要包括动力电池包内部的控制和监测的电子电器元件，如高压继电器、电流传感器、预充电阻、分压器、熔断器、高低压线束接插器、高低压连接线束等，这些器件是监测、控制、连接动力电池包的内部高压电的组件。

（5）高压维修开关

纯电动汽车上的高压维修开关，也称为高压维修塞，关键时刻实现高压系统电气隔离的执行部件。它可以为纯电动汽车的高压电力系统在维修时提供安全的维修环境，也可以对电力系统起到安全保护的功能。一般高压维修开关位于汽车后排座椅前中央通道下面的动力电池上，如图 2-2-7 所示，在新能源汽车车辆检修时，为了确保人车安全，可以通过拆下高压维修开关的方式将动力电池系统的高压电断开。

> 想一想：没有高压维修开关的车辆，如何确保高压部分是安全的？

图 2-2-7　高压维修开关安装位置

2. 动力电池包工作原理

动力电池包是具有从外部获取存储电能、对外输出电能,并为电动汽车提供所需高压电能的储能单元。这里主要介绍动力电池包高压电形成的原理。

动力电池包是由几十甚至几百个单体电池直接串联连接或串并联方式形成模组后又串联连接构成的,串联连接可以提高电池电压,并联连接可以提高电池容量和电流。

由单体电池直接串联形成的动力电池包,在几十甚至几百个单体电池之间的连接正常的情况下,这种电池包的总额定电压等于各个单体电池额定电压之和,即为:$V_{总额定电压}=V_{单体电池额定电压} \times N_{单体电池串联数}$,这样动力电池包可以供出 200～700 V 的高压电。

由几十甚至几百个单体电池先经过串并联形成电池模组,再将形成的电池模组串联连接形成的动力电池包,在各个单体电池之间连接和电池模组之间的连接正常的情况下,这种电池包的总额定电压各电池模组之间电压之和,需要根据单体电池串并联关系求出电池模组额定电压之后,再求电池包总额定电压,即为:$V_{模组额定电压}=V_{单体电池额定电压} \times N_{模组中单体串联数}$,$V_{总额定电压}=V_{模组额定电压} \times N_{电池模组联}$,这样动力电池包可以同样供出新能源汽车需要的高压电。

> **想一想**:若用 198 个单体电池分别通过串联方式和串并联形电池模组后再构成动力电池包,最终形成的动力电池的电压和容量一样吗?
>
> _____
> _____

3. 动力电池包性能参数

为使电动驱动车辆达到预期的续驶里程,需要相应储存较多能量,因此动力电池包的体积和重量都比较大。不同的动力电池包有不同使用性能。动力电池包的性能参数主要有额定电压、额定容量、内阻、电池能量、能量密度、功率密度、荷电状态 SOC、循环寿命等参数。

(1)额定电压

额定电压也称公称电压或标称电压,是指在规定条件下电池工作的标准电压。不同电化学类型的电池单体额定电压是不同的,根据额定电压也能区分电池的化学体系(见表 2-2-1)。

表 2-2-1　常用不同化学体系电池的单体额定电压值

电池类型	单体额定电压/V
铅酸电池（VRLA）	2
镍锌电池（Ni-Zn）	1.6
镍氢电池（Ni-MH）	1.2
锌空气电池（Zn/Air）	1.2
铝空气电池（Al/Air）	1.4
钠氯化镍电池（Na/NiCl$_2$）	2.5
钠硫电池（Na/S）	2.0
锰酸锂电池（LiMn$_2$O$_2$）	3.7
磷酸铁锂电池（LiFePO$_4$）	3.2

（2）额定容量

额定容量即按照国家或有关部门规定的标准，保证电池在一定的放电条件（如温度、放电率、终止电压等）下放出的最低限度容量。

（3）内阻

流通过电池内部时会受到阻碍，使电池的工作电压降低，该阻碍作用的大小称为电池内阻。电池内阻不是一个常数，而是在放电过程中随着活性物质的组成、电解液的密度和温度以及放电时间的变化而变化。电池内阻包括欧姆内阻和电极在电化学反应时所表现出的极化内阻。欧姆内阻主要由电极材料、电解液、隔膜的内阻及各部分零件的接触电阻组成。极化内阻是指化学电池的正极与负极在电化学反应进行时由于极化所引起的内阻。

由于内阻的存在，当电池放电时，电流经过内阻要产生热量，消耗能量，电流越大，消耗能量越多，所以内阻越小，电池的性能越好，不仅电池的实际工作电压高，消耗在内阻上的能量也少。

（4）电池能量

电池的能量是指在一定放电制度下，电池所能释放出的能量，通常用 W·h 或 kW·h 表示。电池能量（W·h）=额定电压（V）×工作电流（A）×工作时间（h）。例如：3.2 V×15 A·h 电池单体的能量为 48 W·h。电池能量是衡量电池带动设备做功的重要指标，电池容量不能决定做功的多少。

（5）能量密度

能量密度又称为比能量，是指单位质量或体积所能释放的能量，即重量比能量或体积比能量。通常用体积能量密度（W·h/L）或质量能量密度（W·h/kg）表示。在动力电池应用方面，动力电池质量比能量将影响电动汽车的整车质量和续驶里程，而体积比能量会影响到动力电池的布置空间。因而比能量是评价动力电池能否满足电动汽车应用需要的重要指标。同时，比能量也是比较不同类型电池性能的一项重要指标。

例如：某品牌的电池工作电压为 324 V，实际容量为 280 A·h，大小为 1800 mm×900 mm×200 mm，能量密度是多少？

解：能量密度 = 能量÷体积 = 324 V × 280 A·h ÷ (1800×900×200×)L = 280 W·h/L

（6）功率密度

单位质量或单位体积电池输出的功率称为功率密度，又称比功率，单位为 kW/kg 或 W/g。功率密度的大小，表征电池所能承受的工作电流的大小，电池功率密度大，表示它可以承受大电流放电。功率密度是评价电池及电池组是否满足电动汽车加速和爬坡能力的重要指标。

（7）荷电状态

电池荷电状态（State of Charge，SOC）用于描述电池的剩余电量，是电池使用过程中的重要参数，此参数与电池的充放电历史和充放电电流大小有关。

荷电状态值是个相对量，一般用百分比的方式来表示。SOC 的取值为：0≤SOC≤100%。目前较统一的是从电量角度定义 SOC，如美国先进电池联合会（USABC）在其《电动汽车电池实验手册》中定义 SOC 为：电池在一定放电倍率下，剩余电量与相同条件下额定容量的比值。

（8）循环寿命

在一定条件下，将充电电池进行反复充放电，当容量等电池性能达到规定的要求以下时所能发生的充放电次数称为循环寿命。蓄电池经历一次充放电过程称为一个周期或一次循环。电池在反复充放电后，容量会逐渐下降。在一定的放电条件下，电池容量降至 80%时，电池所经受的循环次数就是循环寿命。不正确使用电池、电池材料、电解质的组成和浓度、充放电倍率、放电深度（DOD）、温度、制作工艺等都对电池的循环寿命有影响。

> **想一想**：如何根据动力电池的性能参数分析动力电池包的性能？
> _____
> _____

（二）电池管理系统

电池管理系统（Battery Management System，BMS）承担着动力电池组的全面管理，与电机控制系统、整车控制系统共同构成电动汽车的三大核心技术。BMS 通过检测动力电池组中各单体电池的状态来确定整个电池系统的状态，并根据它们的状态对动力电池系统进行对应的控制调整和策略实施，实现对动力电池系统及各单体的充放电管理以保证动力电池系统安全稳定地运行（见图 2-2-8）。即一方面保证动力电池组的正常运作，显示动力电池组的动态响应并及时报警，以便使驾驶人随时都能掌握动力电池组的情况；另一方面对人身和车辆进行安全保护，避免因电池引起的各种事故。

> **想一想**：若纯电动汽车的电池管理系统故障，车辆还能正常工作吗？
> _____
> _____

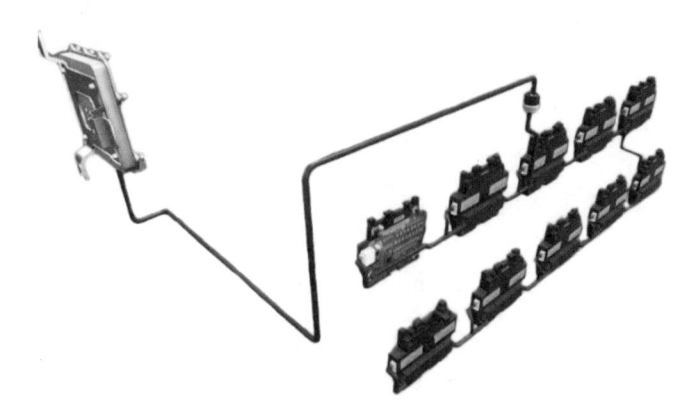

图 2-2-8　电池管理系统

1. 电池管理系统功能

通过电压、电流及温度检测等功能实现对动力电池系统的过电压、欠电压、过电流、过高温和过低温保护，继电器控制、剩余电量（SOC）估算、充放电管理、均衡管理、故障报警处理、与其他控制器通信等功能；此外，电池管理系统还具有高压回路绝缘检测功能，以及动力电池系统加热功能。

2. 电池管理系统组成

电池管理系统（BMS）主要由电池管理单元（BMU）、电池信息采集装置、信息采样线等组成，除此之外还有，检测电池温度和电流等信息的温度传感器和电流传感器。

（1）电池管理单元

电池管理单元（BMU），也称为电池管理器（BMC），如图 2-2-9 所示，相当于电池管理系统的主控板或主控单元。其功能简单来讲，就是进行电池电压、温度检测，并根据检测到的信息进行分析处理，输出相应的控制指令，控制电池进行充电和供电工作。电池工作过程中，BMU 实时向 BMS 提供电压、温度、监控报警信号，并在必要时自动均衡单体电池。

图 2-2-9　电池管理器

（2）电池信息装置

电池信息采集装置（CSC），又称为电池采集单元，也称为采集板，可以采集单体电池电压和电池模组温度等信号，检测采样线状况，将采集的信号送给电池管理单元（BMU），并根据实际情况进行电池均衡。

（3）电池信息采集线

电池采样线是电压采样点和温度传感器到电池信息采集装置（CSC）之间的连接线，主要用于将采集到的温度、电压信号送给电池信息采集装置（CSC），如图 2-2-10 所示。

图 2-2-10　电池信息采集线

（4）电流传感器

电流传感器（见图 2-2-11）负责动力电池包的电流检测，具体功能是通过磁通门的方式进行电流采样，并将采集到的电流值转化为数字信号送给 BMU（S-CAN）。动力电池中主要分为霍尔式传感器和集成高压采样的电流采样单元。

图 2-2-11　电流传感器

（5）温度传感器

温度传感器主要检测动力电池包内部各电池模组的温度信号。动力电池包内电池模组采用的温度传感器一般为负温度系数热敏电阻（NTC），一个电池模组上一般有 1 个或 2 个温度传感器，如图 2-2-12 所示。

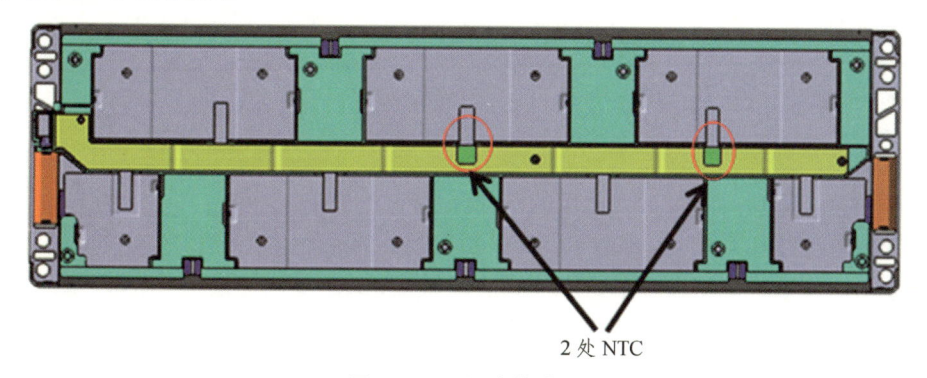

2 处 NTC

图 2-2-12　温度传感器

（三）电池热管理系统

动力电池包温度过低，会影响动力电池包的容量；温度过高，则会影响动力电池的性能和循环寿命。因此，做好热管理对动力电池的性能、寿命乃至整车的行驶里程都具有十分重要的意义。

> 想一想：若电池热管理系统工作异常，车辆还能正常工作吗？
> _____
> _____

1. 电池热管理系统功能

电池热管理系统就是用来实时监测动力电池包温度，并根据监测到的数据控制相关元件（如PTC加热器和电子水泵）工作，从而将动力电池包的温度控制在合适工作范围内的系统。动力电池热管理系统主要功能有：

① 电池温度的准确测量和监控；
② 电池组温度过高时的有效散热和通风；
③ 低温条件下的快速加热；
④ 有害气体产生时的有效通风；
⑤ 保证电池组温度场的均匀分布。

> **温馨提示（思政）**
>
> 电动汽车作为新能源汽车的代表，具有节能减排、降低污染等优点，是未来汽车发展的重要方向。而动力电池作为纯电动汽车的核心部件，其性能和寿命直接影响着车辆的行驶里程和安全性。为了保证动力电池的性能和寿命，需要对其进行温度管理，确保工作在适宜的温度条件下。让学生意识到电动汽车动力电池系统工作要遵循一定的规范和标准，同时也让学生认识到规范的重要性。

2. 电池热管理系统组成与工作原理

动力电池的热管理分为冷却管理和加热管理，动力电池的热管理系统可分为冷却系统和加热系统两部分，分别负责对动力电池的冷却和加热。

（1）动力电池冷却系统

动力电池冷却系统应用较多的是水冷式冷却系统，其主要由储液罐、水泵、板式热交换器等组成，如图2-2-13所示。这种冷却系统在动力电池包内部建立一套独立的液体冷却管路，通过冷却水泵使管路中的冷却液循环至动力电池包外部的散热器或板式交换器发生热量交换。

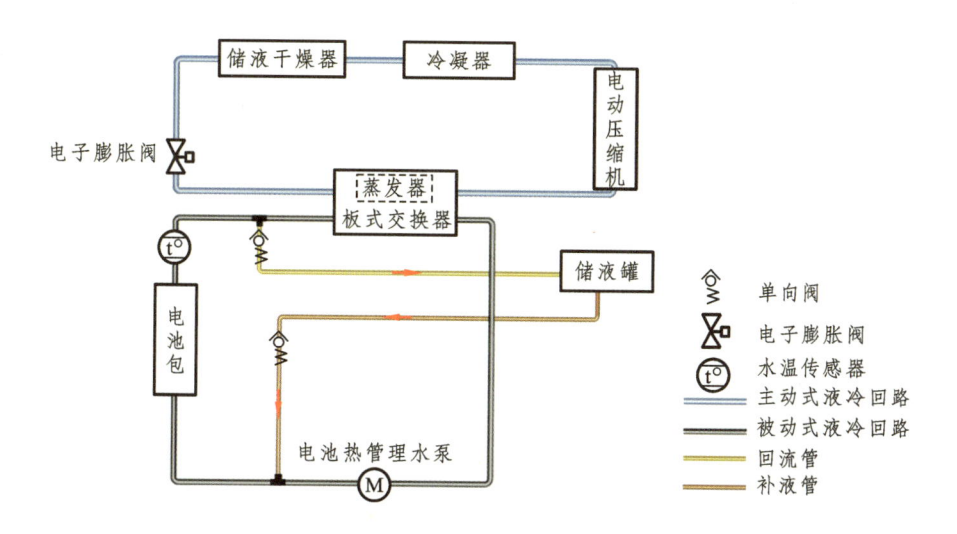

图 2-2-13　水冷式冷却系统结构原理

当电池温度超过规定值时,电子水泵带动冷却液经板式换热器、动力电池包等组成的冷却管路中循环,可以通过循环的冷却液带走动力电池的热量,再从板式换热器中散发;蒸发器、电池电子膨胀阀及空调制冷循环系统部件为电池冷却外循环系统,可以给板式热交换器提供较低的温度,用于动力电池的温度。

水冷式冷却系统的优点在于可以集成动力蓄电池加热组件,可兼具对电池冷却和加热双重功能,且对动力电池热管理的效果较好。

（2）动力电池加热系统

动力电池加热系统通过对动力电池进行加热及保温调控,以保证动力电池良好的工作性能。根据加热原材料的不同,动力电池加热系统可分为普通电阻丝加热、正温度系数电阻丝（PTC）加热、液热加热三种类型。

液热加热式动力电池加热系统主要由储液罐、电池热管理水泵、板式换热器、四通水阀、热循环水泵、PTC 水加热器、暖风芯体、动力电池包内冷却管路和进出水管等组成,如图 2-2-14 所示。储液罐一般只为动力电池冷却循环和加热管路补充冷却液,不参与冷却液的循环。在整个系统中,板式换热器需在动力电池冷却工作时方能发挥作用;电池热管理水泵主要负责驱动冷却液,使其可在电池循环回路中流动,并在车辆启动后自己开始工作;热循环水泵主要负责驱动加热回路中的冷却液,使其能够循环流动;四通水阀主要接受空调控制器的制冷指令,通过改变四通水阀阀门的状态来调整液体的循环路径。

在汽车工作过程中,当电池管理器（BMC）监测到动力电池温度过低,并需要加热时,会立即将电池加热需求信号传送给空调控制器,由空调控制器控制电池热管理水泵和热循环水泵开始工作,从而使电池加热循环系统启动。与此同时,空调控制器会根据电池管理器（BMC）的加热需求,通过控制四通水阀阀门的开关来控制加热循环路径。如此,电池冷却液便可通过 PTC 加热器进行加热升温,而在 PTC 水加热器中加热后的电池冷却液会通过电动水泵被带入动力电池包内,与电池进行热交换,以将热量传递给电池,使电池升温,并将动力电池包的温度控制在正常工作范围以内。

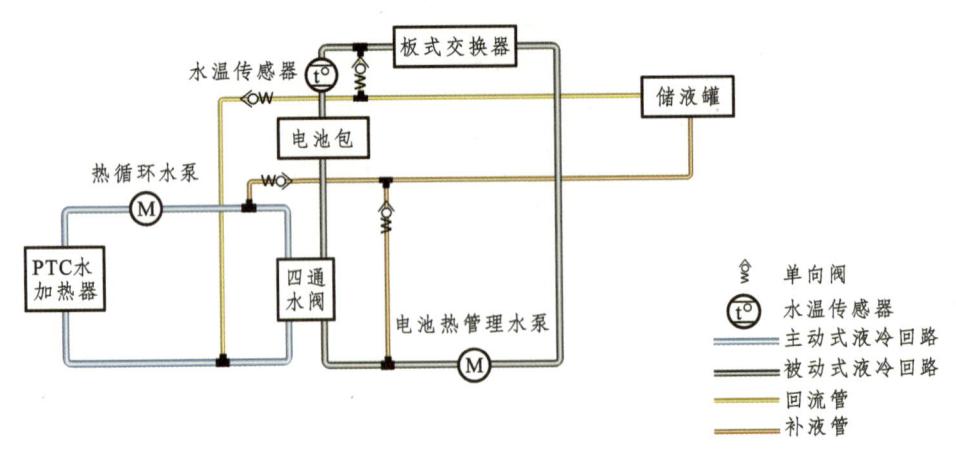

图 2-2-14　动力电池余热加热式系统工作原理

二、动力电池系统基本工作原理

动力电池系统可以给整车高压部件供电，也可以充电存储电能，并可以在电动汽车工作过程实时监测动力电池的参数信息，控制动力电池的工作。

1. 供电原理

当车辆启动或空调开启时，电池管理系统（BMS）将根据驾驶员的操作信号和动力电池的监测信号，判定动力电池是否需要及能否供电。若判定结果为肯定，电池管理系统 BMS 就会控制动力电池包内与供电相关的高压继电器闭合。此时，动力电池高压主电路接通，动力电池包的高压电会通过动力电池包内的各个高压继电器、高压线束等高压部件输出，以满足车辆高压部件的用电需求，如图 2-2-15 所示。反之，若车辆停止或电动空调停止运行，电池管理系统（BMS）会控制相关高压继电器断开，使高压供电电路也断开。

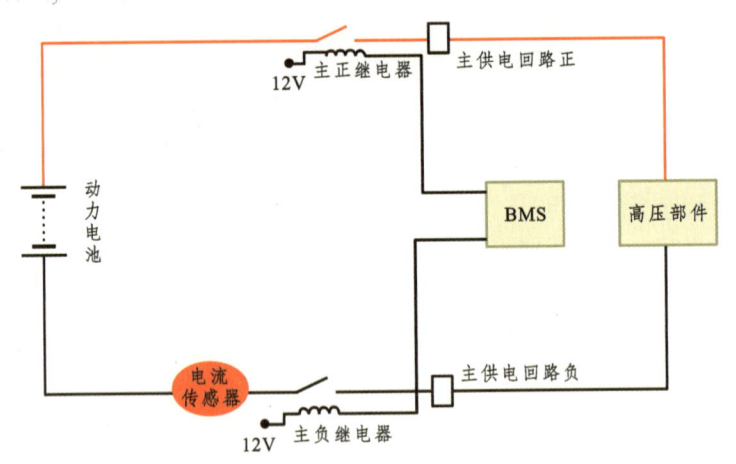

图 2-2-15　供电原理示意简图

2. 充电原理

当用户插上充电枪开始充电时，电池管理系统（BMS）会依据驾驶员的操作信号和动力电池的监测信号，确定动力电池是否需要充电以及能否进行充电。一旦判定动力电池需要且可以进行充电时，电池管理系统（BMS）就会控制动力电池包内部与充电相关的高压继电器闭合。此时，从交流充电口供入的三相交流电会经过车载充电机（OBC）转换为相应的直流高压电，再通过各个高压继电器、高压线束传输至动力电池包，从而开始对动力电池进行充电，如图2-2-16所示。反之，当充电完成时，电池管理系统（BMS）会控制相关高压继电器断开，使交流充电停止，最后用户便可拔下交流充电枪。

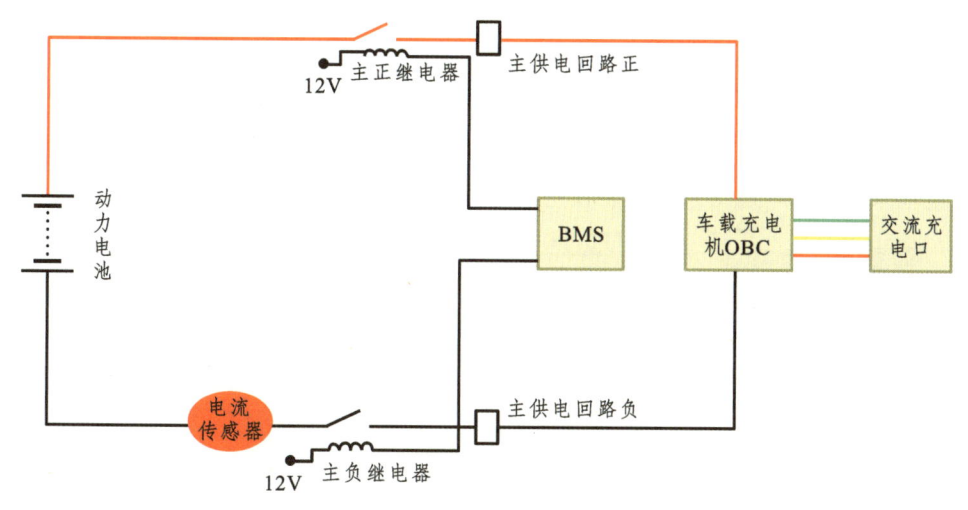

图 2-2-16　充电原理示意简图

3. 电池管理原理

在电动汽车使用或充电过程中，各传感器和监测点会监测动力电池包内的电压、温度、电流等信号，并将其采集的数据发送给电池管理系统（BMS）。电池管理系统在接收到这些数据后，会对动力电池从满电到亏电整个过程的各项状态进行估算，从而下达相应的指令给各控制单元，控制相应高压继电器和电池热管理等组件工作，实现对动力电池充放电控制、温度控制、故障自检及报警的控制，如图2-2-17所示。与此同时，电池管理系统（BMS）可以通过CAN通信总线将相关信息传输给整车CAN网拓扑结构。

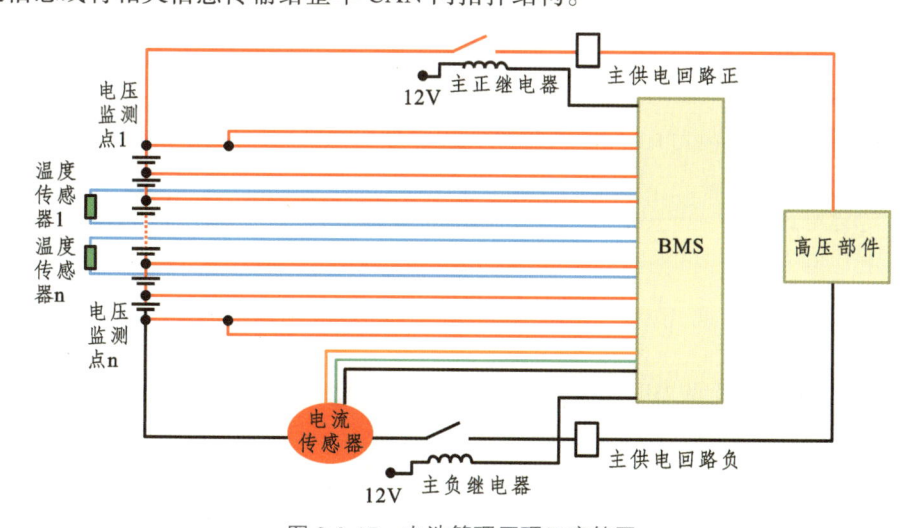

图 2-2-17　电池管理原理示意简图

【任务测评】

一、判断题

1. 纯电动汽车动力电池系统包括动力电池和电池管理系统。（ ）
2. 动力电池系统是由 2 个或 2 个以上蓄电池包及相应附件构成的能量存储装置。（ ）
3. 电池热管理系统包括动力电池冷却系统和动力电池加热系统。（ ）
4. 电池管理单元是电池管理系统的核心，可以控制电池进行充电和供电工作。（ ）
5. 电池采样线和电池信息采集装置是电池管理系统的重要组成部分。（ ）

三、选择题

1. 下列不是动力电池包的性能参数主要有（ ）。【单选题】
   A. 额定电压 B. 额定容量
   C. 动力性   D. 功率密度
2. 下列不是动力电池包组成的是（ ）。【多选题】
   A. 电池模组 B. 电池包箱体
   C. 温度传感器 D. 电流传感器和预充电阻等电池辅助装置
3. 下列是动力电池包组成的是：（ ）【单选题】
   A. 电池采样线   B. 电池模组
   C. 电池信息采集装置 D. 电池控制单元
4. 下列是电池管理系统组成的是：（ ）【单选题】
   A. 辅助元器件（高压继电器） B. 电池模组
   C. 电池信息采集装置   D. 电池箱体
5. 电池模组上的电池采样线主要用于将采集到的（ ）送给电池信息采集装置（CSC）。【单选题】
   A. 温度信号 B. 电流信号
   C. 电压信号 D. 容量信号
6. 电池管理单元可以进行（ ）检测，并根据检测到的信息进行分析处理，输出相应的控制指令。【多选题】
   A. 电池电压 B. 电池温度
   C. 电池电流 D. 电池容量

三、简答题

1. 请简述纯电动汽车动力电池系统的工作原理。
2. 请简述纯电动汽车动力电池包的组成。

任务三　电机驱动系统认知

电机驱动系统是纯电动汽车的核心系统,是车辆行驶的主要执行机构,可以通过有效的控制策略将动力电池提供的直流电转化为交流电,进而实现电机的转向、转速、扭矩及功率的综合控制。那么,纯电动汽车电机驱动系统组成和工作原理是怎样的呢?本任务主要介绍电机驱动系统作用、组成与工作原理(见图2-3-1)。

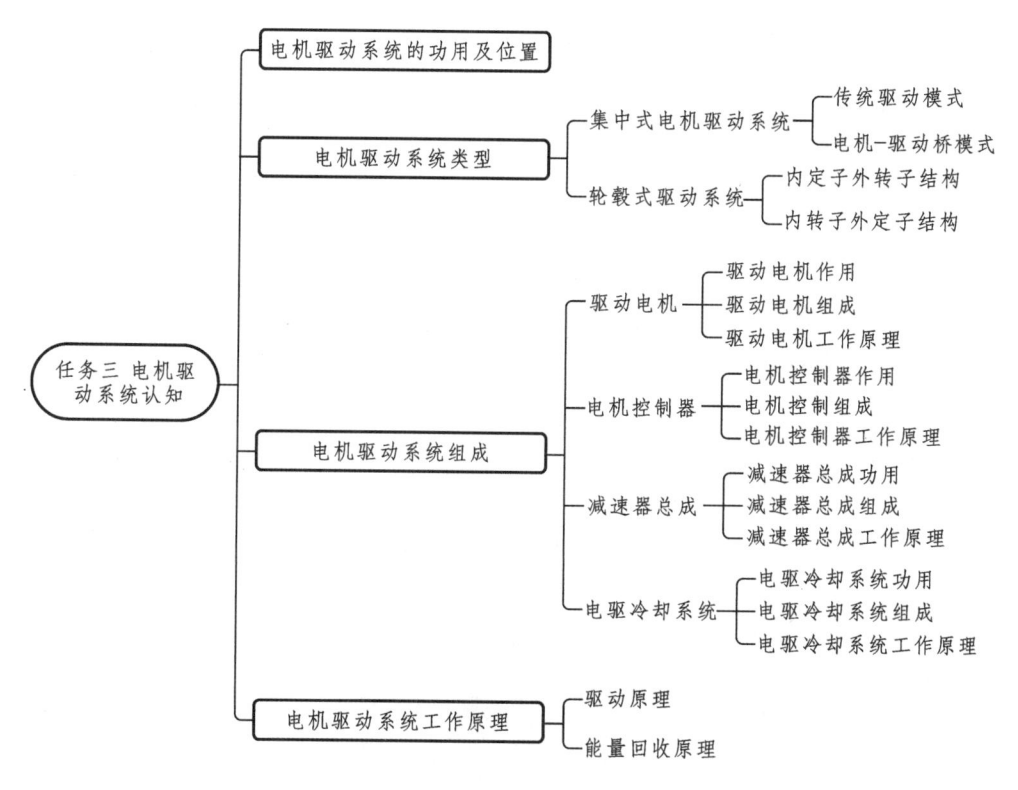

图2-3-1　任务三知识框架

【学习目标】

知识目标:

(1)描述驱动电机作用、组成和工作原理。
(2)列举电机驱动系统。
(3)简述电机控制器、减速器总成和电驱冷却系统作用、组成和工作原理。

能力目标:

(1)具有较强的独立思考、逻辑推理、信息加工能力。
(2)具有较强的信息技术应用能力。

素质目标：

（1）通过电机驱动系统组成的学习，理解驱动电机、电机控制器和电驱冷却系统的作用、组成和原理，提高知识学习和知识应用能力。

（2）通过纯电动汽车电机驱动系统工作原理的学习，学会工作原理的分析，提高分析问题、解决问题的能力。

【获取信息】

纯电动汽车电机驱动系统是驱动电机、驱动电机控制器及它们工作必需的辅助装置的组合，是纯电动汽车的核心系统之一。汽车工作过程中，电机驱动系统根据驾驶员的操作意图、动力电池和驱动电机的状态控制车辆的行驶和停止，高效率地将动力电池的电能转换为车轮的机械能，同时在汽车减速制动或者下坡时，进行能量回收，从而达到节能减排的目的。

一、电机驱动系统的功用及位置

纯电动汽车的电机驱动系统是车辆行驶的主要执行机构，它可以根据驾驶员的操作意图、动力电池和驱动电机的状态控制车辆的行驶和停止，同时在汽车减速制动或者下坡时，实现电能再生。

纯电动汽车的电机驱动系统一般位于前机舱内，如图 2-3-2 所示，电机驱动系统完成驱动车辆任务的机械部件主要有产生驱动力的驱动电机和进行动能传递的机械减速装置。

图 2-3-2 电机驱动系统位置

电机驱动系统功用

想一想：所有纯电动汽车的电机驱动系统都在前机舱吗？

二、电机驱动系统类型

根据不同的分类标准，电机驱动系统可分为不同的类型。按照驱动电机与机械减速装置布置形式和位置关系的不同，纯电动汽车的电机驱动系统可分为集中式驱动系统和轮毂式驱动系统两种类型。

1. 集中式驱动系统

集中式驱动系统一般由电机、变速器和差速器等组成。它采用单电机驱动代替内燃机，但保持传统内燃机汽车零部件及结构不变，故设计制造成本低，但动力传递路线相对较长，传动效率低。按照有无变速器，集中式驱动系统又可分为传统驱动模式和电机—驱动桥模式两种类型，常用的为电机—驱动桥模式如图2-3-3所示，取消了离合器和变速器，由1台电机驱动两车轮旋转。这种组合式驱动系统使得驱动系统结构紧凑，且安装、使用和维护都十分方便。

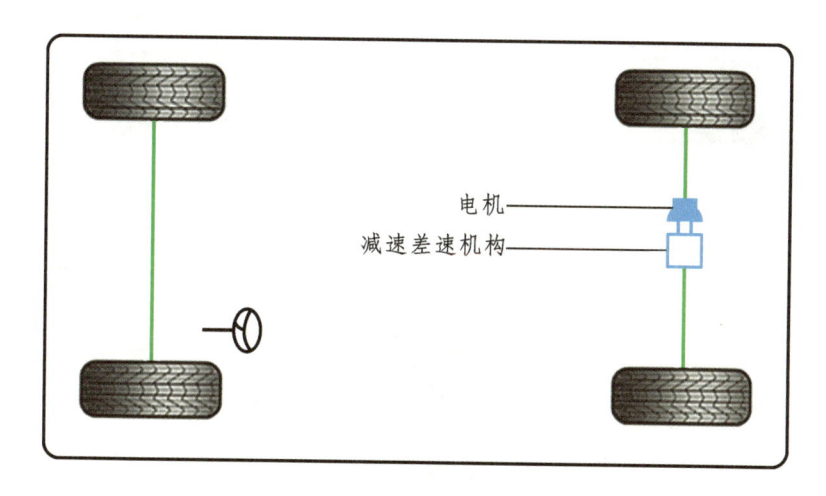

图 2-3-3　电机–驱动桥模式结构示意图

2. 轮毂式驱动系统

轮毂驱动系统可以布置在纯电动汽车的两个前轮、两个后轮或四个车轮的轮毂中，成为前轮驱动、后轮驱动或四轮驱动。

轮毂驱动系统有内定子外转子结构和内转子外定子结构两种结构类型，如图2-3-4所示。

① 内定子外转子结构。

其外转子电机直接安装在车轮的轮辋内，这种结构没有机械减速机构提供减速，通常要求电机为低速转矩电动机。如图2-3-4（a）所示。

② 内转子外定子结构。

其转子作为输出轴与拥有固定减速比的行星齿轮变速器的太阳轮相连，而车轮轮毂与齿圈连接，这样可以提供较大的减速比，放大其输出转矩。如图2-3-4（b）所示。

轮毂电机如图2-3-5所示，当采用轮毂电机驱动时，由于可以对每个电机的转速进行单独调节控制，因此可以省去机械差速器，实现电子差速，以提高汽车在转弯时的操作性。同时，纯电动汽车上驱动电机输出的扭矩传递到驱动车轮的传递路径也将大幅缩短，这样可腾出足够的优化空间。当采用内定子外转子结构时，还能够提高对车轮动态响应的控制性能。

（a）内定子外转子结构　　　　（b）内转子外定子结构

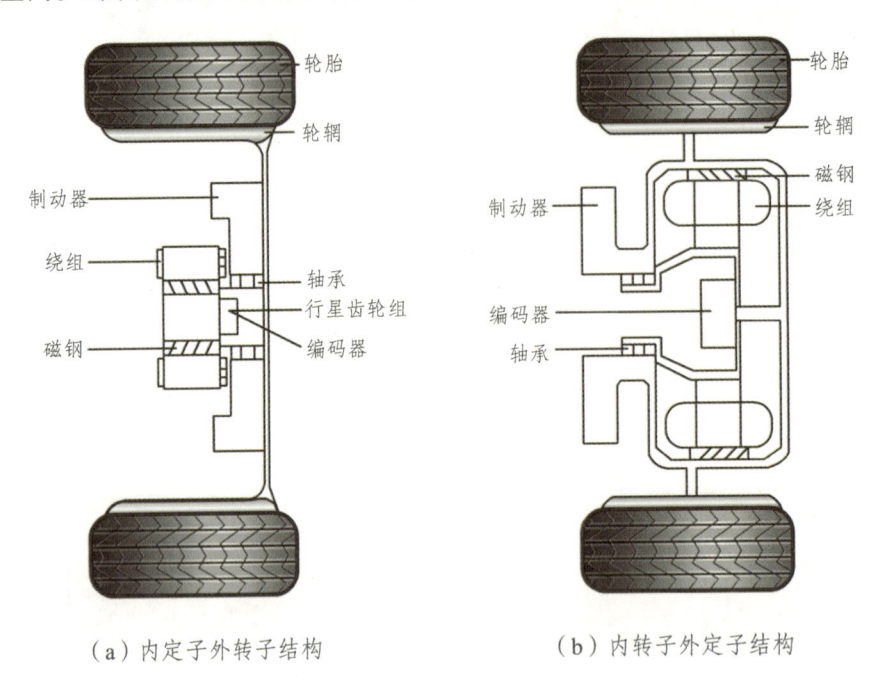

图 2-3-4　轮毂电机驱动系统的结构示意图

图 2-3-5　轮毂电机实物图

三、电机驱动系统组成

纯电动汽车电机驱动系统主要由产生驱动力的驱动电机、控制电机的电机控制器、进行动能传递的机械减速装置（减速器总成）和控制温度的电机驱动冷却系统组成，如图 2-3-6 所示，它们通过高低压线束、冷却管路与整车其他系统连接运转。

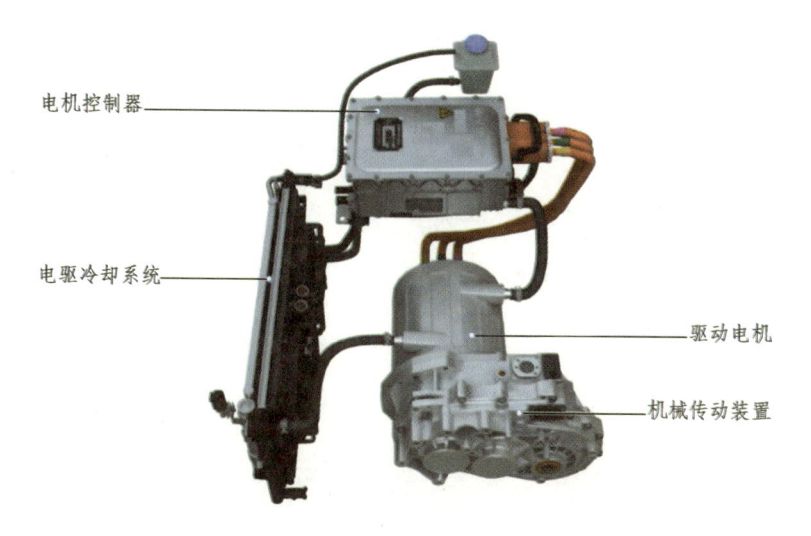

图 2-3-6　电机驱动系统结构

电机驱动系统基本组成

（一）驱动电机

驱动电机是动力系统的执行元件，其作用是将电源的电能转化为机械能，通过传动装置驱动或直接驱动车轮。纯电动汽车驱动电机一般位于前机舱内，如图 2-3-7 所示。

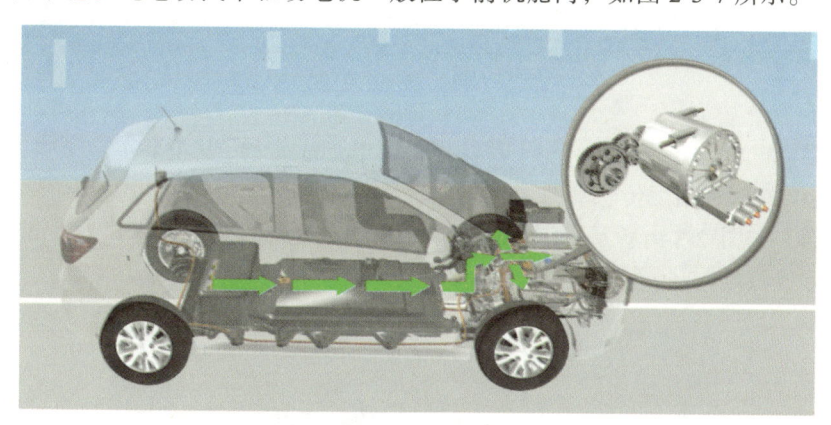

图 2-3-7　驱动电机

1. 驱动电机作用

在纯电动汽车工作过程中，驱动电机承担着电动机和发电机的双重功能：当车辆驱动、加速行驶或匀速行驶时，驱动电机将电能转化为机械能，通过传动装置带动车辆行驶；当车辆减速或制动时，驱动电机将机械能转换为电能，通过电机控制器整流、滤波后给动力电池补充电能。

2. 驱动电机组成

纯电动汽车的驱动电机主要为永磁同步电机，其主要由定子、转子、壳体、端盖、旋转变压器、温度传感器等组成，如图 2-3-8 所示。

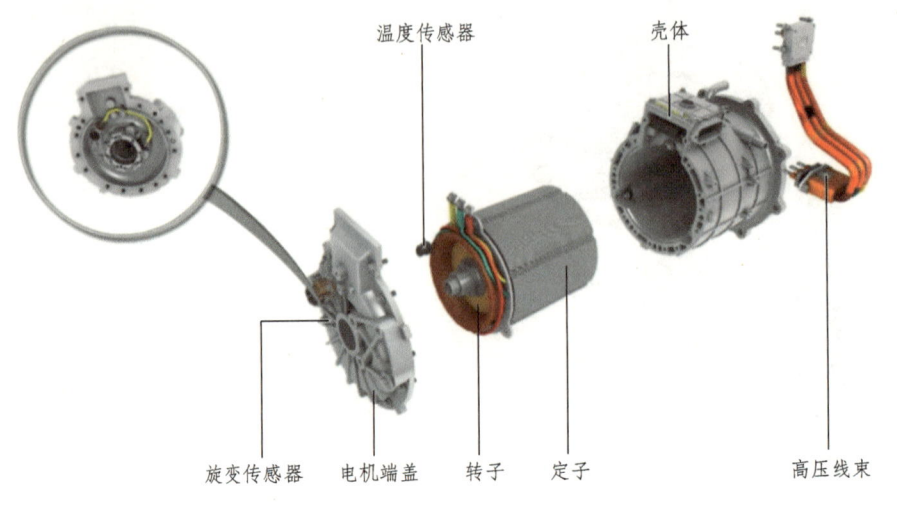

图 2-3-8 驱动电机组成

永磁同步电机 3D 结构展示

> 想一想：除了永磁同步电机，还有哪种驱动电机用到纯电动汽车上？
> _____
> _____

（1）定子

定子是驱动电机固定不动的部分，其作用是通电形成磁场，其主要由定子铁芯和定子绕组构成，定子线圈外部有温度传感器线束接插器，而检测驱动电机温度的温度传感器嵌在定子的定子线圈内部，如图 2-3-9 所示。定子铁芯是定子中的导磁部件；定子绕组，即为定子线圈，作用是通电形成磁场。

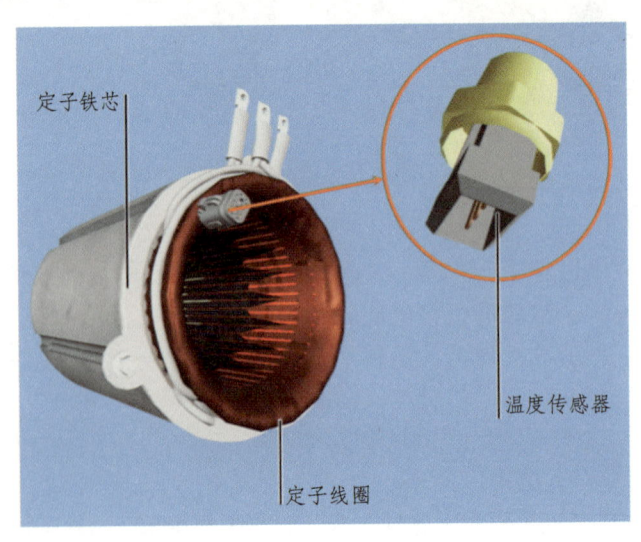

图 2-3-9 定子结构

（2）转子

驱动电机的转子内嵌在定子的中心位置，是驱动电机的旋转部件，转子主要由转子铁芯、永磁体和转轴等组成，如图 2-3-10 所示。这种驱动电机转子采用永磁体结构，所以转子本身自带磁场，不需要用电来生磁，所以能耗相对较低。转子铁芯也称为转子磁芯，它用来增加电感线圈的磁通量，从而实现电磁功率的最大转换；转子永磁体装配在转子铁芯的沟槽中，一般制造永磁体的材料为钕铁硼磁钢；转子的转轴主要用于支撑转子。

图 2-3-10　转子结构

（3）壳体

驱动电机的壳体是固定定子和转子的支架，主要用于支撑驱动电机转子和定子，并防止灰尘进入驱动电机内部，保护转子和定子的铁芯、绕组等部件。驱动电机的壳体上有冷却水管、高压接线盒，如图 2-3-11 所示。驱动电机的冷却水管有进水管、出水管及壳体内冷却管路，当驱动电机温度过高时，电动水泵带动冷却液从进水管进入驱动电机壳体，经冷却管路，最后从出水管出来，从而带走驱动电机高转速或大扭矩运转时产生的热量，为驱动电机降温。高压接线盒将从电机控制器过来的三相交流导线与驱动电机定子绕组连接，从而给励磁绕组提供三相交流电。在接线盒的上盖上有个通气阀，用于驱动电机排气。

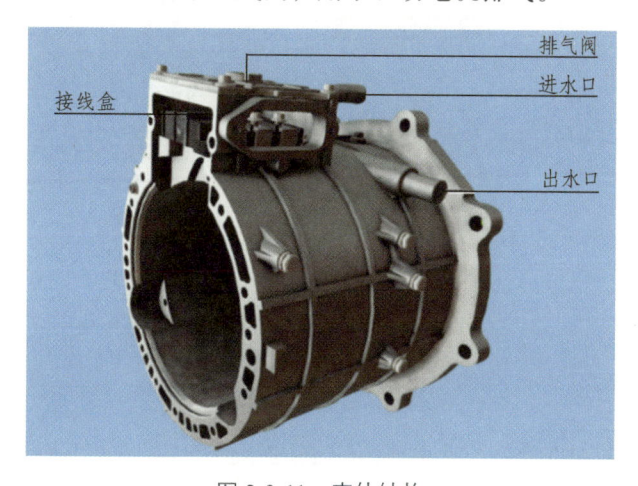

图 2-3-11　壳体结构

（4）端盖

驱动电机端盖，为驱动电机的后端盖，从结构板上来说是驱动电机壳体的一部分，主要用于密封和防护驱动电机的定子和转子，也用于支撑驱动电机转子总成。所以驱动电机后盖上有轴承座孔、温度传感器和旋转变压器低压线束接插器的安装孔，如图 2-3-12 所示。

图 2-3-12　端盖结构

（5）旋转变压器

旋转变压器是一种能转动的检测装置，主要用于检测驱动电机转子位置和转速，并将检测信号送给电机控制器，如图 2-3-13 所示。

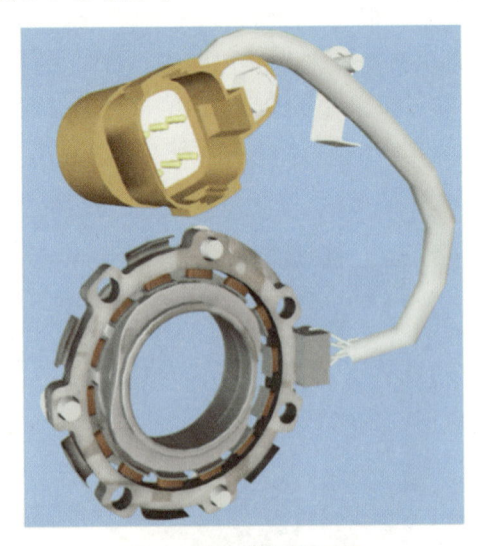

图 2-3-13　旋转变压器

这种旋转变压器装在电机上，其主要由转子和定子组成，转子不用永磁材料制成，它是由驱动同步电机的永磁转子同轴带动旋转。

> **想一想**：还有哪些传感器可以用于驱动电机，检测驱动电机转速？
> _____
> _____

（6）温度传感器

驱动电机上的温度传感器有两个，一个为检测驱动电机冷却液温度的冷却液传感器，一个是检测驱动电机定子绕组温度的温度传感器，如图 2-3-14 所示。不同车型的驱动电机的类型不同，采用正温度系数或负温度系数的温度传感器。正温度系数传感器的电阻值会随着温度的升高而增大，随着温度的降低而减小；负温度系数传感器的电阻会随着温度的升高而减小，随着温度的降低而增大。

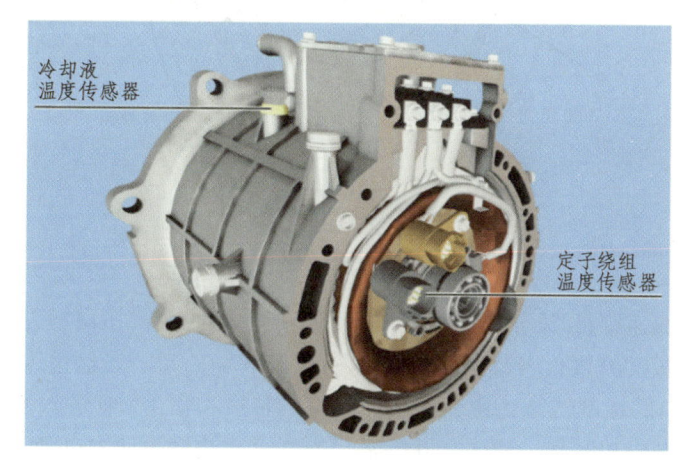

图 2-3-14　驱动电机两温度传感器位置

2. 驱动电机工作原理

驱动电机是驱动车辆的动力源，有电动机和发电机两种工作形式。当驱动电机作为电动机使用时，它将电能转换成机械能为车辆行驶提供驱动力；当驱动电机作为发电机使用时，它将机械能转换为电能进行发电为动力电池补充电能。

（1）驱动原理

当驾驶员踩下加速踏板意图驱动电动汽车时，高压电控总成会根据接收到的加速踏板开度信号、驱动电机工况信号和动力电池的状态信号，判断电动汽车是否需要驱动，且是否满足驱动条件。若判断结果为需要驱动且驱动条件满足，高压电控总成就会向 BMS 发送驱动信号，控制动力电池输出高压电。同时，高压电控总成内的电机控制器会将动力电池输出的高压直流电逆变成三相交流电，并将其供给驱动电机。电能将在驱动电机中转换为机械能，动力通过减速器总成传递给驱动车轮，从而带动电动汽车行驶。

驱动电机的工作过程如下：电机控制器输出的三相交流电会供给驱动电机的定子绕组。当驱动电机内部的 U 相、V 相和 W 相中任意两相依次导通时，会在驱动电机定子中相应的绕组产生磁场，如图 2-3-15 所示。该磁场在导通后会逐渐加强，达到峰值后再逐渐减弱，直至消失。在整个工作过程中，电机控制器会循环地为驱动电机的三相绕组供电，形成定子绕组的闭合电路。由于定子绕组中电流的变化，会在驱动电机气隙中产生旋转磁场。定子上的旋转磁场与转子上永磁体的磁极相互作用，带动转子与定子上产生的旋转磁场同步旋转，从而实现电能到机械能的转换，驱动电动汽车行驶。

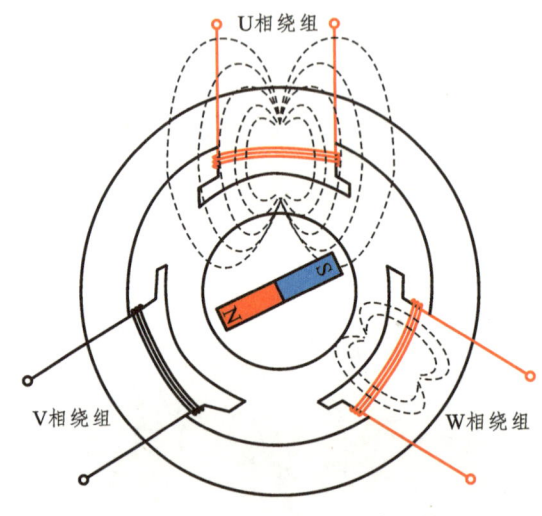

图 2-3-15　驱动电机-驱动原理

（2）发电原理

当驾驶员松开加速踏板/踩下制动踏板进行减速或制动时，高压电控总成会根据接收到的加速踏板和制动踏板的开度信号以及动力电池的状态信号，判断车辆进入能量回收模式。随后，高压电控总成内的控制器停止逆变三相交流电的转换和输出，它进入发电模式，将发出的三相交流电传递给电机控制器，经过电机控制器的整流滤波后为动力电池充电，储存电能。它具体的发电过程为：车辆减速或制动时，驱动轮通过减速器总成拖动永磁同步电机转子运转，旋转的永磁转子的磁场，分别切割 U 相、V 相、W 相的定子绕组，利用电磁感应原理产生 U、V、W 三相交流电，如图 2-3-16 所示。

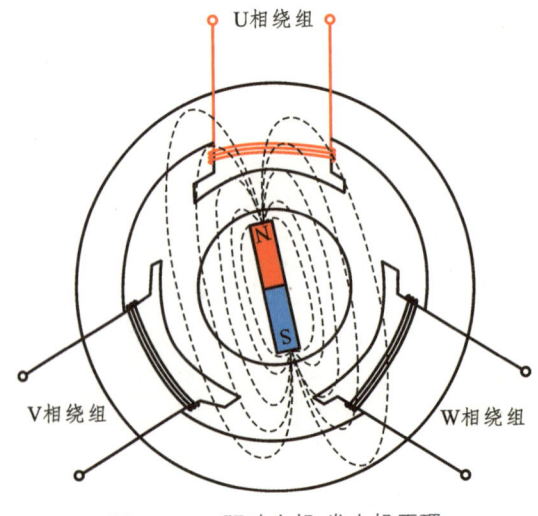

图 2-3-16　驱动电机-发电机原理

（二）电机控制器

电机控制器（Motor Controller，MC）是电机驱动系统的核心，如图 2-3-17 所示，它可以实时监测驱动电机的工作状态并通过数据总线传输给其他控制单元，也可以通过数据总线接收相关控制指令，还能根据车辆运行需要将动力电池的直流电与驱动电机的交流电进行逆变或整流工作，从而控制驱动电机与动力电池之间电能量的转换。

图 2-3-17　电机控制器

> 想一想：纯电动汽车电机控制的位置安装在哪里？
> _____
> _____

1. 电机控制器作用

电机控制器可以将动力电池包输入的高压直流电逆变成满足驱动电机需要的对应电压、电流、频率的三相交流电，提供给驱动电机，从而控制驱动电机进行驱动、加速等工作；也可以将驱动电机发出的三相交流电，整流成满足动力电池要求的高压直流电，给动力电池补充电能。

2. 电机控制器组成

纯电动汽车的电机控制器主要由壳体、高低压连接器、电子控制单元、电气控制单元、电气功率元件等组成，其中电气功率元件主要为 IGBT（绝缘栅双极型晶体管）集成功率模块，是电气控制器的关键部件。

（1）壳体

电机控制器的壳体主要用于支撑各电子控制元件、电气控制元件、电气功率元件及连接器，并提供密闭的防尘防水空间，保护各电子元件。为了满足使用要求，电机控制器壳体上要有元器件的安装位置和各种高低压线束的安装到位，同时电机控制器壳体中还应该有冷却管路，以确保电驱冷却系统的冷却液能在其内部循环流动，冷却电机控制器内部升温快的 IGBT

集成功率模块，防止其因温度过高而损坏。图 2-3-18 所示为电机控制器壳体。

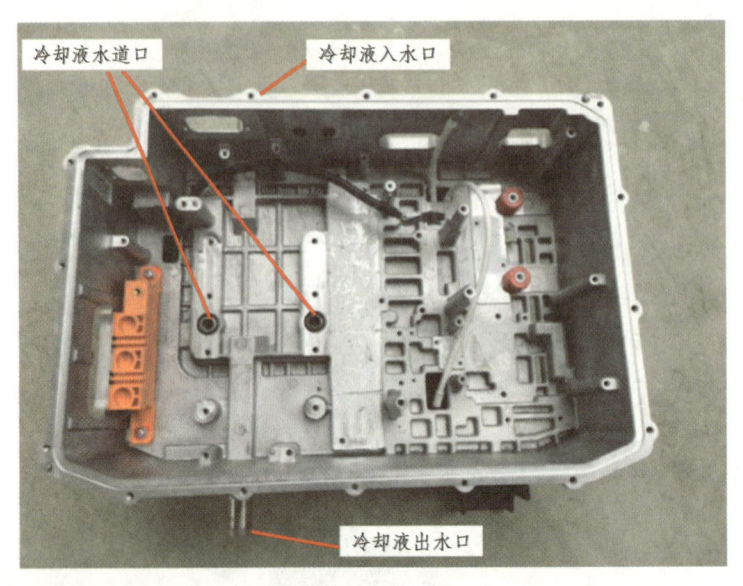

图 2-3-18 电机控制器壳体

（2）高低压连接器

高低压连接器，是指高压线束连接的接插器和低压线束连接的接插器，可以实现电机控制器内外部高低压线束的连接，如图 2-3-19 所示。

低压连接器主要用于 12 V 电源的供应、与驱动电机及其他控制器通信。一般电机控制器至少具备一个低压线束连接器，所有通讯、传感器、低压电源等等都要通过这个低压接头引出，连接到驱动电机及车载网络系统，从而与整车控制器及动力电池管理系统进行通信。

高压连接器主要用于连接动力电池包和驱动电机的高压线束，实现与动力电池包和电机控制器的高压连接与输送。电机控制器一般有两个高压接口。一个是输入接口，用于连接动力电池包高压接口；另外一个是高压输出接口，连接电机，为驱动电机提供控制电源。

图 2-3-19 高低压连接器

（3）电子控制元件

电子控制元件相当于电机控制器的大脑，根据接收的外部通信信号及内部电器件的运行情况，通过电气控制元件直接或间接地控制电气集成功率模块，使得控制器可靠稳定地工作，合理控制电机进行运作。

（4）电气控制元件

电气控制元件主要由高压电容器和电流传感器等组成。

高压电容器的主要作用是维持高压母线电压稳定和过滤高频波纹电流，如图 2-3-20 所示。由于 IGBT 功率集成模块工作过程中会造成直流电路电流振荡，为减少振荡电流对直流电路的影响，通过此电容的并接对振荡电流进行滤波处理。

图 2-3-20　高压电容器

电流传感器主要对三相输出的电流进行采样检测，反馈至控制电路板。如图 2-3-21 所示为霍尔电流传感器。

图 2-3-21　霍尔电流传感器

（5）电气功率性元件

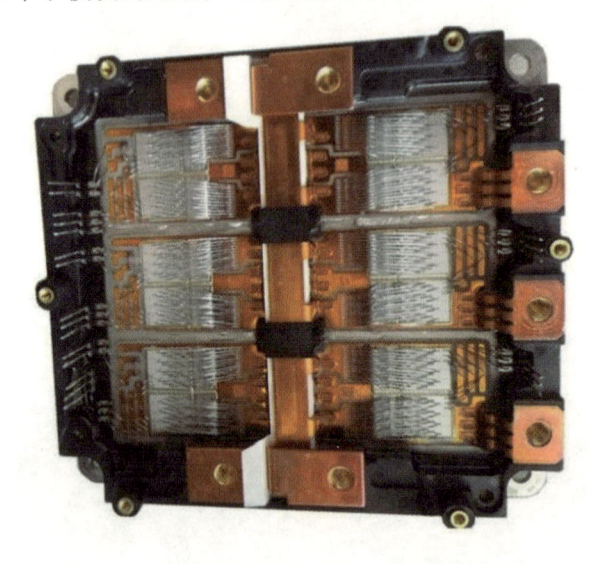

电机控制器的功率元件主要是 IGBT 集成功率模块。IGBT 集成功率模块如图 2-3-22 所示，是将直流电转化为交流电的执行装置，也是电气控制器中的关键零部件，通过控制 IGBT 集成功率模块中的 6 个子模块的通断，可将直流电转换为交流电。

图 2-3-22　IGBT 集成功率模块

3. 电机控制器工作原理

电机控制器依据整车控制单元传输的驾驶需求信息、驱动电机内部的温度传感器、旋变传感器和电机控制器内部的电流传感器监测驱动电机工作状态，并根据整车控制器的信号对驱动电机的速度、驱动转矩和旋转方向进行控制。当汽车倒车时，电机控制器输出相应电流和频率的三相交流电，输送给驱动电机，使驱动电机反转来驱动车轮反向行驶。当汽车处于降速和下坡滑行时，电机控制器使驱动电机运行于发电状态，驱动电机利用车辆惯性滑行发电，将电能通过电机控制器回馈给动力电池。

（1）电机控制器逆变原理

当电机驱动车辆前行或倒退时，动力电池通过高压控制盒将高压直流电流向电机控制器，电机控制器将动力电池的高压直流电逆变为三相交流电，供给驱动电机，用于驱动车辆行驶运行，即电能转化为机械能，图 2-3-23 所示为直流电转交流电示意图。电机控制器的逆变过程通过逆变电路实现，逆变电路主要由动力电池、电机控制器内部的绝缘栅双极型晶体管 IGBT1-IGBT6、驱动电机组成。逆变的具体控制由整车控制器（VCU）控制 IGBT 的导通和截止来实现。

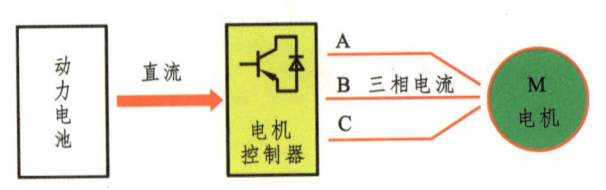

图 2-3-23　直流电转交流电示意图

（2）电机控制器整流原理

当车辆在行驶过程中减速或制动时，驱动电机转变为发电机，向电机控制器输送三相交流电，电机控制器根据数据总线传输过来的控制指令，将驱动电机输送过来的三相交流电整流成稳定的直流电，再通过高压控制盒，输送到动力电池，为动力电池充电，即电机控制器将驱动电机产生的三相交流电整流成相应的高压直流电给动力电池补充电能，实现能量（车辆动能转换为电能）回收，提高车辆续航里程，图 2-3-24 所示为交流电转直流电示意图。

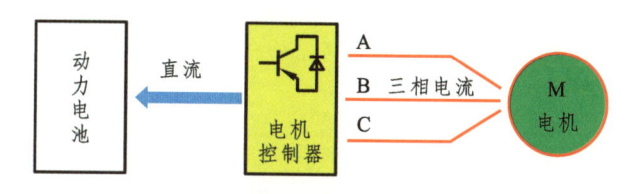

图 2-3-24　交流电转直流电示意图

电机控制器的整流过程通过整流电路实现，整流电路主要由动力电池、电机控制器内部的二极管 D1～D6、驱动电机组成。整流电路的具体控制由二极管 D 单向导通作用实现的。三相交流电整流电路导电的基本原理是二极管的阳极电位高于阴极电位时二极管导通，反之不导通，如图 2-3-25 所示。

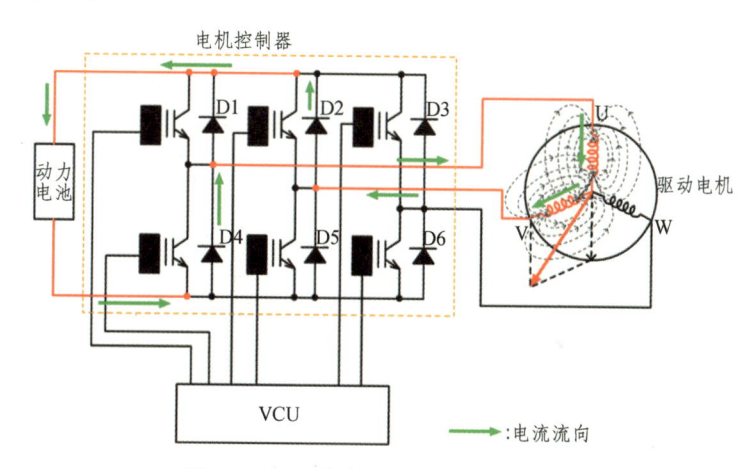

图 2-3-25　电机控制器的整流电路原理

想一想：为什么电机控制器可以进行逆变，也可以进行整流？

（三）减速器总成

减速器总成为纯电动汽车的机械减速装置，它与驱动电机的输出端相连接，安装在驱动桥上，如图 2-3-26 所示。它可以将电动机的输出减速增扭后传输给汽车的驱动轴，从而带动汽车车轮行驶。

1. 减速器总成功用

减速器总成用于将驱动电机输出的驱动转速和转矩经过减速、增扭后，通过半轴传递给驱动车轮，从而驱动车辆行驶，其主要功用体现在两方面：

一方面是将驱动电机的输出转速降低、扭矩增大，并传递给汽车驱动轴，以实现整车对驱动系统的扭矩、转速需求，带动车辆行驶。

图 2-3-26 机械减速装置安装位置

另一方面是通过齿轮改变转矩的传递方向，通过差速器实现两侧车轮转速差，保证内、外侧车轮以不同转速滚动而非滑动。

2. 减速器总成组成

纯电动汽车电机驱动系统中，减速器总成是驱动电机和传动轴之间的独立的封闭式传动装置，用来降低转速和增大扭矩。目前，纯电动汽车大多采用固定传动比的两级减速器，从功能上来看其主要由实现减速、增扭功能的齿轮减速机构和实现两侧车轮差速作用的差速器总成组成，其具体组成为由箱体（左右箱体）、齿轮减速机构、差速器组件等组成，如图 2-3-27 所示。

图 2-3-27 减速器总成结构组成

> 想一想：所有纯电动汽车减速器总成的结构都一样吗？
> _____
> _____

（1）箱体

箱体是减速器总成的重要组成部分，它是减速器总成内部齿轮减速机构和差速器等传动部件的安装基础，是传动零件的基座，可以支撑和固定轴系部件，保证传动零件的正确相对位置并承受作用在减速器上的负荷的重要零件。箱体一般还兼作润滑油的油箱，具有充分润滑和很好的密封箱体零件的作用。为了保证减速器总成的正常工作，要确保箱体内有合适液面高度的润滑油，且要及时确保润滑油品质良好。

（2）齿轮减速机构

齿轮减速机构也称为齿轮减速装置，是齿轮、轴及轴承的组合体。齿轮减速机构可以将驱动电机的动力通过啮合齿轮进行变速及动力传递。

① 作用。

实现减速传动：当主动轴的转速不变时，利用齿轮传动降低从动轴转速，这种传动称为减速传动。

② 齿轮减速机构组成。

目前，纯电动汽车的齿轮减速机构可以实现二级减速，其主要组成由输入轴组件、中间轴组件和差速器轴齿轮组件组成，如图2-3-28所示。

图 2-3-28　减速器总机构构成

a. 输入轴组件。

输入轴组件是一种齿轮、齿轮轴及轴承组合并制成一体的齿轮轴，这种结构采用常啮合的齿轮机构的齿轮传动。常见的输入轴组件主要由输入轴、一级减速主动齿轮等组成，如图2-3-29所示。

b. 中间轴组件。

中间轴组件主要由一级减速从动齿轮和二级减速主动齿轮构成，如图 2-3-30 所示。输入轴的一级减速主动齿轮与中间轴的一级减速从动齿轮啮合，进行一级减速。

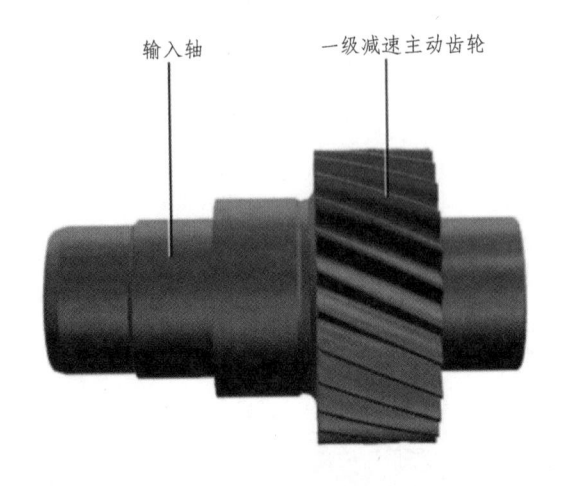

图 2-3-29　输入轴组件构成

c. 差速器组件。

差速器组件是由差速器壳总成、行星齿轮轴、行星齿轮、半轴齿轮等组成。差速器的作用是将齿轮减速机构传来的动力传给左右两半轴，并在转弯时允许左右半轴以不同转速旋转，以满足两侧驱动轮差速的需要。

图 2-3-30　中间轴组件构成

3. 减速器总成工作原理

减速器总成是一种把较高的转速转变为较低转速，增强扭矩的装置。纯电动汽车工作过程中，驱动电机产生的驱动力传递至减速器总成输入轴的主动齿轮，经过一级或两级减速、增扭后传递给差速器进行动力分配，再通过两侧传动轴将动力传递给车辆驱动轮，驱动车辆行驶，如图 2-3-31 所示。减速器总成内部的轮系减速机构中，主动齿轮与从动齿轮啮合，主动齿轮的齿数小于从动齿轮的齿数，根据减速器的转速比与主从动齿轮的齿数比成反比，所以当动力源（如驱动电机）的高速运动，通过减速器的输入轴的主动齿轮传动到输出轴的输出齿轮低速运动,从而达到减速的目的。

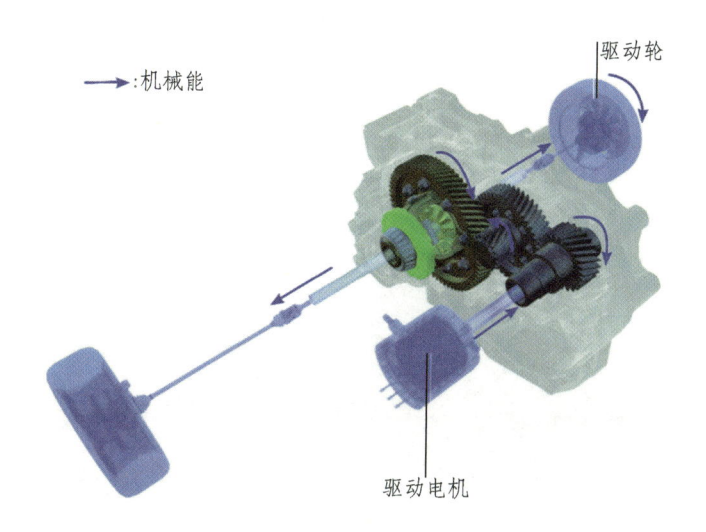

→:机械能

驱动轮

驱动电机

图 2-3-31　减速器总成在车辆驱动时的工作状态

(四)电驱冷却系统

驱动电机在运行过程中会产生热量而使其温度上升,当温度上升到一定程度时,驱动电机的绝缘材料会发生本质的变化,最终失去绝缘能力,同时也会使驱动电机中的金属构件强度和硬度逐渐下降。而且,电机控制器在工作过程中也会产生大量的热能使其升温,如果温度过高会导致驱动电机控制器中的半导体结点烧坏、电路损坏,甚至烧坏元器件,从而引起电机控制器失效。为了避免纯电动汽车驱动系统相关部件因过热而损坏,需要冷却系统对其工作温度进行控制。

电驱冷却系统带走驱动系统产生的热量,使工作温度控制在适宜的范围内

图 2-3-32　驱动冷却系统功用

1. 电驱冷却系统作用

电驱冷却系统的作用可以带走电驱动系统中的驱动电机和驱动电机控制器工作过程中产

生的热量，将其工作温度控制在适宜的范围内，使其具有良好的工作性能。纯电动汽车的电机驱动系统一般采用两种方式散热：空气冷却和水冷却。纯电动汽车通常多采用水冷却形式，如图 2-3-33 所示。

图 2-3-33　电驱水冷却系统

2. 电驱冷却系统组成

纯电动汽车的驱动电机一般是单独的冷却系统，采用的是水冷方式，其主要由储液罐、散热器、电动水泵、电动风扇和冷却管路构成，如图 2-3-33 所示。其中，电动水泵专门为电机冷却系统提供动力，如图 2-3-34 所示；电动风扇总成采用吸风式双风扇，通过串联调速电阻的方式来实现风扇的高低速挡分级，从而降低风扇的噪声，提高整车舒适性。

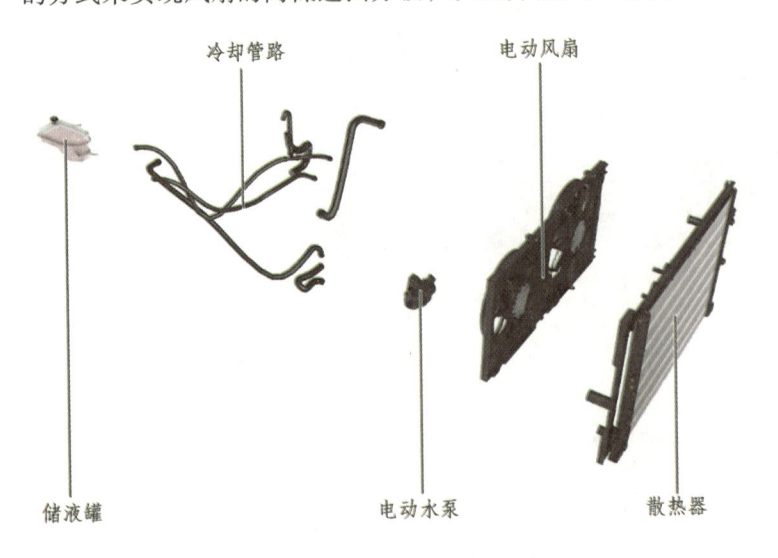

图 2-3-34　电驱冷却系统组成　　　　　　　　　　电驱冷却系统组成

四、电驱冷却系统工作原理

在纯电动汽车工作过程中，驱动电机的温度传感器和电机控制器内的温度传感器实时监测驱动电机和电机控制器的工作温度送给电机控制器。当电机控制器判定电驱系统的驱动电机和电控制器温度较高需要散热时，相应控制器（如空调控制器、整车控制器）控制电动水泵和散热风扇工作，电驱冷却系统开始工作。

具体冷却过程为：电动水泵压缩冷却循环系统中的冷却液，先流过电机控制器对其进行冷却，再流过驱动电机，吸收热量后的冷却液再通过冷却管路和流经的散热器进行散热，之后返回电动水泵，如此往复循环，如图 2-3-35 所示。

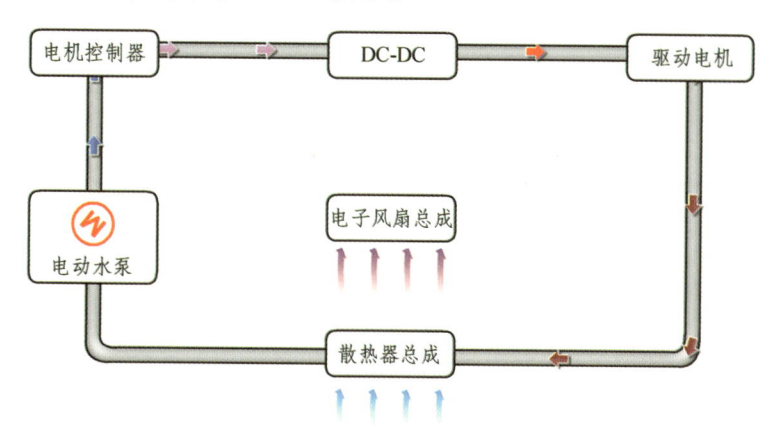

图 2-3-35 电驱冷却系统工作过程

想一想：纯电动汽车能领回收时，驱动电机处于反转状态吗？

温馨提示（思政）

电机驱动系统是纯电动汽车的核心系统，是车辆行驶的主要执行机构，整车控制器通过有效的控制策略将动力电池提供的直流电转化为交流电，进而实现电机的转向、转速、扭矩及功率的综合控制。学生通过学习电机驱动系统相关知识，认识到电机驱动系统的重要性，也意识到电机驱动系统的正常工作离不开整车控制器的控制和动力电池的配合。

这体现了团队合作的力量，让学生明白必要的团队协作能推动工作的顺利开展，也能促进个人能力的成长和提升。在团队合作中，每个成员都有自己的优点和不足，通过相互学习和帮助，可以不断提高自己的能力和水平。因此，在学习和工作中，要注重团队合作，发挥团队的优势，实现共同的目标和愿景。

【任务测评】

一、判断题

1. 纯电动汽车的电机驱动系统一般位于前机舱内。（ ）
2. 减速器总成用于将驱动电机输出的驱动转速和转矩经过减速、增扭后，通过半轴传递给驱动车轮，从而驱动车辆行驶。（ ）
3. 纯电动汽车的电机控制器的可以对电动机的速度、驱动转矩和旋转方向进行控制。（ ）
4. 当汽车行驶时，电机驱动系统将存储在驱动电机中的电能高效地转化为车轮（驱动汽车行驶）的动能。（ ）
5. 驱动电机是动力系统的执行元件，其作用是将电源的电能转化为机械能，通过传动装置驱动或直接驱动车轮。（ ）

二、选择题

1. 电机驱动系统是（   ）的组合。【多选题】
   A. 驱动电机　　　　　　　　B. 驱动电机控制器
   C. 电驱冷却系统　　　　　　D. 减速器总成
2. 永磁同步电机是以（   ）为媒介进行机械能和电能相互转换的电磁装置。【单选题】
   A. 磁场　　　　　　B. 电流　　　　　　C. 励磁
3. 与其他电机相比，永磁同步电机还必须装有（   ），用来检测磁极位置，并以此对电枢电流进行控制，达到对永磁同步电机驱动控制的目的。【单选题】
   A. 永磁体　　　　　　　　　B. 转子永磁体位置检测器
   C. 逆变器　　　　　　　　　D. 温度传感器
4. 永磁同步电机主要由（   ）和旋转变压器、温度传感器等组成。【多选题】
   A. 定子　　　　　　　　　　B. 转子
   C. 壳体　　　　　　　　　　D. 端盖
5. （   ）的作用可以带走电驱动系统中的驱动电机和驱动电机控制器工作过程中产生的热量，将其工作温度控制在适宜的范围内，使其具有良好的工作性能。【单选题】
   A. 驱动电机　　　　　　　　B. 电驱冷却系统
   C. 电机控制器　　　　　　　D. 减速器总成

三、简答题

1. 请简述电机驱动系统的工作原理。
2. 请简述电机驱动系统的组成及各部分的作用。

任务四 充电系统认知

纯电动汽车充电系统为车载储能装置（即动力电池）补充电能，它是实现动力电池中提供持续且平衡电能的关键系统。那么纯电动汽车充电系统有哪些呢？本任务主要介绍充电系统作用、类型、组成和工作原理（见图2-4-1）。

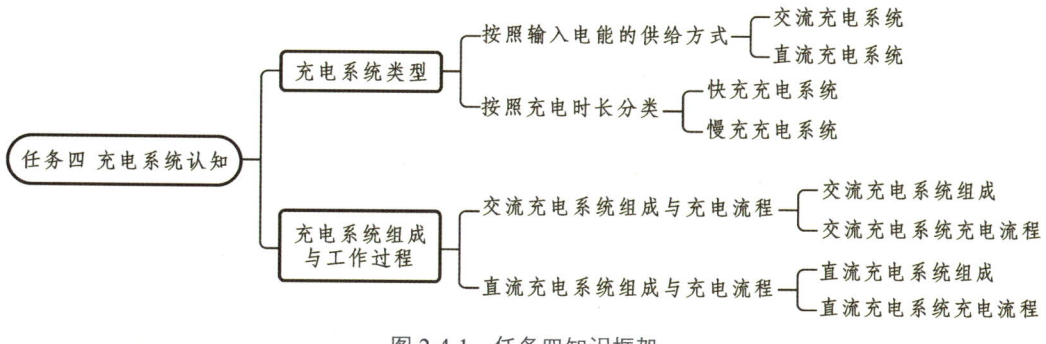

图2-4-1 任务四知识框架

【学习目标】

知识目标：

（1）列举纯电动汽车充电系统类型。
（2）阐述纯电动汽车交流充电系统组成与充电过程。
（3）阐述纯电动汽车直流充电系统组成与充电过程。

能力目标：

（1）具有较强的独立思考、逻辑推理、信息加工能力。
（2）具有较强的信息查询及技术应用能力。

素质目标：

（1）通过纯电动交流充电和直流充电系统组成的学习，理解车载充电机、交/直流充电口和交/直流充电线束的作用，提高知识学习和知识应用能力。
（2）通过纯电动汽车交流充电和直流充电系统组成工作过程的学习，学会工作原理的分析，提高分析问题、解决问题的能力。

【获取信息】

充电系统是纯电动汽车获取电能的主要途径。通过充电系统，用户可以将电能转化为电池储存起来，以供驱动汽车。充电系统给动力电池提供了电能供给的基础，使得纯电动汽车能够正常运行。

一、充电系统类型

充电系统应该能够在多种不同应用情况下的充电需求，根据不同的分类标准，充电系统分为不同的类型。

（1）按照输入电能的供给方式分类

在对电动汽车进行充电时，根据输入的充电电流的不同可分为交流充电系统和直流充电系统两种。

① 交流充电系统。

所谓交流充电系统就是使用交流电源与交流电网连接，对新能源电动汽车进行充电。我国标准规定的电动汽车充电用交流电源电压的额定值最大可为 660 V，交流标称电压为单相 250 V、三相 415 V，允许偏差为标称电压的 ±10%，频率的额定值为 50 Hz±1 Hz。交流标称电流可以为 16 A、32 A、60 A、100 A、150 A 或 250 A。

② 直流充电系统。

所谓直流充电系统是指供给纯电动汽车的电为直流电，即为采用车辆所需的直流电直接进行充电的系统。一般，电动汽车采用直流电是在对交流电源进行整流后得到的，但这种充电系统需要单独设置整流装置或直流电源。我国标准规定用于电动汽车充电的整流电源的电压最高为 1 000 V。

（2）按充电时长分类

按照充电时间的不同，电动汽车的充电系统可分为快充充电系统和慢充充电系统两种。

① 快充充电系统。

快充充电系统是将直流充电桩的插头直接连接到车辆快充充电口对车辆进行充电的系统，这种充电系统不需要用到车载充电机。根据电动汽车动力电池性能的不同，充电电流一般在 0.2～1 C，少数动力电池的充电电流可达到 3 C。C 为放电倍率，等于充放电电流与额定容量的比值。根据电动汽车蓄电池剩余容量和充电电流大小的不同，一般充电时间在 20～60 min。

② 慢充充电系统。

慢充充电系统主要用于将 220 V 交流电转化为直流电，以实现动力电池的电能补给。

慢充充电系统一般采用交流充电桩进行交流充电，适用于具有车载充电机的小型电动乘用车。充电电流相对较小，输出功率通常不超过 5 kW。根据车载充电机功率的不同，一般慢充电模式充电时间为 3～5 h，部分车辆长达 8～9 h。

总体来说，快充充电系统的充电机安装在直流充电桩内，输入侧的交流电经过充电桩电能变换后转变为直流输出，并给电动汽车的动力电池组充电，因此也称为直流充电机；慢充充电系统的整流等电能变换环节都在电动汽车内完成，车外仅需要一个交流输入供电电源。

> 想一想：慢充充电系统与快充充电系统的区别是什么？
> _____
> _____

三、充电系统组成与工作过程

纯电汽车充电用到交流充电和直流充电两种充电系统,下面介绍两种充电系统组成和工作过程。

(一)交流充电系统组成与充电流程

交流充电又称为慢充充电,是纯电动汽车补充电能最常见的方式,这种充电方式是交流充电桩将外部的 220 V 交流电通过车载充电机转化成高压直流电并充入动力电池。

1. 交流充电系统组成

纯电动汽车交流充电系统主要由车外充电设备和车上充电设备组成,车外部设备主要是交流充电桩和充电枪,如图 2-4-2 所示;车上充电设备主要包括交流充电口、车载充电机、交流充电线束和动力电池等,如图 2-4-3 所示。通过车载充电机将 220 V 交流电转换为车辆充电所需的高压直流电,通过交流充电线束将高压直流电输送给动力电池。在充电过程中,车载充电机、电池管理系统(BMS)、整车控制器(VCU)、交流充电桩等部件通过 CAN 总线进行信息交换。

图 2-4-2 车外慢充充电设备(交流充电桩和充电枪)

交流充电口一般位于车身左后侧传统燃油箱加注口位置或车辆前部,车载充电机、交流充电线束位于车辆发动机舱,如图 2-4-3 所示,动力电池位于车辆底部。所有高压电力传输的高压线束都是橙色的,通信及控制线束用低压线束。

图 2-4-3 车上的慢充设备

（1）交流充电桩

慢充充电桩简称交流充电桩，相当于一个交流电源，充电枪输出的仍然是 220 V 交流电。

（2）交流充电枪

交流充电枪有多种形式，如图 2-4-4 所示为纯电动汽车随车充电枪，由交流插头、控制盒、电缆和充电枪组成。还有两头都是充电枪和充电桩自带充电枪的类型，如图 2-4-5 所示。两头都是充电枪的充电线，充电线两端分别连接车辆交流充电口和充电桩电源口，连接时需要注意枪头标签，一端有"充电桩"标签或标明"交流枪供电插头"的枪应连接到充电桩；另一端有"电动汽车"标签或标明"交流枪车辆插头"的枪应连接到车辆。不同种类的充电线，规定了不同的充电电流，由车载充电机检测充电枪内 CC 线的 R_C 电阻值的不同来区分。不同的 R_C 电阻值对应不同的充电电流，例如 R_C 为 100Ω 时，充电线电流限制为 63 A；R_C 为 220Ω 时，充电线电流限制为 32 A；R 为 68Ω 时，充电线电流限制为 16 A；R_C 为 150Ω 时，充电线电流限制为 10 A。

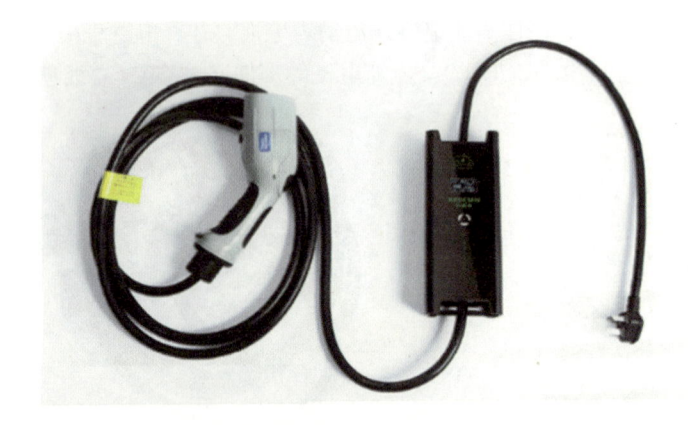

图 2-4-4　电动汽车随车充电枪

图 2-4-5　自带充电枪的交流充电桩

（3）交流充电口及交流充电线束

交流充电口及针脚，如图 2-4-6 所示。

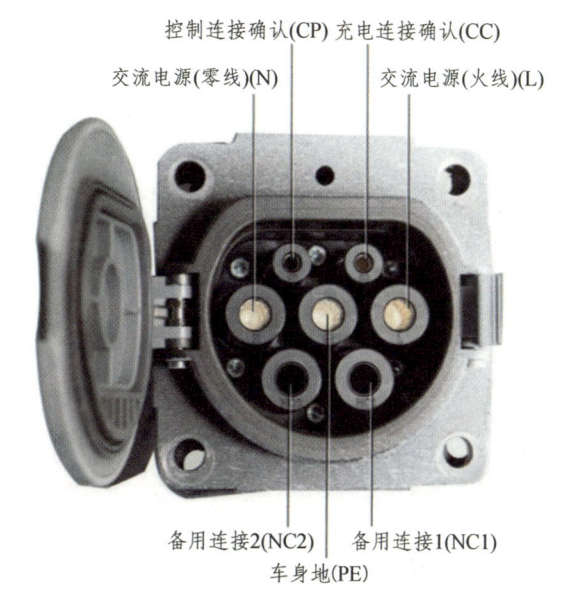

控制连接确认(CP) 充电连接确认(CC)
交流电源(零线)(N)   交流电源(火线)(L)

备用连接2(NC2)   备用连接1(NC1)
　　　　　　车身地(PE)

图 2-4-6　交流充电口及针脚

图 2-4-6 中交流充电口 L 和 N 对应线束上 1 针脚和 2 针脚,是外部输入的交流电的相线和零线。PE 为接地线,车身接地通过 PE 线与外部电源的接地相连。CP 为充电控制确认线,充电桩通过 CP 信号确认充电枪与车辆的连接状况并通过 CP 线接收来自车辆的充电请求信号。CC 线为充电连接确认线,车辆通过检测 CC 线的 R_C 电阻值来确定充电枪能承受的充电电流限制大小。最下面两个针脚为预留针脚。

交流充电线束如图 2-4-7 所示,该线束一端与交流充电口连接在一起,另一端与车载充电机交流输入端相连接。图 2-4-7 中针脚定义:1 针脚为交流电源相线 L,2 针脚为交流电源零线 N,3 针脚为车身接地 PE,4 针脚为空针脚,5 针脚为充电连接确认线 CC,6 针脚为充电控制确认线 CP。

图 2-4-7　交流充电线束

(4) 车载充电机及其线束端子

交流充电线束一端连接到车载充电机的交流输入端,然后通过车载充电机进行滤波整流、斩波变为高频交流电,通过升压后再整流成为动力电池所需的高压直流电,通过车载充电机的直流输出端输出。

(5) 动力电池高压电缆

动力电池高压电缆如图 2-4-8 所示,是连接高压控制盒到动力电池之间的高压电缆。图 2-

4-8 中左侧插接件连接到高压控制盒端，A 针脚为电源负极，B 针脚为电源正极，C、D 针脚为高压互锁端子。右侧插接件连接到动力电池端，1 针脚为电源负极，2 针脚为电源正极，中间两个针脚为高压互锁端子。

图 2-4-8 动力电池高压电缆

2. 交流充电系统充电流程

交流充电系统充电控制导引电路原理图如图 2-4-9 所示。

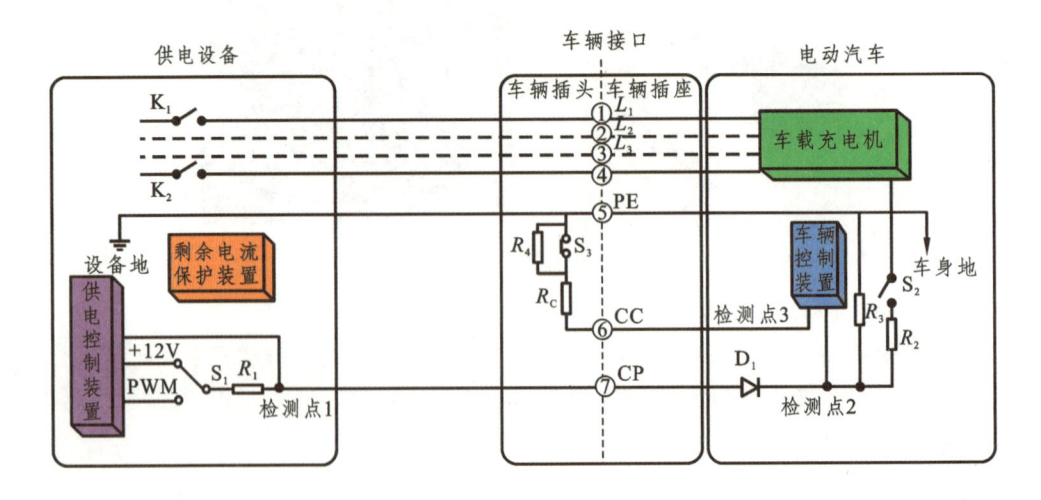

图 2-4-9 交流充电系统充电控制导引电路示意图

该导引电路中，供电控制装置安装在交流充电桩内。车辆控制装置集成在 VCU 中。电阻 R_C、R_4 和开关 S_3 安装在车端的交流充电枪内。

S_3 开关与交流充电枪的下压按钮联动，按钮下压，则开关 S_3 断开；按钮弹起回位，则 S_3 闭合。开关 S_1 为交流充电桩内部开关。开关 S_2 是车辆内部开关，为常闭开关。在充电操作时，一旦交流充电枪与车辆交流充电口连接，则车辆的总体设计方案使车辆处于不可行驶状态。交流充电流程如下：

（1）交流充电口与充电枪连接确认

交流充电口与充电枪连接确认是通过车辆控制装置检测检测点 3 与 PE 之间的电阻值来确认的。

在交流充电枪没有插入交流充电口时，开关 S_3 没有被下压，处于闭合状态。当下压开关 S_3 准备与交流充电口连接时，检测点 3 检测到 CC 与 PE 端处于断开状态，检测电压为 12 V（有些车辆为 5 V），交流充电枪与车端慢充接口连接完成后，开关 S_3 没有回弹，仍然处于断开时，检测点 3 检测到 R_C 和 R_4 两电阻之和；当开关 S_3 弹回闭合后，R_4 电阻被短路，检测点 3 只能检测到 R_C 电阻值，此时，车辆控制装置确认交流充电口与充电枪连接完成，车辆控制装置根据 R_C 电阻值来确认充电枪所能流过的最大限制电流值。

（2）确认充电连接装置完全连接

充电桩与充电枪、交流充电口与充电枪均已完成连接后，充电桩要确认充电线两端都已正确连接。如图 2-4-9 所示，开关 S_1 与供电控制装置 12 V 电源端连接。充电枪两端均与充电桩和充电口连接完成，则从供电控制装置到车身接地电路接通，其电路为供电控制装置 12 V→开关 S_1→R_1→二极管 VD1→R_3→车身接地。此时检测点 1 检测到的电压约为 9 V，充电桩确认充电连接装置完全连接。然后车辆控制装置将开关 S_1 由 12 V 常电端转换到脉冲宽度调制（Pulse Width Modulation，PWM）端连接。

PWM 端发出 12 V 的占空比电压信号，当车辆控制装置检测到检测点 2 有 9 V 占空比信号时，车辆控制装置确认充电连接完成。

（3）车辆充电准备就绪

在车载充电机完成自检后确定无故障，并且蓄电池模块处于可充电状态后发出充电请求，车辆控制装置闭合开关关 S_2，车辆充电准备就绪。

（4）交流充电桩充电准备就绪

车辆充电准备就绪的信号会通过检测点 1 占空比电压值的信号变化检测到，当信号由占空比峰值电压 9 V 变为 6 V 时，充电桩内的控制开关 K_1、K_2 闭合，交流电到达车载充电机。

（5）充电开始

首先车辆控制装置需要完成车载充电机最大允许充电电流设置。车载充电机最大允许充电电流取决于充电桩的可供电能力、充电电缆载流值和车载充电机额定电流值三者之间最小电流值。其中，充电桩可供电能力可以通过检测点 2 的 PWM 占空比信号峰值电压获得；充电电缆限流值可通过 R_C 电阻值获得。当车辆控制装置完成车载充电机最大允许充电电流设置后，车载充电机开始对电动汽车进行充电。

（6）充电过程检测

在充电过程中需要阶段性检查充电桩与充电口之间的连接情况，以及供电能力的变化情况。前者检测周期不大于 50 ms，后者检测周期不大于 5 s。

（7）充电结束

正常条件下的充电结束有两种情况。一种是车辆达到充电结束条件，如蓄电池已充满，则车辆控制装置切断开关 S_2，并使车载充电机停止充电；另一种是充电桩达到了充电结束条件，如操作人员进行了充电结束刷卡，则供电控制装置将开关 S_1 从 PWM 端切换到 12 V 状态，并断开开关 K_1、K_2，停止充电。

需注意进行充电时，应该选择符合国家标准的充电桩设备，充电环境应干燥通风，周围无易燃易爆物品。

（二）直流充电系统组成与充电流程

直流充电系统也称为快充充电系统，其一般充电时间在 0.5~1 h 就能完成基本充满的目标，直流充电过程中需要采用高电压、大电流，直接对动力电池快速充电，为此，直流充电系统比交流充电系统设计更要可靠，确保充电过程的高效和安全。目前，大部分纯电动汽车的常见配置是直流充电系统。

1. 直流充电系统组成

纯电动汽车直流充电系统也包括车外充电部件和车上充电部件。车辆外部设备主要由直流充电桩和充电枪组成，如图 2-4-10 所示；车上充电设备由直流充电口、高压控制盒、动力电池、整车控制器（VCU）及直流充电线束等部件组成，如图 2-4-11 所示。纯电动汽车直流充电系统的结构相对于交流充电系统更为简单，整个车载系统没有变压和其他控制设备，外部电源直接将充电所需的高压直流电通过充电接口与高压控制盒送入动力电池，充电过程的通信和连接检测等由直流充电桩与 BMS 等控制系统共同完成。

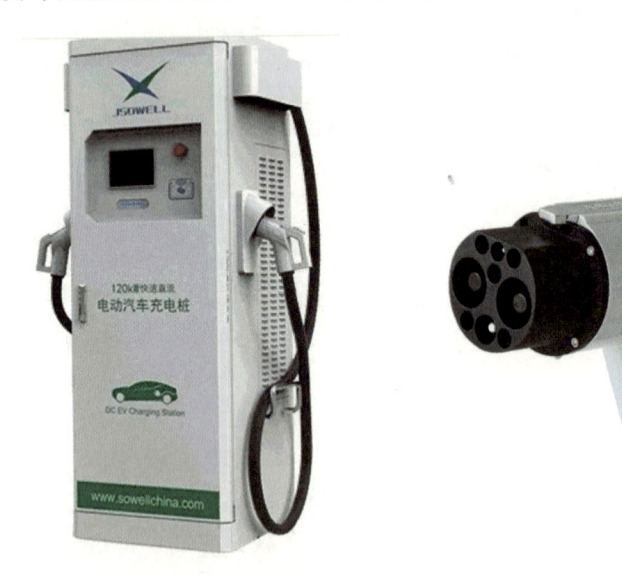

图 2-4-10　直流充电桩和直流充电枪

直流充电口有些车型设置在车辆前端车标位置，如北汽新能源纯电动汽车。有些车辆将快充充电口设置在车辆后方传统燃油箱盖的位置与交流充电口并排安装，例如比亚迪 E6，E5。

下面我们以北汽新能源 EV200 纯电动汽车为例讲解快充部件。

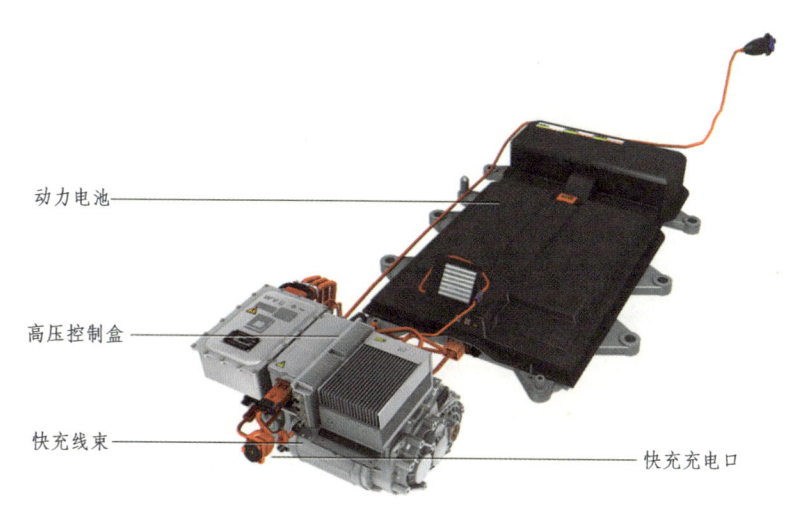

图 2-4-11 车上快充设备

（1）直流充电桩

直流充电桩与交流充电桩的不同，直流充电桩代替了车载充电机的作用。由于直流充电功率大，对应的元器件体积与价格都会增大，配备在车辆上会造成成本大幅上升并且整车布置困难。由于直流充电时间短、设备周转率较高，目前直流充电桩集成了车载充电机的作用，直接将国家电网提供的 220 V 的高压直流电转换成车辆所需的高压直流电，最终通过直流充电口连接到车辆。

（2）直流充电枪

直流充电系统充电电流大，充电枪与直流充电口连接阻值必须要小，而且要求连接可靠，防止出现拔枪断电拉弧等现象，因此，直流充电枪一端通过高压电缆与直流充电桩直接连接，与直流充电口连接的枪内设置电子锁，如图 2-4-12 所示。

图 2-4-12　充枪内电子锁　　　　图 2-4-13　直流充电口针脚

（3）直流充电口及直流充电线束

图 2-4-13 所示为直流充电口结构。从图可以看出，直流充电口有 9 个针脚，其相关定义为：1 针脚为 S-充电通信 CAN-L，2 针脚为 CC2 充电连接确认，3 针脚为 S+充电通信 CAN-H，4 针脚为 CC1 充电连接确认，5 针脚为 DC-直流电源负，6 针脚为 DC+直流电源正，7 针脚为 A+低压辅助电源负极，8 针脚为 PE 车身接地，9 针脚为 A+低压辅助电源正极。直流充电接

口中，DC+、DC−通过高压控制盒后与动力电池高压正、负极母线相连，CC1为充电桩的充电连接确认信号，CC2连接VCU为直流充电口连接确认信号，A+、A-为12V低压辅助电源，S+、S-为直流充电系统CAN信号线。

直流充电线束的右侧与整车连接低压线束插接器连接，左侧与高压控制盒直流充电线束插接器连接，如图2-4-14所示。

图2-4-14 直流充电线束的连接

2. 直流充电系统充电流程

直流系统充电控制导引电路原理如图2-4-15所示。

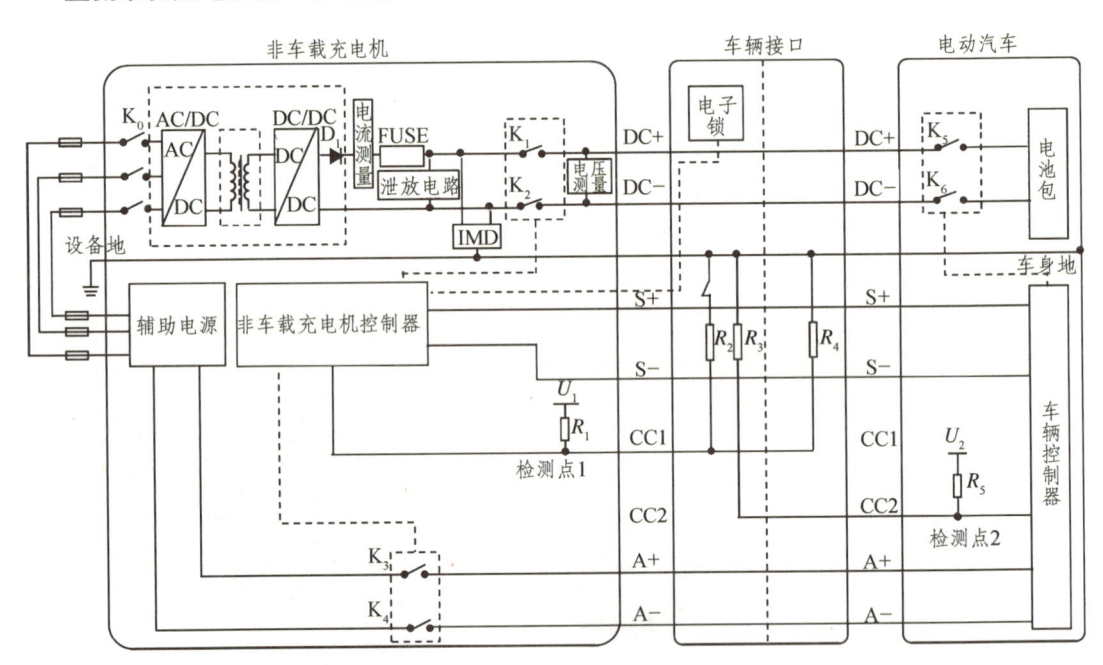

图2-4-15 直流充电系统控制引导图

该导引电路示意图中的辅助电源和非车载充电机控制器集成在直流充电桩内。电阻R_2、R_3和开关S安装在直流充电枪内，开关S为常闭开关。电阻R_4安装在车辆直流充口内。车辆控制器大部分车型为VCU，有些车型将其集成在BMS中，可以控制开关K_5、K_6的通断。开关K_5、K_6一般安装在高压控制盒内。电阻R_1、R_2、R_3、R_4、R_5的电阻值为1 000 Ω。

在充电操作时，一旦直流充电枪与车辆快充口连接，则车辆的总体设计方案使车辆处于不可行驶状态。直流充电系统充电流程如下：

（1）车辆直流充电口连接确认

非车载充电机控制器监测检测点 1 的电压值。当直流充电枪未接入时，直流充电枪上的开关 S 处于闭合状态，检测点 1 的电压为 6 V，直流充电枪上的开关 S 被压开时该点电压为 12 V，接入直流充电枪而开关 S 仍断开时，检测点 1 的电压为 6 V，开关 S 回弹闭合后，检测点 1 的电压为 4 V，此时直流充电桩确认充电枪完全接入车辆快充口，随即非车载充电机控制器控制 K_3、K_4 开关闭合，直流充电桩内的低压辅助开始通过 K_3、K_4 给车辆控制器进行供电。

车辆控制器通过检测检测点 2 电压判断车辆与充电枪的连接情况。当直流充电枪未接入时，该点电压为 12 V，直流充电枪连接完成后，该点电压变为 6 V。此时，车辆控制器确认直流充电枪与车辆上直流充电口连接完成。非车载充电机控制装置控制电子锁锁定充电枪使其不能从快充口处断开。

（2）非车载充电机控制器自检

车辆直流充电口连接完成后，非车载充电机控制器控制开关 K_1、K_2 闭合，非车载充电机控制器通过绝缘表（IMD）对桩内到高压控制盒处的 DC+、DC-两根充电电缆进行对地绝缘检测。自检通过后断开 K_1、K_2，然后通过泄放电路将 DC+、DC-上的残余电释放掉。

（3）充电开始

车辆端由车辆控制器控制开关 K_5、K_6 闭合，非车载充电机控制器检测到动力电池电压正常后，控制开关 K_0、K_1、K_2 闭合，使直流供电回路导通，开始对动力电池进行充电。

（4）充电过程检测

在充电过程中，车辆控制装置向非车载充电机控制装置实时发送动力电池充电需求参数。非车载充电机控制装置相应调整充电电压和充电电流，并相互发送各自的状态信息（充电桩输出电压电流、动力电池电压、电流、SOC 值等）。

（5）充电结束

正常条件下充电结束有两种情况。一种是车辆达到充电结束条件，如蓄电池已充满。另一种是充电桩达到了充电结束条件，如操作人员进行了充电结束刷卡。车辆控制装置开始周期发送蓄电池管理系统终止充电报文，并断开开关 K_5 和 K_6，非车载充电机控制器则周期发送充电机终止充电报文，并控制充电机停止充电，在确认充电电流小于 5 A 后断开开关 K_0、K_1、K_2，将充电机的输出电压投入泄放电路，避免对操作人员造成电击伤害，最后断开开关 K_3 和 K_4，解锁电子锁，拔出充电枪，完成充电。

温馨提示（思政）

通过学习纯电动汽车充电系统相关知识，认识到纯电动汽车补充电能的方式有多种，车辆使用者可以根据车辆的运用情况和实际需求选择合适的方式补充电能。同学们学习和工作也是一样，遇到问题多思考，可以先冷静分析问题，找出问题的关键点和根源，然后再尝试寻找解决问题的方法。同时，也可以向他人请教或寻求帮助，借鉴他人的经验和智慧，共同解决问题。此外，还可以通过不断学习和积累知识，提高自己解决问题的能力和水平。

【任务测评】

一、判断题

1. 纯电动汽车充电系统可以为车载储能装置（即动力电池）补充电能。（　）
2. 车载充电机又称直流充电机，可以把 220 V 直流电转换为相应电压的高压交流电。
（　）
3. 根据输入的充电电流的不同，充电系统可分为交流充电系统和直流充电系统两种。
（　）
4. 所谓直流充电系统为采用车辆所需的直流电直接进行充电的系统。（　）
5. 交流充电系统和直流充电系统的工作原理相同。（　）

二、选择题

1. 纯电动汽车的充电口包括（　　）。【多选题】
   A. 快充充电口　　　　　　　　B. 慢充充电口
   C. 10 孔充电口　　　　　　　　D. 8 孔充电口
2. 纯电动汽车交流充电系统主要包括（　　）等。【多选题】
   A. 交流充电口　　　　　　　　B. 车载充电机
   C. 交流充电线束　　　　　　　D. 动力电池
3. 纯电动汽车交流充电系统的车外部设备主要包括是（　　）【单选题】
   A. 直流充电枪　　　　　　　　B. 交流充电桩
   C. 直流充电桩　　　　　　　　D. 交流充电枪
4. 纯电动汽车交流充电系统车上充电设备主要包括（　　）【多选题】
   A. 直流充电口　　　　B. 高压控制盒　　　　C. 动力电池
   D. 整车控制器（VCU）　E. 直流充电线束　　　F. 交流充电线束
5. 直流充电系统的电阻 R_2、R_3 和开关 S 安装在（　　）。【单选题】
   A. 交流充电枪内　　　　　　　B. 交流充电口
   C. 直流充电枪内　　　　　　　D. 直流充电口

三、简答题

1. 请简述纯电动汽车交流充电系统工作流程。
2. 请简述纯电动汽车直流充电系统工作流程。

项目三 混合动力汽车认知

混合动力汽车早在19世纪90年代就已经问世，并引起当时人们的广泛关注，随后混合动力汽车进入人们视野。目前，混合动力汽车技术已较为成熟，可与常规燃油车展开竞争，再加上混动车型实用性也能被普通消费者接受，逐渐成为现阶段电动车推广普及的重点。本项目主要包括混合动力汽车基本组成与控制原理和典型混合动力汽车动力系统结构两个学习任务。

任务一 混合动力汽车组成与控制原理

混合动力汽车是指驱动系统由两个或多个能同时运转的单个驱动系统联合组成的车辆，车辆的行驶功率依据实际的车辆行驶状态由单个驱动系统单独或多个驱动系统共同提供。这里主要介绍混合动力汽车的整体结构和工作原理（见图3-1-1）。

```
任务一 混合动力汽     ┌─ 混合动力汽车类型 ─┬─ 按照动力耦合形式分类 ─┬─ 串联式混合动力汽车
车组成与控制原理       │                    │                        ├─ 并联式混合动力汽车
                      │                    │                        └─ 混联式混合动力汽车
                      │                    └─ 按照混合度的不同分类 ─┬─ 微混合型混合动力汽车
                      │                                              ├─ 轻度合型混合动力汽车
                      │                                              └─ 重度混合型混合动力汽车
                      │
                      ├─ 混合动力汽车基本组成 ─┬─ 动力系统
                      │                        ├─ 控制系统
                      │                        ├─ 底盘
                      │                        ├─ 车身
                      │                        └─ 辅助电器
                      │
                      ├─ 混合动力汽车控制原理 ─┬─ 电力驱动
                      │                        ├─ 发动机驱动
                      │                        ├─ 混合动力驱动
                      │                        └─ 再生制动
                      │
                      └─ 混合动力汽车特点 ─┬─ 混合动力汽车优点
                                            └─ 混合动力汽车缺点
```

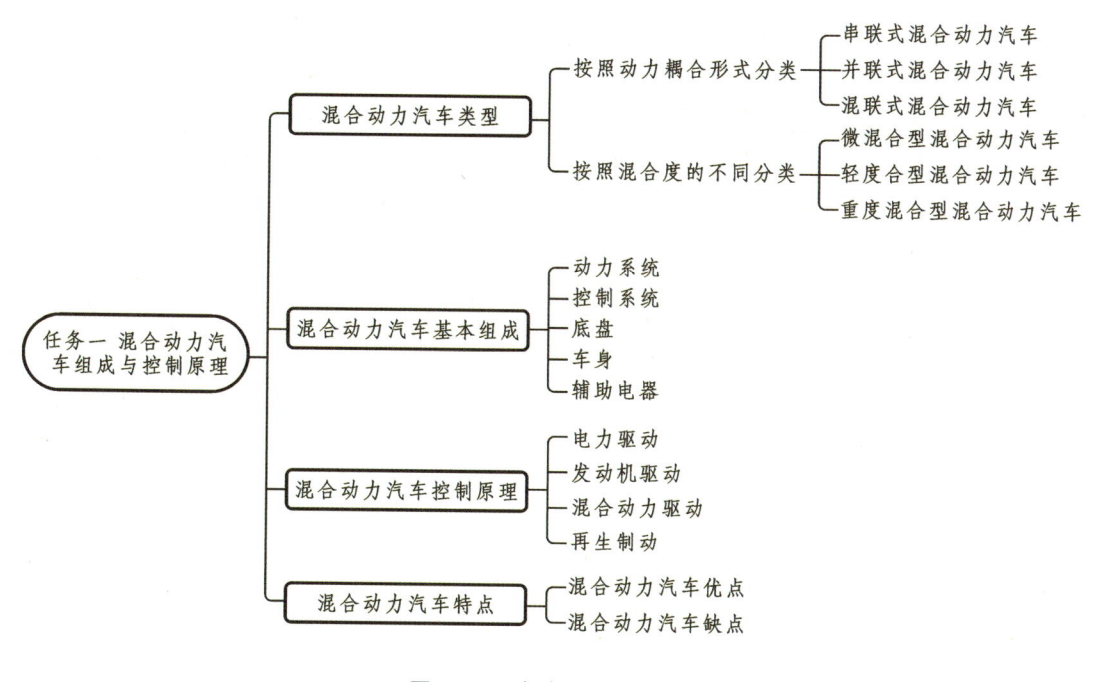

图3-1-1 任务一知识框架

【学习目标】

知识目标：

（1）说出混合动力汽车的组成。
（2）描述混合动力汽车控制原理。

能力目标：

（1）能找出混合动力汽车组成主要部件的位置。
（2）能分析混合动力汽车特点。

素质目标：

（1）通过混合动力汽车组成的学习，理解混合动力汽车的具体结构及作用，提高知识学习和分析能力。
（2）通过混合动力汽车工作原理的学习，学会工作原理的分析，提高分析问题、解决问题的能力。

【获取信息】

混合动力汽车（Hybrid Electric Vehicle，简称 HEV）是指通过混合使用两种不同动力源来提供动力的汽车。具体而言，混合动力汽车至少拥有两种动力源，一种是可消耗的燃料，如汽油、柴油、天然气等；另一种则是可再充电能或能量储存装置，如电池、超级电容等。现在，大多数混合动力汽车采用传统的内燃机和电动机作为动力源，使车辆的动力性更加出色。混合动力汽车不仅在节能环保方面具有明显优势，同时也能满足消费者对车辆性能的需求。

一、混合动力汽车类型

混合动力汽车是多种动力源、多种动力传递方式的一种车辆，根据不同的划分标准，混合动力汽车可分为不同的类型。按照国家的《混合动力电动汽车类型》（QC/T 837-2010）汽车行业标准中对混合动力汽车分类如下：

（一）按照动力耦合形式分类

目前世界各国研究开发的混合动力汽车有不同的结构形式，根据其动力传动系统的配置及组合方式不同，分为串联式、并联式、混联式及复合式 4 种形式。

1. 串联式混合动力汽车

串联式混合动力系统利用发动机动力发电，从而带动电动机驱动车轮，其主要由电动机、发动机、发电机、蓄电池、变压器组成，如图 3-1-2 所示。

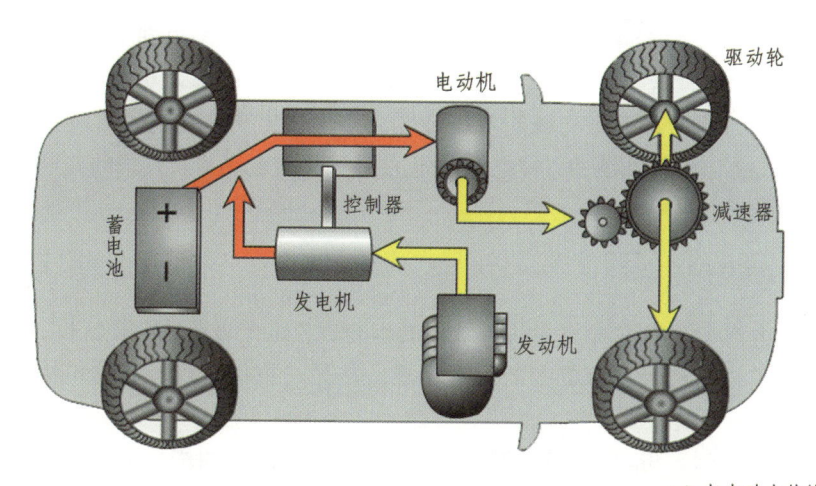

图 3-1-2　串联式混合动力汽车动力组成

在串联式混合动力汽车中，发动机的作用是带动发电机发电，发电机发出的电能通过电动机控制器直接输入到电动机，由电动机产生的电磁力矩驱动汽车行驶。此外，动力电池还可以单独给电动机提供电能来驱动电动汽车，使混合动力汽车在零污染状态下行驶。主流的串联式混动车型有：雪佛兰 VOLT、宝马 i3 增程版、传祺 GA5 增程版。

2. 并联式混合动力汽车

并联式混合动力系统使用电动机和发动机两种电力来驱动车轮，其基本结构主要包括电动机、发动机、蓄电池、变压器和变速器等，如图 3-1-3 所示。

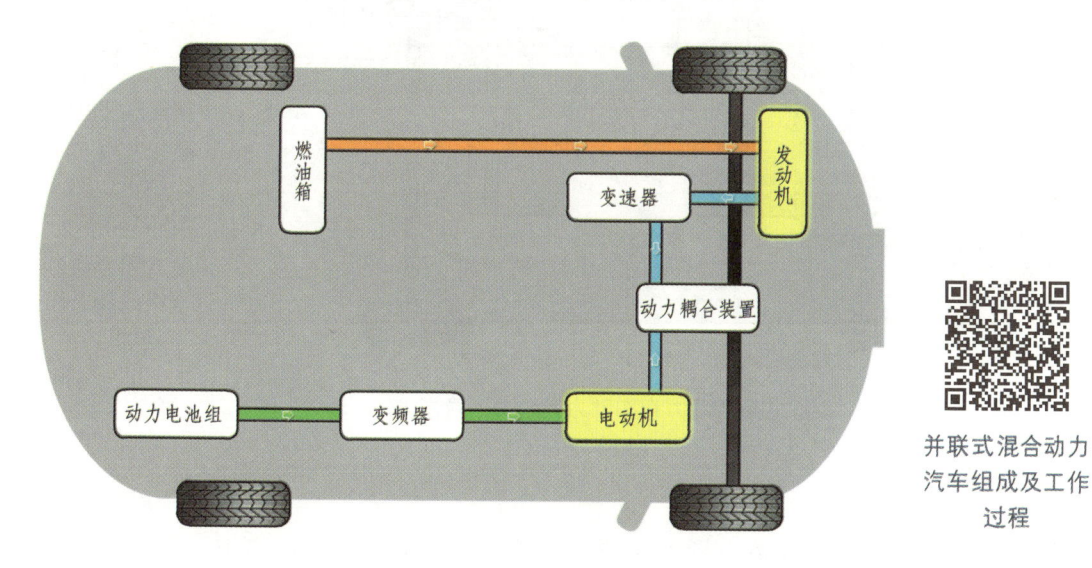

并联式混合动力汽车组成及工作过程

图 3-1-3　并联式混合动力汽车动力系统的示意图

并联式混合动力汽车具备两套驱动系统，关键特点在于发动机与电动机采用并联结构，两者均可充当主动力，运行时能够共同驱动或单独驱动车辆。发动机作为基本动力源，而动力电池与电动机构建的电力驱动系统则构成能量缓冲器，车辆输出功率受发动机和电动机工作状况的影响。在并联式混合动力系统中，蓄电池的电力用于驱动电动机。典型的并联式混合动力汽车为比亚迪秦100。

3. 混联式混合动力汽车

混联式混合动力汽车是串联式与并联式结构的组合，它具有两者的主要特性，而且相比于串联式或并联式的单一结构，拥有更多的运行模式。从另一方面来说，它的结构相对更为复杂，且多半成本较高。

根据行驶条件的不同，可以仅靠电动机驱动力来行驶，或者利用发动机和电动机驱动行驶。另外还安装有发电机，所以可以一边行驶，一边给蓄电池充电。混联式混合动力汽车的基本结构主要包括电动机、发动机、蓄电池、发电机、动力分离装置、电子控制单元（变压器、转换器），如图 3-1-4 所示。利用动力分离装置将发动机的动力分成两部分，一部分用来直接驱动车轮，另一部分用来驱动发电机发电，发电机发出的电能输送给电动机或蓄电池，电动机产生的驱动力矩通过动力复合装置传送给驱动桥。

这样，在汽车低速行驶时，驱动系统主要以串联方式工作；当汽车高速稳定行驶时，驱动系统则以并联工作方式为主。主流的混联式混合动力汽车有丰田的卡罗拉、雷凌双擎、雷克萨斯 ES300h 等。

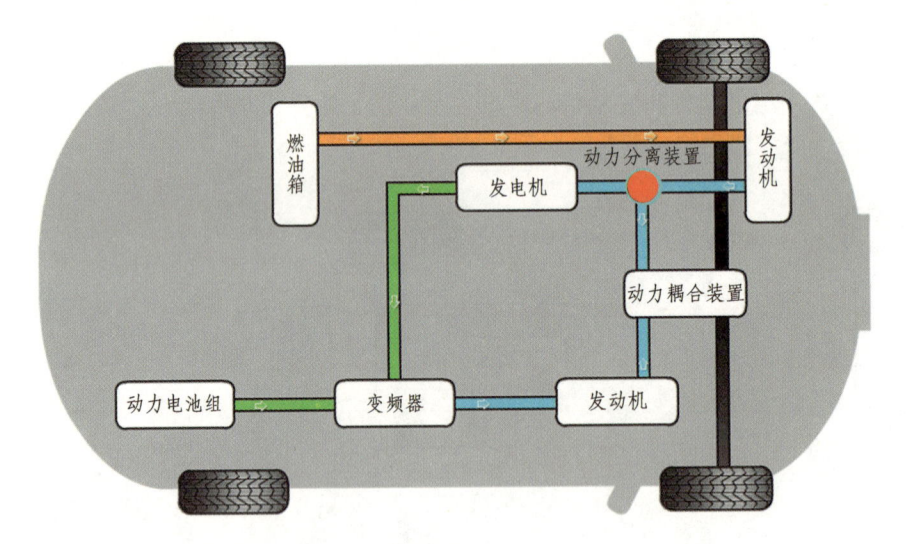

图 3-1-4 混联式混合动力汽车动力系统的示意图

混联式混合动力汽车组成及工作过程

4. 复合式混合动力汽车

典型的复合式混合动力系统如图 3-1-5 所示。它具有和混联式相似的结构。唯一的差异在于电耦合功能由功率变换器转移至动力电池，并且在电动机/发电机组和蓄电池组之间加一个功率变换器。

上述分类在科学意义上并不是十分清晰，容易引起混淆。实际上，混合动力汽车中，在驱动系统内存在两类能量流：一类为机械能量流；另一类为电能量流。在功率交汇点处，始终以同一类功率形式，即机械的或电气的功率形式，而不是呈现着两个功率的相加或将一个功率分解成两个功率。这样，或可由功率耦合或解耦特性来更准确地定义混合动力汽车电力驱动系统的构造，如机械耦合驱动系统、电气耦合驱动系统以及机械—电气耦合驱动系统。

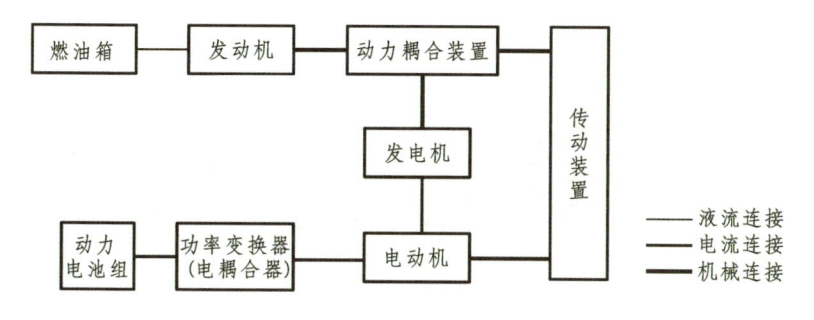

图 3-1-5　典型复合式混合动力系统的示意图

（二）按照混合度的不同分类

根据在混合动力系统中，电机的输出功率在整个系统输出功率中占的比重，即混合度的不同，混合动力汽车还可以分为微混合型、轻度混合型、中度混合动型及重度混合型 4 种类型。

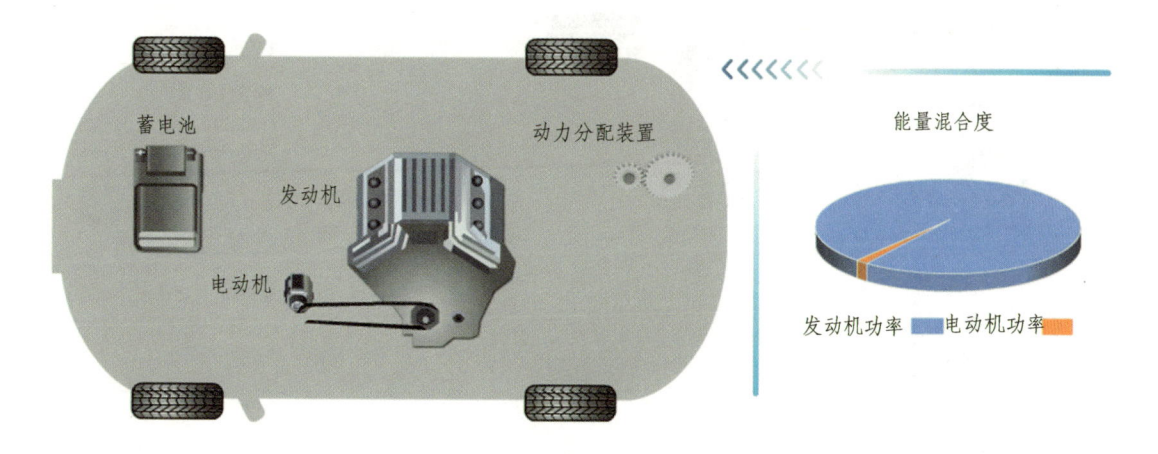

1. 微混合型混合动力汽车

微混合型混合动力汽车，如图 3-1-6 所示。发动机前端的发电机兼起动机，由楔形皮带传动，取代了起动机。这种混合动力汽车的电机为发电启动一体式，用于控制发动机启停，取消了怠速，降低了油耗和排放。在微混合动力系统中，电机、逆变器和 48 V 蓄电池等构成一个完整的动力系统，通常采用 48 V 三相交流电机。微混合型混合动力汽车的代表车型是 PSA 汽车公司和混合动力版 C3 与丰田汽车公司的混合动力版 Vits。

图 3-1-6　微混合型混合动力汽车

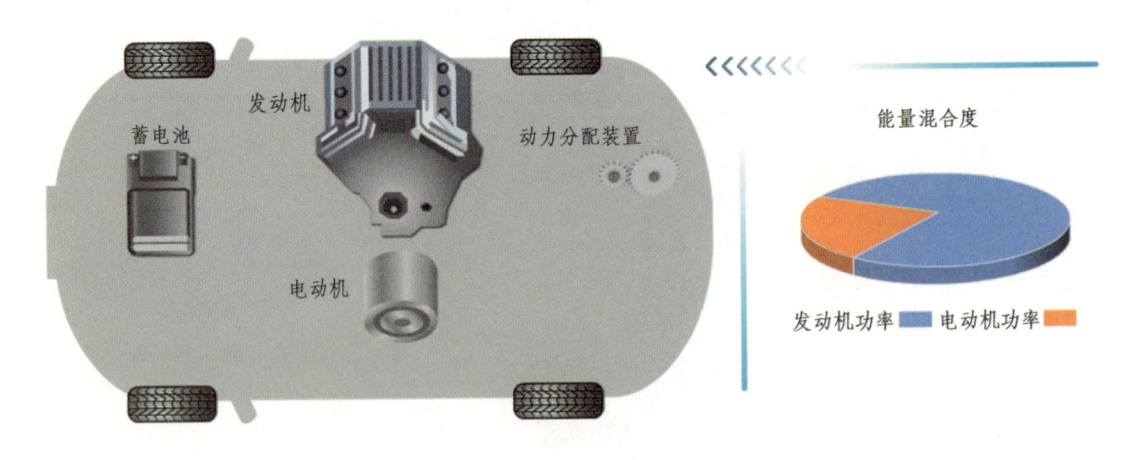

2. 轻度混合型混合动力汽车

轻型混合动力汽车如图 3-1-7 所示。轻混合动力系统采用集成启动电机,除控制内燃机启停外,还能在减速和制动时回收部分能量,行驶中等速运转时可调节能量在车轮驱动和发电机充电间的分配,混合度通常在 20%以下。轻度混合型混合动力汽车的代表车型是通用公司的混合动力皮卡车、Honth 公司的 Insight 和 Givic Hybrid。

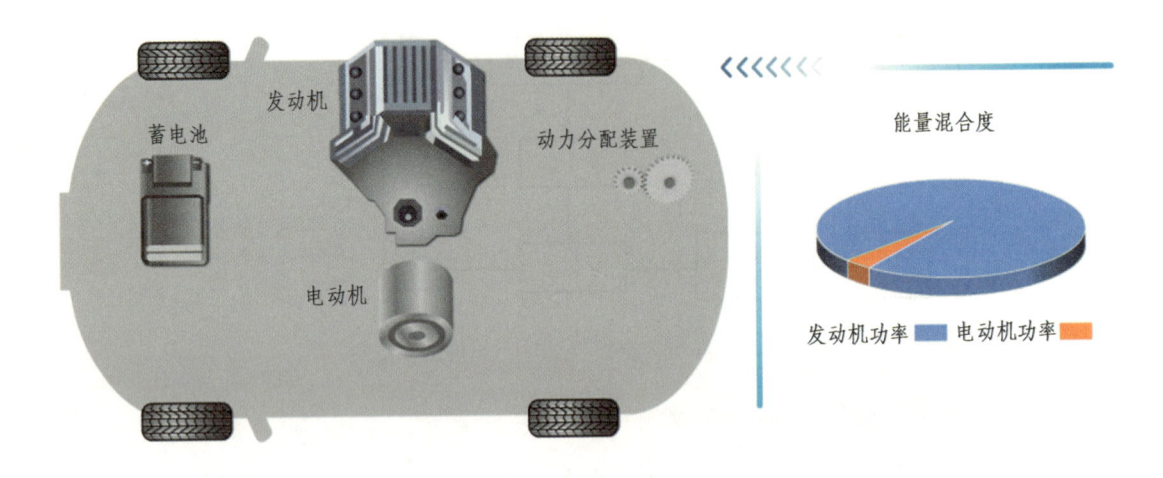

图 3-1-7 轻度混合型混合动力汽车

3. 中度混合型混合动力汽车

中度混合型混合动力汽车,如图 3-1-8 所示。该系统同样采用了 ISG 系统,但和轻混合动力系统不同的是使用了高压电机。另外,中混合动力系统还增加了一个功能:在车辆处于加速或大负荷工况时,电动机可以辅助驱动车轮,从而补充发动机本身动力输出的不足,从而提高了整车的性能这种系统的混合程度能够达到 30%左右,技术已经成熟,应用比较广泛。中度混合型混合动力汽车的代表车型为本田汽车公司旗下混合动力的音赛特、雅阁和思域等车型。

图 3-1-8 中度混合型混合动力汽车

4. 重度混合（强混合）型混合动力汽车

重度混合（强混合）型混合动力汽车，如图 3-1-9 所示。该系统采用了 272～650 V 与中混混合系统相比，驱动车辆的两种动力源中依靠电动机功率的比例更大，内燃机功率的比例更小。重度混合车辆，电动机和内燃机都可以独立或共同驱动车辆，因此在低速、缓加速行驶、车辆起步行驶和倒车等情况下，车辆可以纯电动行驶；急加速时电动机和内燃机一起驱动车辆，并有制动能量回收的能力。

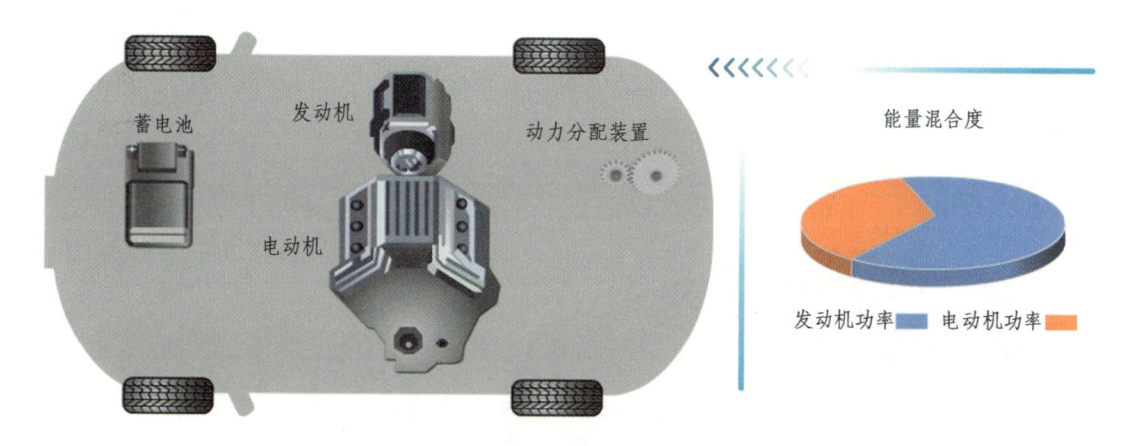

图 3-1-9　重度混合（强混合）型混合动力汽车

（三）按照是否能外接充电电源分类

按照混合动力汽车是否需要外接电源进行充电分为插电式混合动力汽车和非插电式混合动力汽车两种类型。

按照是否能外接充电电源分类

1. 插电式混合动力汽车

插电式混合动力汽车，如图 3-1-10 所示。简单说就是介于电动车与燃油车两者之间的一种车。他既有传统汽车的发动机、变速箱、传动系统、油路、油箱，也有电动车的电池、电机、控制电路，而且电池容量比较大，有充电接口。

图 3-1-10　插电式混合动力汽车

与非插电式混合动力汽车相比,插电式混合动力汽车的电池容量更大,可以支持行驶的里程更长。如果每次都是短途行驶,有较好的充电条件,插电混合动力汽车电池可以不用加油,当作纯电动车使用,具有电动车的优点。其车型代表有:宝马 i8、比亚迪秦、比亚迪唐、保时捷 918 等等。

2. 非插电式混合动力汽车

非插电式混合动力汽车,如图 3-1-11 所示。在使用汽油发动机驱动车辆的同时,还可以通过发动机驱动发电机来给电池充电、低速启动时仅靠电动机驱动行驶、通过发动机直接驱动车轮行驶或是电动机与发动机两者共同驱动车轮。其代表车型有:丰田的普锐斯、CT200h、凯美瑞尊瑞。

图 3-1-11 非插电式混合动力汽车

> 想一想:目前,应用较多的混合动力汽车是哪种类型?
> _____
> _____

二、混合动力汽车基本组成

混合动力汽车是传统汽车向纯电动车过渡的一种车型,在组成上保留了传统汽车的大部分结构,同时增添了电动机、储能元件、电力电子元件等,因而在组成上更加复杂,结构也更加灵活,存在多种结构和分类方式。所以,混合动力汽车主要由动力系统、控制系统、底盘、车身和辅助电器等五部分组成。

(一)动力系统

动力系统是混合动力汽车的核心系统,其作用是保证车辆安全有效行驶、使发动机的燃料消耗率降到最低,发动机排放的污染减至最小,并充分发挥电力驱动的效率。混合动力汽车动力系统的动力源主要是电力驱动系统和发动机提供的两种动力,所以混合动力汽车的动力系统主要由发动机、电力驱动装置(电动机)、电能装置(动力电池)、动力耦合装置等组成,如图 3-1-12 所示。

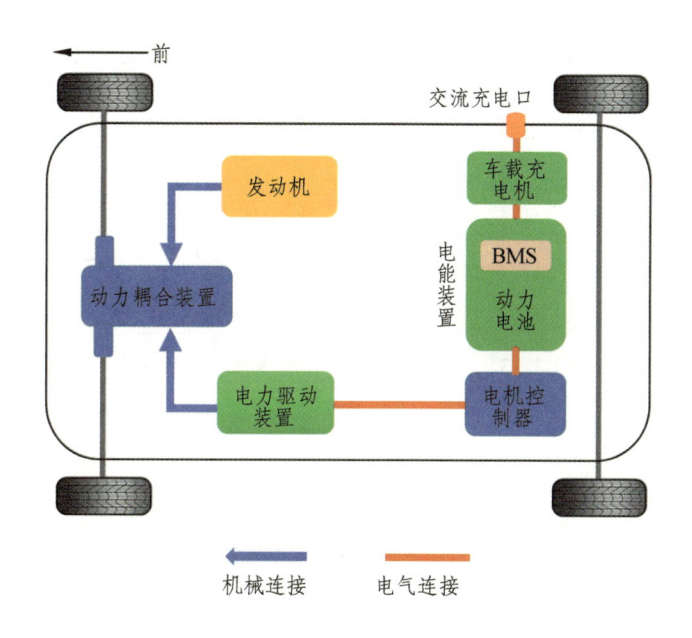

图 3-1-12　混合动力汽车的动力系统组成

(二)控制系统

混合动力汽车控制系统主要包括整车控制系统、电动机及其驱动系统的控制系统、发动机及其驱动系统的控制系统和动力电池的控制单元,用于混合动力汽车工作过程中的信号反馈和检测。

混合动力汽车控制系统采用层级式控制:一般情况下分三层:最上层(第一层)为整车能量管理系统,主要部件是集成整车控制器功能的混合动力控制单元(HV ECU),其主要用于统一协调和控制各个部件控制单元的工作;中间层(第二层)主要包括动力控制相关的 5 种控制单元,即发动机控制单元(ECU)、发电机控制器(GCU)、电动机控制器(MCU)、电池管理系统 BMS 以及离合器、变速器、减速器等变速控制单元(TCU),还包括车身控制单元(BCM),来实现对车身电动装置的控制;最下层(第三层)为各个执行器,即发动机、驱动电机、变速器、车身电动装置等工作部件,如图 3-1-13 所示。

想一想:混合动力汽车控制系统为什么采用层级式控制?

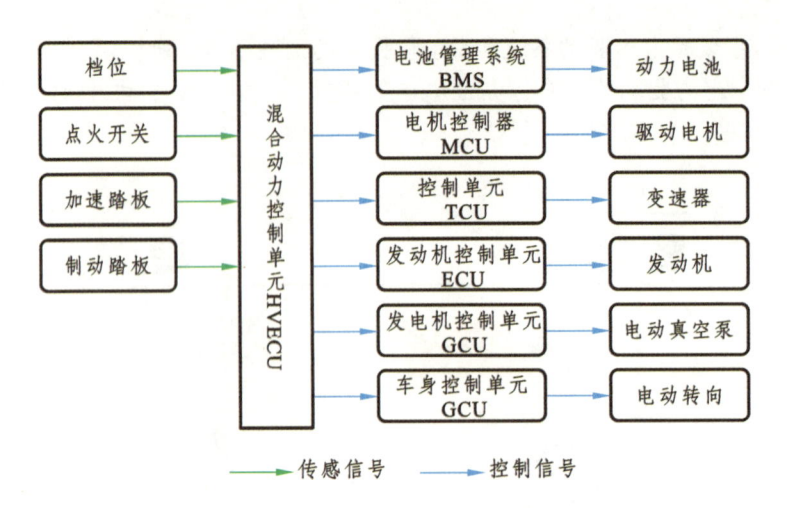

图 3-1-13 混合动力汽车控制系统组成示意图

（三）底盘

汽车底盘用来支撑发动机、动力电池、电机、电机控制器（变频器、逆变器）、汽车车身以及空调等各种辅助电器，并将动力系统的动力进行传递和分配，使汽车按照驾驶员意图行驶。混合动力汽车的底盘在传统汽车底盘的基础上增加了要容纳动力电池、电机、变频器等装置的空间，并有高压线束等连接电缆，其主要由传动系统、行驶系统、转向系统和制动系统四大系统组成。

1. 传动系统

混合动力汽车传动系统的作用与传统汽车动力系统作用基本相同，其主要将动力系统的动力传给驱动车轮。从传动系统功能上来看，它不能实现传统汽车传动系统的如下功能：汽车减速增矩、变速、倒车、必要时中断传动系统的动力传递、必要时中断传动系统的动力传递。因为混合动力汽车将实现这些功能的部件变速器和主减速器总成融入动力系统中，所以混合动力汽车仅有动力传递功能，其主要由传动轴和等速万向节组成。

> 想一想：混合动力汽车传动系统为什么只需要动力传递功能？
> _____
> _____

2. 行驶系统

混合动力汽车行驶系统与传统汽车基本相同，其组成主要部件同样为车架、车桥、车轮和悬架等；其功用也是承受汽车的总重量和接收传动系统传来的动力，通过驱动轮和地面之间的附着作用，产生驱动力，从而克服外界阻力，保证汽车正常行驶，但是混合动力汽车由于增加了动力电池组、驱动电机的质量，为了减轻整车质量，需要采用轻质材料制造底盘总成。

3. 转向系统

混合动力汽车转向系统的作用与传统汽车转向系统作用相同，其作用同样是保证汽车能按驾驶员的意志而进行转向行驶。但是混合汽车的转向系统采用的是电子动力转向系统，它的转向助力是由安装在转向柱上的直流电动机提供的，且电动机只有在需要转向助力时才会消耗能量，所以这种转向系统能够很大程度上提高燃油经济性。所以，混合动力汽车的转向系统主要由转矩传感器、车速传感器、EPS电机、减速机构和电子控制单元（ECU）等组成，如图3-1-14 所示。

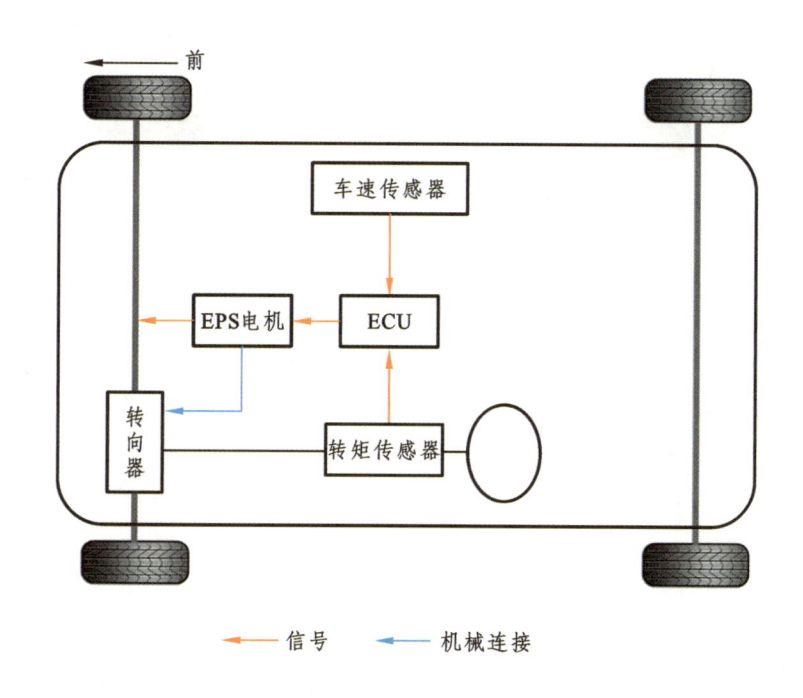

图 3-1-14 混合动力汽车转向系统组成

4. 制动系统

混合动力汽车制动系统的作用与传统汽车制动系统相同，其作用为使行驶中的汽车减速甚至停车，使下坡行驶的汽车速度保持稳定，以及使已停驶的汽车保持不动。混合动力汽车常用的制动系统有两种，一种是带电动真空助力的液压制动系统，其主要由制动助力器、电动真空泵、真空罐、储液罐、真空压力传感器、制动踏板、制动主缸、制动轮缸、制动控制单元以及制动器等组成，这种制动系统中电动真空泵根据产生真空助力储存到真储液罐中，给真空助力器提供相应的真空助力，同时制动踏板可以给电机控制器提供制动信号，有效利用制动空行程进行能量回收，提高能量回收率；另一种是电子液压制动系统，主要由制动踏板位置传感器、行程模拟器、制动控制单元、伺服单元、电磁阀、协同再生控制单元以及制动主缸和储液罐等组成（见图3-1-15），这个系统可以根据驾驶员踩制动踏板的程度和所施加的力计算所需的制动力，并在施加制动力的同时适当地吸收能量。

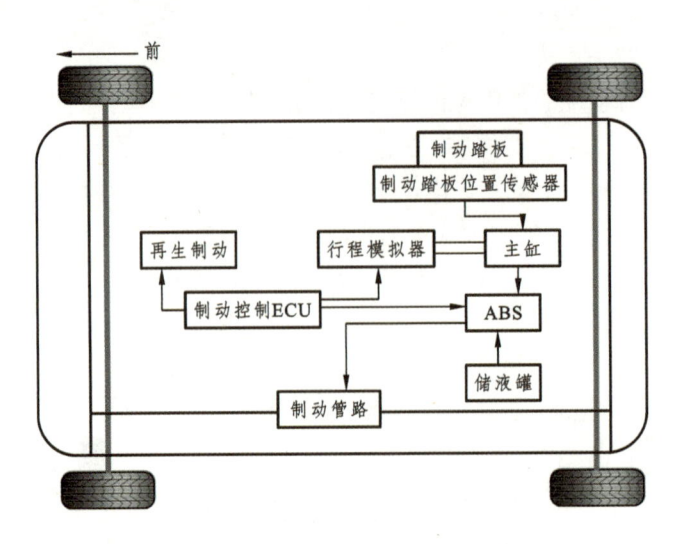

图 3-1-15　混合动力汽车制动系统组成

（四）车身

混合动力汽车采用的是承载式车身主要由车身本体、开启件、座椅、内外饰部件和安全保护装置等组成，其中开启件主要是指门、窗、行李箱和车顶盖等，而安全保护装置主要有保险杠、安全带、安全气囊等。汽车车身的作用是安全容纳驾驶员、乘客及货物，使其免受外界侵袭和恶劣气候影响，即车身可以为驾驶人提供舒适的驾驶环境，为乘客提供安全、舒适和享受的乘坐条件，保护他们尽量少受汽车行驶的振动、噪声、废气的影响，使其安全、准点到达目的地。

（五）辅助电器

混合动力汽车辅助电器主要由空调、照明、各种声光信号装置、车载音响装置、刮水器、电动门窗、电动座椅调节器、车身安全防护装置等。这些辅助装置主要为提高汽车操纵性、舒适性和安全性而设置的，可根据需要进行选用。在混合动力汽车上，有些空调系统有两种工作模式驱动的压缩机，一种是电动机驱动的压缩机，一种是发动机带动的带电磁离合器的压缩机。电动压缩机可以配合不同工况下的车内空调使用，同时也可以空调压缩系统可以按照制冷量的变换调整运转速度，不受车速或汽车驱动力的变化而受影响。

> 想一想：为什么混合动力汽车的压缩机有两种？
> _____
> _____

三、混合动力汽车控制原理

混合动力汽车行驶之初，动力电池处于电量饱满状态，提供电能带动电动机运转驱动车轮带动汽车行驶，发动机不需要工作；当动力电池的电量低于一定值时，发动机直接带动汽车行驶或者发动机发电一边给动力电池充电，一边给电动机供电带动汽车行驶；当汽车功率需求较大时，发动机与电力驱动系统同时为驱动系统提供能量；当车辆功率需求较小时，发动机为电力驱动系统提供电能的同时，还可以对动力电池组进行充电。由于动力电池的存在，使发动机工作在一个相对稳定的工况，使其排放得到改善。在某些混合动力汽车上，动力电池组起平衡发电机输出功率和电动机输入功率的作用，当发电机的输出功率大于电动机所需的功率时（如汽车减速滑行、低速行驶或短时停车等工况），控制器控制发电机向动力电池组充电；当发电机的输出功率低于电动机所需的功率时（如汽车起步、加速、高速行驶或爬坡等工况），动力电池组则向电动机提供额外的电能。

1. 电力驱动

混合动力汽车在车辆处于启动、低速及轻载运行时，发动机关闭，车辆由电机驱动，为纯电动工况。尤其是在启动时，电动机在转速为 0，额定转矩能实现 100%传输，所以在汽车初始加速过程中电动机可提供比发动机更好的性能。在电力驱动过程中，发动机保持关闭状态。

2. 发动机驱动

混合动力汽车动力电池亏电或者电量过低时。为了保证车辆正常行驶，发动机在驱动车辆行驶的同时向动力蓄电池补充充电。根据混合动力汽车控制逻辑，一般是在动力电池电量低于一定值的情况下或者汽车输出功率不足时，发动机处于驱动状态。

3. 混合动力驱动

混合动力汽车行驶过程中，所需的功率，电动机不能满足混合动力汽车加速、爬坡时，发动机和电机同时工作驱动车辆行驶。

4. 再生制动

再生制动（Regenerative Braking）也称反馈制动，是一种多使用在汽车或铁路列车上的制动技术，汽车行驶过程中可以获取汽车制动或空挡滑行时浪费掉的能量，是一种降低能耗、减少排放、增加续驶里程的重要手段。非混合动力汽车在制动时，制动系统将汽车的动量转化为热能，因此在制动时，汽车在运动时"储存"在汽车内的动能被浪费掉了。在混合动力中，这些在制动空挡滑行时浪费掉的汽车能量的一部分可通过电动机转化为电能，电动机将作为发电机工作，在使汽车制动的同时产生电能并向混合动力蓄电池充电。

> 想一想：混合动力汽车只要减速或制动时就进行能量回收吗？
> _____
> _____

四、混合动力汽车特点

混合动力汽车是电动汽车中最具有产业化和市场化前景的车型，具有以下特点。

1. 混合动力汽车优点

（1）发动机和电机动力可互补，发挥内燃机和发电机各自的优势。

混合动力汽车动力分配以电驱为主，当驱动电机功率不足时，使用发动机介入工作，此时发动机处于油耗低、污染少的最优工况下工作。当动力电池电量不足时，富余的发动机功率可通过发电机给动力电池充电，因为发动机可持续工作，动力电池又可以不断得到充电，所以其行程和传统汽车一样。

（2）由于有了电池，可以十分方便地回收制动时、下坡时的能量。

（3）在繁华市区，可关停内燃机，由电力单独驱动，实现"零"排放。

（4）可让电池保持在良好的工作状态，不发生过充、过放，延长其使用寿命，降低成本。

（5）与纯电动汽车相比行驶里程延长了2~4倍，并能添加汽油或柴油。

（6）内燃机主要工作在较好工况点附近，燃烧充分，排放气体较干净，起步无怠速。

（7）电池组的小型化使成本和重量低于电动汽车。

（8）能满足日益严格的环保法规要求。

可实现制动能量回馈，进一步降低汽车的能量消耗和排放污染。

2. 混合动力汽车缺点

（1）相较于电动车，仍有废气排放问题。

（2）在动力电池电量较低时长距离、长时间高速或匀速行驶基本不能省油。

（3）混合动力系统构成复杂，维修困难。

（4）相关产品定价过高，电动机和内燃机两套动力系统的造价远比一套动力系统的成本高。

温馨提示（思政）

学生通过学习混合动力汽车的结构原理和特点，认识到混合动力汽车的出现为汽车产业的发展带来了新的机遇和挑战，也是汽车技术的一次重大科技创新。这说明汽车行业的发展离不开科技创新。创新是推动社会技术的重要力量，也是现代经济发展的重要支撑。我国各大车企都鼓励员工进行技术创新，中国一汽重视基础元器件的创新，持续奋进在自主创新的道路上，坚持全球化研发布局，充分利用国内外优势人才、优势资源、优势环境，在新平台、新智能、新材料、新工艺等领域深入推进科技创新。

创新不是一瞬间的灵感，而是来自对专业知识的学习与积累，来自对气压传动全身心的投入。深耕气压传动技术领域，不断创造，方能带来源源不断的生命力。

同学们想一想，该如何提升自己的创新精神和创新能力，在未来竞争激烈的职场中占有一席之地？

【任务测评】

一、判断题

1. 在串联式的混合动力汽车中，电机既有发电机的作用也有电动机的作用。（   ）
2. 插电式混合动力汽车的电池容量更大，可以支持行驶的里程更长。（   ）
3. 轻型混合动力汽车是在传统内燃机的启动电机上加装了皮带驱动启动电机。（   ）
4. 中度混合型混合动力汽车。该系统同样采用了 ISG 系统。（   ）
5. 非插电式混合动力汽车必须加油。（   ）

二、选择题

1. 轻混合动力系统的混合度通常在（   ）以下。【单选题】
   A. 5%   B. 20%
   C. 50%   D. 80%
2. 混合动力汽车的动力系统主要由（   ）等组成。【多选题】
   A. 发动机   B. 电力驱动装置（电动机）
   C. 电能装置（动力电池） D. 动力耦合装置
3. （   ）是混合动力汽车的心脏。【单选题】
   A. 电动机   B. 动力电池
   C. 整车能量控制系统   D. 动力系统
4. 车速传感器属于底盘中的（   ）系统。【单选题】
   A. 转向系统   B. 传动系统
   C. 制动系统   D. 行驶系统
5. 动力耦合装置属于混合动力汽车的（   ）系统。【单选题】
   A. 动力系统   B. 控制系统
   C. 底盘   D. 车身

三、简答题

1. 请简述混合动力汽车组成及各部分的作用。
2. 请简述混合动力汽车的工作原理。

任务二　典型混合动力汽车动力系统结构

混合动力汽车中的动力系统是混合动力汽车动力源，是混合动力汽车的核心系统，是指由发动机或者电动机等能提供动力的系统，在混合动力汽车的工作过程中发动机和电动机可以根据车辆的不同工况选择两者配合工作还是独立工作。本任务主要介绍典型车型混合动力汽车动力系统的组成和工作原理（见图3-2-1）。

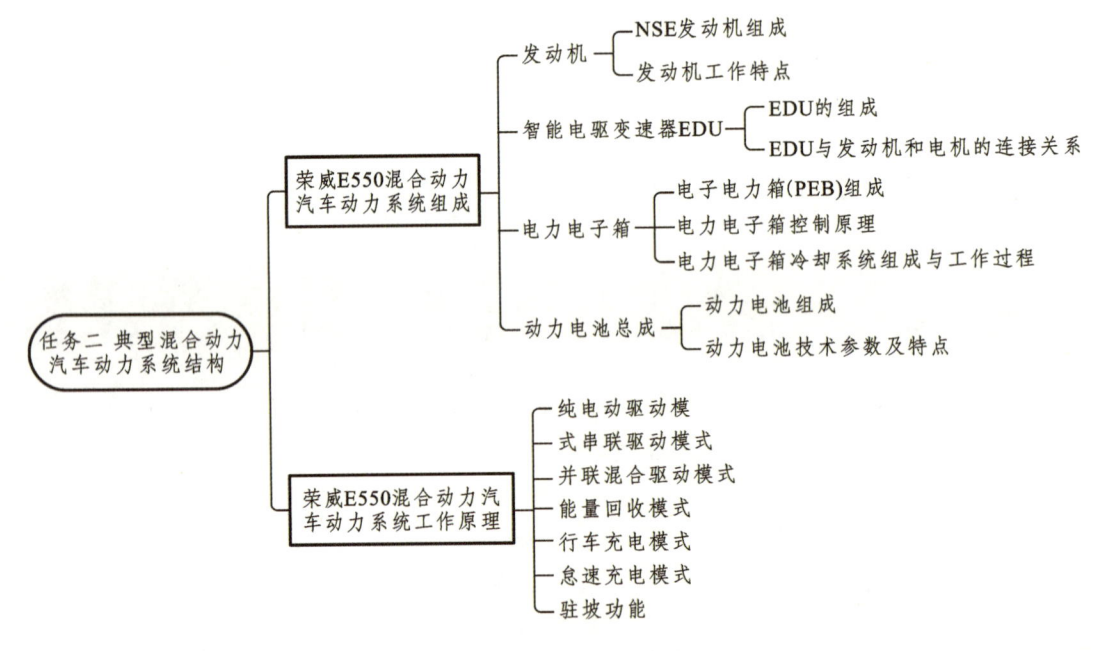

图 3-2-1　任务二知识框架

【学习目标】

知识目标：

（1）描述典型混合动力汽车动力系统的结构。
（2）总结典型混合动力汽车动力系统的工作原理。

能力目标：

（1）具备识别混合动力汽车动力系统类型的能力。
（2）具备根据车辆结构特点，判断车辆类型的能力。

素质目标：

（1）通过荣威 E550 混合动力汽车结构的学习，理解其发动机的特点、智能电驱变速器（EDU）、电子电力箱（PEB）和动力电池的结构，提高知识学习和应用能力。

（2）通过荣威 E550 混合动力汽车工作原理的学习，学会工作原理的分析，提高分析问题、解决问题的能力。

【获取信息】

荣威 E550 是一种插电式混合动力汽车，它由一台 1.5 L 汽油发动机、ISG 启动发电一体机以及 TM 牵引电机三大部分以及两套离合器共同构成。荣威 E550 这辆车的混合动力的输出是由一套电驱变速器（(Electrical Drive Unit，EDU)），它集成了电机与变速箱两部分，可以提供经济模式（E）、普通模式（N）、山地模式（M）三种驾驶模式。同时，电驱变速器（EDU）可以实现三个动力输出单元之间的串/并联混合驱动和油/纯电驱动模式之间的切换，从而使发动机尽可能工作在热效率最高的区间内。

一、荣威 E550 混合动力汽车动力系统组成

荣威 E550 采用的是典型的全混型混联式混合动力系统，它以电驱动变速器 EDU 为核心，配以传统汽油发动机、ISG 电机、TM 电机三个动力源和能量/功率平衡型纳米磷酸铁锂电池，并具备外接充电功能。一般，混联式混合动力汽车主要由电动机、发动机、动力电池、发电机、动力耦合装置、电机控制器等组成。荣威 E550 混合动力汽车的动力系统中的两个电机和动力耦合装置等集合组成电驱变速器（EDU），而两个电机控制器和 DC/DC 转换器集合组成了电力电子箱（Power Electronic Box）。所以，荣威 E550 混合动力汽车的动力系统由发动机、电驱变速器（EDU）、电力电子箱（PED）、动力电池、车载充电器、冷却系统及低压电源等组成（见图 3-2-2）。

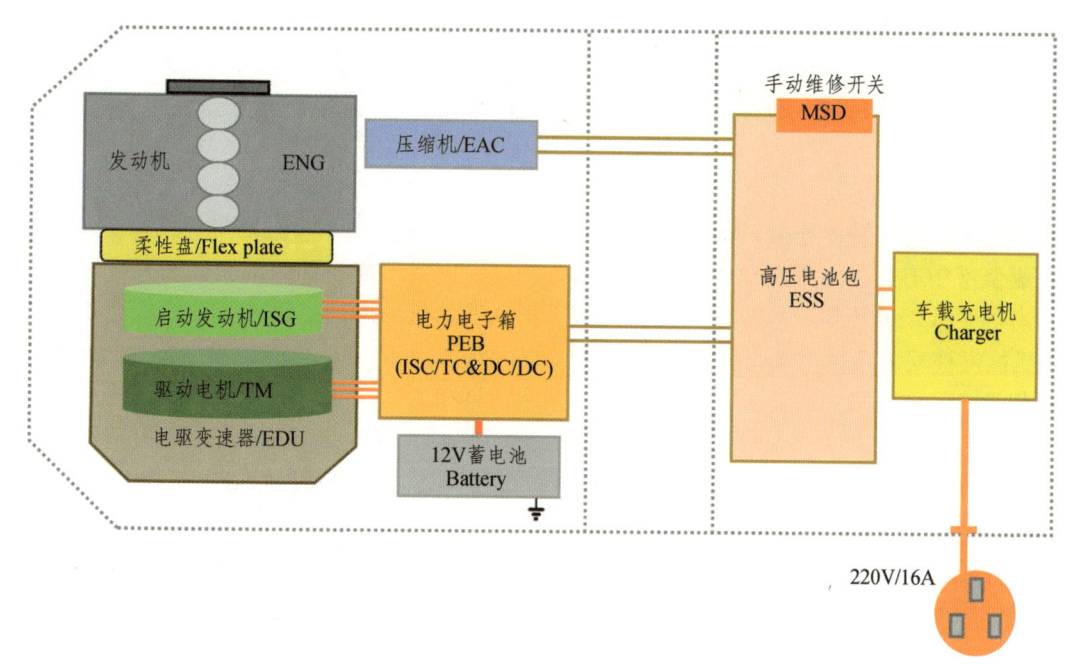

图 3-2-2 荣威 E550 动力系统组成

(一)发动机

荣威 550 混合动力汽车采用的是 NSE 1.5L 汽油发动机,其最大功率是 109 马力,最大扭矩为 135 N·m。NSE 发动机为直列 4 缸、16 气门、双顶置凸轮轴结构、正时链传动、电子控制多点燃油喷射系统。该发动机位于车辆的前机舱内与电动机连接,如图 3-2-3 所示。

图 3-2-3 荣威 550 混合动力汽车发动机位置

1. NSE 发动机组成

NSE 发动机主要由曲柄连杆机构、配气机构、燃油供给系统、冷却系统、润滑系统、点火系统、进排气系统、起动系统组成。其结构及原理与其他发动机类似,此处不再赘述。同时 NSE 发动机也有自己独有的特点,具体内容如下:

(1)气缸盖特点

气缸盖为铸铝材料,通过 10 个高强度螺栓穿过多层缸垫与铸铁缸体连接,另有 3 个高强度螺栓直接与铸铁缸体连接,整体强度大,结构可靠。气缸盖采用每缸四气门结构,火花塞布置在燃烧室中心,由于采用顶置式气门机构,燃烧室内将形成强劲的涡流,使混合气分布均匀,有利于火焰的传播,以改善燃烧情况从而提高发动机的燃油经济性、动力性能和排放性能。机械挺柱安装在每个气门顶部,由凸轮轴直接驱动。气门杆油封压装在缸盖油封座上,同时可作为气门弹簧座,支撑气门弹簧。排气门是除积炭型的,侧面经过加工的气门杆可清除气门导管末端及燃烧室中的积炭,从而防止气门咬死。多层结构金属材质气缸垫,缸口部位使用压圈结构,加强了缸口处的密封,采用局部橡胶涂层工艺,保证密封性能。

(2)凸轮轴特点

凸轮轴前轴承盖处有四条油道,一条进油道,一条回油道和两条工作油道。机油通过油道进入机油控制电磁阀。进气凸轮轴尾端装配有凸轮轴信号轮,为凸轮轴位置传感器提供信号。凸轮轴上有正时销孔,用于装配时控制凸轮轴正时相位。在进气凸轮轴的传动端上安装有调相器,用螺栓将其固定。调相器的主要零件使用粉末冶金制成。由正时链驱动的外壳体(定子)

通过凸轮轴端部固定的五个叶片以液压的方式与内转子连接。当发动机不运行时，一个弹性载荷的销子将调相器的两半锁止在一起；当发动机运行时以液压方式松开，以保证平稳起动。在前端凸轮轴承盖上安装有一个机油控制阀，并用一个 O 形圈密封和一个螺栓固定。控制阀是一个四通的比例阀，包括一个进油口，一个回油口和两个与调相器工作室相连的油道。

（3）气缸体特点

气缸体采用常用铸铁材料 HT250，整体强度大，不易变形。通过缸孔珩磨形成缸套。为保证缸体的散热效果，相邻两缸间加工有 Y 形水道。铝合金热膨胀活塞装有半浮动式活塞销，发动机冷机时该活塞销会偏向上推测，以减少活塞撞击，并且在连杆小头端采用过盈配合。每个活塞装有两道气环和一道油环。锻钢连杆具有"H"型截面的构造。连杆的大头端在曲轴颈的轴瓦上运动。连杆采用锻造+（结合）裂解工艺。曲轴具有 4 个平衡块，由五个轴瓦承支撑。通过中央主轴瓦顶部的止推垫片控制端浮动。轴瓦的径向间隙是可选的，由两个不同等级的轴瓦控制的。主轴瓦上半部分提供的油槽通过曲轴中的油孔向连杆大头轴瓦供油。

（4）下曲轴箱特点

下曲轴箱总成包括下曲轴箱、机油泵总成、机油集滤器、机油滤清器。铝制下曲轴箱的形状设计成适合积蓄机油集滤器周围的机油的形状，机油泵和机油集滤器组合后装配到下曲轴箱底部，机油通过有滤网的机油集滤器，经过机油泵的加压，再通过机油滤清器。干净无杂质的机油通过机体的主油道分配到主轴承和缸盖，用于润滑曲轴，连杆和凸轮轴等零件。下曲轴箱和机体结合面处使用涂胶密封，使用螺栓固定，放油螺栓位于下曲轴箱左侧（发动机前端面方向）。

（5）发动机特点

附件为曲轴带轮通过的单条弹性皮带驱动水泵。

（6）曲轴箱通风

通风系统通过进气系统的真空度将窜入曲轴箱内的废气重新引入进气系统引入气缸内燃烧掉，减少空气污染。曲轴箱内的油气通过凸轮轴盖罩里的机油分离装置进行油气分离，机油流回曲轴箱内。

2. 发动机工作特点

NSE 发动机是四冲程汽油发动机，其工作原理与传统发动机一样。润滑系统是全流式过滤、强制供油系统，机油是由机油泵通过机油集滤器从油底壳内吸上来，机油集滤器具有滤网，可以防止杂质进入机油泵。带有限压阀的机油泵由曲轴通过链条驱动。当机油压力达到一定压力时，限压阀会打开，多余的机油回流到机油泵的进油一侧，使油压维持在一定的工作压力范围内，保证发动机运转正常。从机油泵出油口流出的机油进入全流式机油滤清器。全流式机油滤清器直接安装在油底壳上，机油滤清器装有旁通阀，当滤芯发生阻塞时，该阀打开，保证机油通畅，但需要尽快更换机油滤清器。随后，机油进入主油道，然后通过交叉油路直接润滑主轴瓦，曲轴上的交叉油路，可以把机油从主轴瓦输送到连杆大头轴瓦。气缸盖有两个侧油道与机体的主油道连接，机油进入侧油道后进入 2 个标准长度的横向油道，向每个机械挺柱和凸轮轴轴径供给机油，在横油道后端装有机油压力开关和机油温度传感器，分别监控机油压力和机油温度。曲轴飞溅起的机油润滑缸壁，由活塞冠部下侧收集的机油润滑连杆小头端，并通过油路将机油从连杆小头端进入到活塞销。发动机管理系统（ECM）用来控制发动机工作的各个方面。系统从各种传感器接收输入，利用它们确定输出，包括传送给燃烧室的燃油量、点火时间和供气控制等。NS 发动机使用两种 ECM，BOSCH ME 7.9.7 和 BOSCH ME 17.8.8。这是连续型，多点燃油喷射系统，由 ECM 控制，并采用结合电子节流控制的速度/密度原理。发动机管理系统的控制的目的是：提高动力性、降低油耗、减少排气污染。荣威 E550 发动机技术参数如表 3-2-1 所示。

表 3-2-1　荣威 E550 发动机技术参数

型式	1.5L、直列 4 缸、自然吸气、可变进气凸轮正时
额定功率	80 kW（6 000rev/min）
最大扭矩/转速	135N·m（/4 500 rev/min）
缸径 x 行程 [mm]	75 mm×84.8 mm
发动机排量	1.498 L
压缩比	10.5∶1
气门结构	齿形链条驱动、双顶置凸轮轴、16 气门
燃料种类	车用 93#或以上无铅汽油（GB 17930-1999） 注：在已置换京五油品的地区建议使用 92 号或更高标号的无铅汽油
供油方式	电控燃油缸内直接喷射
点火顺序	1—3—4—2
机油	指定认可专用油
尾气排放系统	三元催化转换器
增压	废气涡轮增压
气缸体材质	铝合金

> 想一想：荣威 E550 混合动力汽车的发动机可以用到燃油汽车上吗？

（二）智能电驱变速器

荣威 E550 的智能电驱变速器（Electric Driver Unit，EDU）位于机舱左侧，如图 3-2-4 所示。整个动力总成通过四个悬置分别固定于副车架和纵梁上。智能电驱变速器（EDU）的作用是将发动机、TM 电机、ISG 电机的动力进行传递和分配，使驾驶员能快速、安静、平稳地进行挡位切换和速度匹配，实现近 DCT 的驾驶感受。

图 3-2-4　荣威 E550 智能电驱变速器位置

荣威 E550 智能电驱变速器位置

1. 智能电驱变速器的组成

荣威 E550 动力系统的智能电驱变速器（EDU），集成了两个电机、两个离合器和一个齿轮变速机构，等于把汽车的动力单元和传动单元都集成在一起，所以智能电驱变速器 EDU 主要由 TM 电机、ISG 电机、C1 离合器、C2 离合器、齿轮变速机构、液压控制模块等组成，如图 3-2-5 所示。发动机侧的是常开 C1 离合器而 TM 电机侧的是常闭 C2 离合器，可实现发动机、TM 电机和 1SC 电机三个动力输出的任意组合，及时消除了拖拽的动力损失，大大提高了汽车的驱动效率。荣威 E550 混合动力汽车上的两个电机都在这个变速箱中，整个单元重量大约在 115 kg，体积较小，位于发动机的右侧。

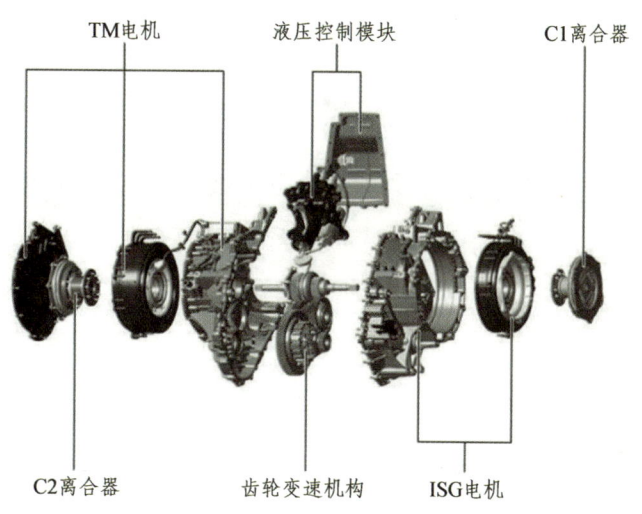

图 3-2-5　DCT 变速器基本结构

（1）TM 电机

TM 电机是一种扁平电动机，与其他电动机组成原理相同，只是在结构和外形尺寸的比例上有所不同。一般电动机为了减少其转动惯量，大部分做成细长圆柱形。而直流力矩电动机为了能在相同的体积和电枢电压下产生比较大的转矩和低的转速，一般做成圆盘状，电枢长度和直径之比一般为 0.2 左右；从结构合理性来考虑，一般做成永磁多极的。为了减少转矩和转速的波动，选取较多的槽数、换向片数和串联导体数。具有高耦合刚度、高线性度、高转矩惯量比，在短时间内可以输出峰值转矩，能在低速甚至堵转状况下连续运行，同时也可以达到节省空间的目的。具体参数如表 3-2-2 所示。

表 3-2-2　TM 电机技术参数

项　目	参　数	
	EDU（A123 电池）	EDU（LG 电池）
持续功率/峰值功率	26km/44kW	30km/60kW
额定转矩/峰值转矩	83km/317kw	147km/318kW
额定转速/峰值转速	3 000r/min/7 000r/min	2 000r/min/7 000r/min
最大输入扭矩	约 317N·m	约 318N·m
最高输入转速	7 000r/min	

（2）ISG 电机

ISG 电机是作为发电机及制动回收能量的装置，在车辆启动时作为起动机使用。直接集成在发动机主轴上。ISG 电机也是一种单轴并联中度混合式电机，采用发动机和电机扭矩叠加方式进行动力混合，发动机与电机和变速器相关联，按照不同的行驶工况要求，发动机的扭矩与电机的扭矩在变速器前进行多种形式的复合以实现最优的驱动效率，以发动机为整车主动力源，电机系统起"补缝平谷"作用。在加速时，电机助力，弥补发动机低速扭矩低的不足，在减速和制动时实施刹车能量回收，使电机发电并储存于动力电池中。在停车时发动机关闭，消除油耗高、排放差的怠速状态；启动时电机则瞬时启动发动机进入工作状态，ISG 系统结构简单、紧凑、重量轻，可以大幅度改善燃油经济性、降低排放。ISG 电机技术参数如表 3-2-3 所示。

表 3-2-3　ISG 电机技术参数

项　目	参　数	
	EDU（A123 电池）	EDU（LG 电池）
持续功率/峰值功率	14km/23kW	16km/32kW
额定转矩/峰值转矩	53km/147kW	79km/150kW
额定转速/峰值转速	2 500r/min/6 000r/min	2 000r/min/6 000r/min
最大输入扭矩	约 147N·m	约 150N·m
最高输入转速	6 000r/min	

（3）双离合器

双离合器也就是 C1 离合器和 C2 离合器，发动机侧的是常开 C1 离合器而 TM 电机侧的是常闭 C2 离合器，可实现发动机、TM 电机和 1SC 电机三个动力输出的任意组合，及时消除了拖拽的动力损失，大大提高了汽车的驱动效率。

(4)齿轮变速机构

齿轮变速机构主要用于协调发动机的转速和车辆的实际行驶速度，以适应经常变化的行驶条件，并使发动机在有利（功率较高而油耗较低）的工况下工作；还能保证发动机在旋转方向不变的前提下使汽车倒退行驶。该机构位于发动机与传动轴（半轴）之间，由变速箱壳体进行保护支撑，它主要由齿轮传动机构和变速操纵机构两部分组成。齿轮传动机构主要包含输入轴、输出轴、倒挡轴和差速器等部件，主要用于传递发动机的扭矩，并改变动力传动比，以匹配车辆的运行速度。变速操纵机构主要包含同步器、换挡拨叉和驻车锁等主要部件。该机构主要用于控制齿轮组件，实现变速器传动比的变换，以达到变速变矩。

(5)液压控制模块

液压控制模块主要由电子泵总成、压力调节阀、油路、油管、电磁控制阀等组成。用于调节主线（换挡控制）油路压力和控制分离离合器的启闭电磁控制阀。电子泵总成的进口浸没于变速器油箱的油液内，电子泵总成的出口与主油路连通，用于泵送油液至主线油路内；主线压力调节阀的油液入口通过第一油管与主线油路连通，主线压力调节阀的油液输出口与泄压油管连通；电磁控制阀的油液入口通过第二油管与主线油路连通，电磁控制阀的油液输出口与分离离合器内控制油路的输入端连通，以使得分离离合器的启闭与电磁控制阀上油液输出口的油压相关联。

2. 智能电驱变速器与发动机和电机的连接关系

智能电驱变速器（EDU）跟发动机和电池等部件的连接关系，如图 3-2-6 所示，EDU 布置在发动机的右侧，发动机跟 ISG 电机相连并通过 C1 离合器连接中间的齿轮组，中间是两挡齿轮组，再往右则是 C2 离合器和 TM 电机。同时由于连接发动机的 C1 离合器是设定为常开，而连接主电机 TM 的 C2 离合器设定是常闭，可见该系统在多数电力充足的情况下都是倾向于以电动机驱动为主，在电量低或者需要大扭矩的时候，才会需要发动机介入，这样的设计更接近电动车，减少发动机介入有利于降低油耗。

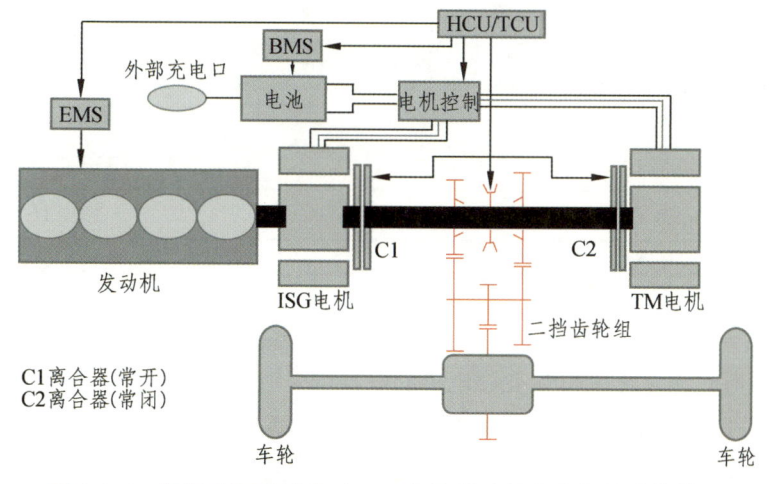

图 3-2-6　智能电驱变速器（EDU）跟发动机和电机的连接关系

纯电模式下 TM 电机通过 C2 离合器将动力传递至输入轴，再经由同步器啮合的挡位将动力通过差速器传递到车轮，当车速达到 40～60 km/h 时，HCU/TCU 等 TM 电机限扭输出，通过控制液压模块将 C2 离合器分离,并迅速地控制拨叉进行换挡,换挡结束后释放 C2 离合器并恢复 TM 电机的动力输出。

> **想一想**:荣威 E550 的智能电驱变速器 EDU 可以用到丰田普锐斯混合动力汽车上吗?

(三)电力电子箱

电力电子箱(Power Electronic Box,PEB)位于引擎舱左后侧位置,外观如图 3-2-7 所示,其具有高度集成化、良好的 NHV(Noise、Vibration、Harshness、噪声、振动与声振粗糙度)性能、高绝缘性在线监测功能、高压连接监测功能和先进的 IP67 防尘防水等级。

图 3-2-7　电力电子箱外观

表 3-2-4　电力电子箱技术参数

特 性	指 标
全负荷工作电压	230 ~ 350V
TM/ISG 最大电流	340 A/150 A
DCDC 输出电压	12 ~ 16 V
DCDC 峰值输出功率	2.5 kW
防护等级	IP67

电力电子箱是控制 TM 电机和 ISG 电机的电器组件,在高速 CAN 上与 HCU、IPK、BCM、BMS、PMU、EPB 等控制器通信。软件接收 HCU 的扭矩命令以控制 ISG 电机和 TM 电机,同时电力电子箱控制器带有自诊断功能,确保系统安全运行。

1. 电子电力箱组成

电力电子箱系统内部集成以下主要部件:TM 控制器、ISG 控制器、逆变器、DC-DC 转换器（见图 3-2-8）。

（1）TM 电机控制器

将直流高压电转换为交流电，根据 HCU 的信号，对 TM 电机进行高精度与高效能的扭矩以及速度调节。

（2）ISG 电机控制器

将直流高压电转换为交流电，根据 HCU 的信号，对 ISG 电机进行高精度与高效能的扭矩以及速度调节。

（3）直流转换（DC-DC）

将直流高压电转换成直流低压电，为低压 12V 蓄电池和低压电器供电。

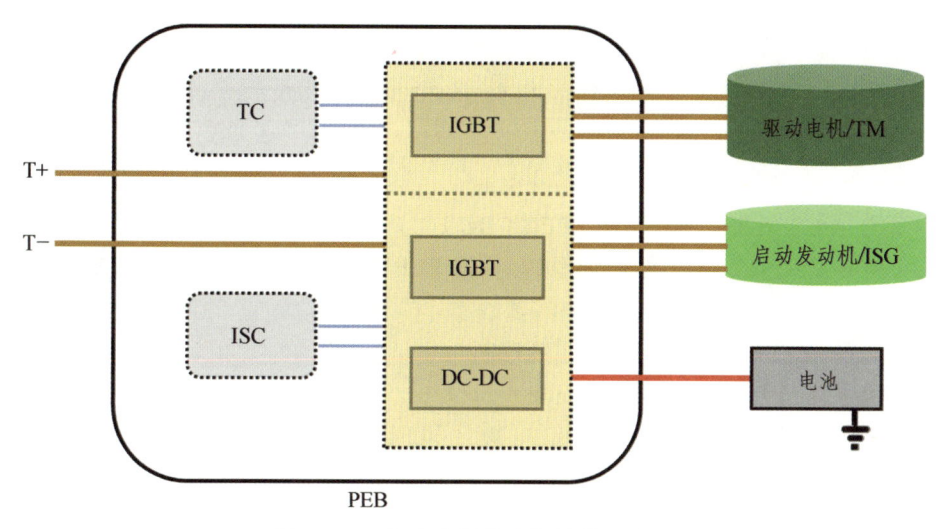

图 3-2-8　电力电子箱内部结构示意图

2. 电力电子箱控制原理

（1）低压电源管理单元（PMU）

当点火钥匙在 KL15 位置时，PMU 将通过 HCU 给电力电子箱发送一个目标电压。电力电子箱通过 HCU 向 PMU 返回状态值；当点火钥匙在关闭位置时，PEB 将断开高压系统与低压系统的连接。

（2）仪表显示（IPK）

PEB 将实时向 IPK 发送电机与逆变器温度信号，当温度超过限值时仪表将点亮报警灯。

（3）自动空调（ATC）

① PEB 接收来自 ATC 的冷却液温度信号，控制传动系统冷却泵。当点火钥匙在 KL15 位置，高压上电，高压电池包温度上升到界定温度时，水泵将会开始工作。

② 冷却液温度传感器安装在靠近电力电子箱的冷却液入口处。

③ 冷却液的温度应该控制在 65℃以下，最佳工作温度范围为 55℃以下，当冷却液温度超过 85℃时，电力电子箱将停止工作。

（4）电池管理系统（BMS）

① PEB 根据 BMS 传递的参数信号为电池提供保护，这些参数信息包括最大充电电流、

131

最大放电电流、最大峰值电压、最小峰值电压。

②当 BMS 断开 HV 的连接时，PEB 会释放电容中的电量。

（5）混动控制单元（HCU）

①HCU 会检测计算 TM 和 ISG 电机所需的扭矩，并将此扭矩信号发给 PEB，使 PEB 能够通过对 TM 和 ISG 电机输出扭矩的控制驱动车辆。

②HCU 同时会检测计算 TM 和 ISG 电机所需的转速，并将此转速信号发给 PEB，使 PEB 能够通过对 TM 和 ISG 电机转速的控制驱动车辆。

③PEB 从 HCU 接收设定的电压信号，由此精确控制 DC-DC 转换，从而为低压用电器提供适宜电压，或为蓄电池充电。

3. 电力电子箱冷却系统组成与工作过程

电力电子箱（PEB）和智能电驱变速器（EDU）共用一个冷却系统，统称为传动系统（PEB/EDU）冷却系统。

（1）传动系统（PEB/EDU）冷却系统组成

传动系统（PEB/EDU）冷却系统（PEB/EDU）主要由冷却泵、温度传感器、PEB、EDU 和传动系统（PEB/EDU）低温散热器等组成。根据 PEB 和 EDU 部件的温度，PEB 模块管理传动系统（PEB/EDU）冷却泵的开启和关闭。

（2）传动系统（PEB/EDU）冷却系统控制

①传动系统（PEB/EDU）冷却泵控制。

传动系统（PEB/EDU）冷却泵开启条件：PEB 和 EDU 中的部件的温度，有一个高于阈值。

传动系统（PEB/EDU）冷却泵关闭条件：PEB 和 EDU 中的部件的温度，全部低于阈值。

②传动系统（PEB/EDU）冷却温度控制。

传动系统（PEB/EDU）通过冷却液温度传感器接收信号，经由 HCU 通过高速 CAN 将信号发送给 ECM，ECM 控制冷却风扇，从而来控制传动系统（PEB/EDU）的温度。

③传动系统（PEB/EDU）冷却液温度警告。

传动系统（PEB/EDU）冷却液温度传感器将信号传给 HCU，HCU 经过高速 CAN 传给 BCM，BCM 通过中速 CAN 将信号传给 IPK。

（3）传动系统（PEB/EDU）冷却系统工作过程

当传动系统（PEB/EDU）部件温度较低时，传动系统（PEB/EDU）冷却泵没有运转，冷却液没有循环起来。当传动系统（PEB/EDU）部件温度升高，冷却泵运转，冷却液在 PEB、传统系统（PEB/EDU）膨胀水箱、EDU、传统系统（PEB/EDU）冷却液泵、传动系统（PEB/EDU）低温散热器之间循环。由热膨胀产生压力的变化通过传动系统（PEB/EDU）冷却系统膨胀水箱平衡。

想一想：荣威 E550 的电力电子箱 PEB 与混合动力控制单元的区别是什么？

（四）动力电池总成

荣威 E550 动力系统采用的是磷酸铁锂电池（LiFePO$_4$ 电池），全名是磷酸铁锂离子电池。

1. 动力电池组成

荣威 E550 动力电池总成主要由电池模块、电池管理控制器、监控及均衡板（MBB）/电芯监测模块（CMU）、高压电力分配单元、高低压线束及连接、冷却系统、外壳等组成，如图 3-2-9 所示。

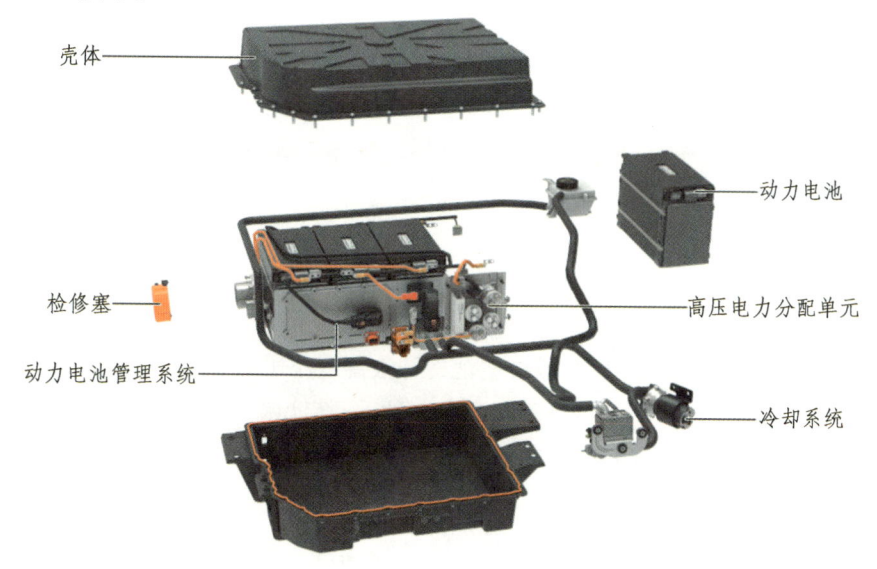

图 3-2-9　荣威 E550 动力电池组成

荣威 E550 动力电池组成

（1）动力电池

荣威 E550 根据供应商的不同，采用 A123 电芯和 LG 电芯两种类型的动力电池，两种电池结构和电芯模块数量不同。其中，采用 A123 电芯的动力电池包含 M1～M4 共 4 个电芯模块；采用 LG 电芯的动力电池包含 M1～M3 共 3 个电芯模块。

（2）电池管理控制器（BMS）

电池管理控制器（BMS）用来汇总内部控制器采集的电池信息，通过一定的控制策略，向整车控制器提供电池运行状态的信息，响应整车高压回路通断命令，实现对电池的充放电和热管理。

（3）监控及均衡板（MBB）/电芯监测模块（CMU）

监控及均衡板（MBB）MBB 适用于采用 A123 电芯的高压电池包，采集电芯电压、温度信息并通过 CAN 上传至 BMS。当电芯电压超过一定的范围时，实现电芯电压均衡控制。电芯监测模块（CMU）适用于采用 LG 电芯的高压电池包，采集电芯电压、温度信息并通过 CAN 上传至电池管理控制器（BMS）。

（4）高压电力分配单元（EDS Module）

高压电力分配单元（EDS Module）可以通过不同高压继电器的通断，实现各个高压回路的通断。

（5）冷却系统

荣威 E550 动力电池的冷却系统主要由热交换器、电池冷却泵、冷却水壶和管路组成（见图 3-2-10）。其中电池冷却器（Chiller）是电池冷却系统的一个关键部件，它负责将冷却电池的冷却液降温。电池冷却器分别包括以下组件：电池冷却器芯体、电池冷却器膨胀阀、电池冷却器支架、制冷剂进排气管，冷却液进出硬管、冷却器支架防震垫、O 形圈和安装螺栓。荣威 E550 动力电池的冷却系统除了依靠系统自身的电池冷却泵、冷却水壶和管路进行冷却，还可以通过热交换器与汽车控制制冷系统配合冷却，以达到最佳的冷却效果。

① 电池冷却控制。

高压电池包中包含了多个电池温度传感器，电池温度传感器将信号传感 BMS，BMS 控制电池冷却泵的

开启与关闭。当最高电池温度大于 36℃时，电池冷却泵开启；当最高电池温度小于 33℃时，电池冷却泵关闭。

② 电池冷却温度控制。

当最高电池温度大于等于 32℃并且电池冷却泵开启时，自动空调控制器会开启电池冷却。当最高电池

温度小于等于 28℃或者电池冷却泵关闭，或者电池冷却液温度小于等于 10℃时，自动空调控制器会关闭电池冷却。电池冷却器膨胀阀电磁阀开启 5 秒后开启压缩机；压缩机关闭 5 秒后电池冷却器膨胀阀电磁阀关闭。如果乘客舱和电池冷却不能同时满足，系统会优先满足电池冷却，牺牲乘客舱制冷的需求。

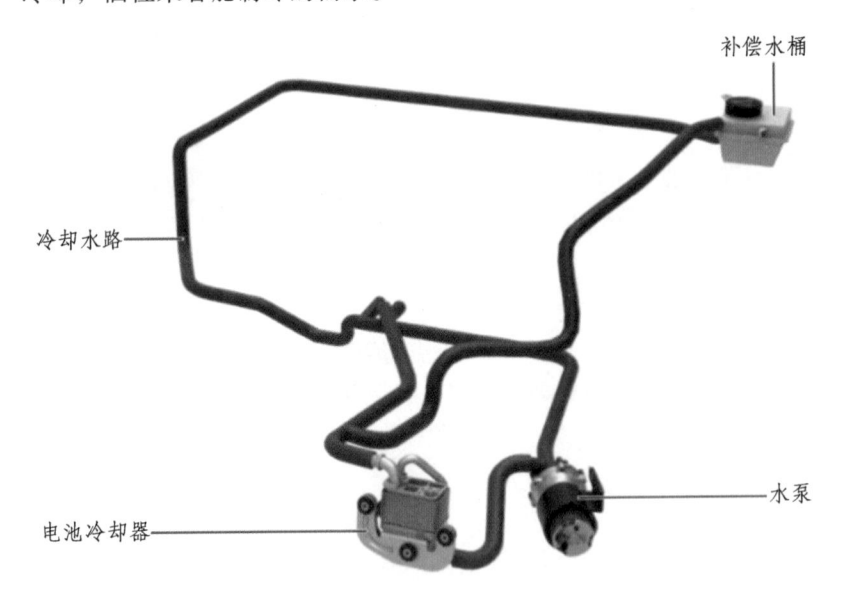

图 3-2-10 荣威 E550 动力电池冷却系统组成

荣威 E550 动力电池冷却系统组成

2. 动力电池技术参数及特点

荣威 E550 的插电混合动力汽车动力技术参数见表 3-2-5。

表 3-2-5　ISG 电机技术参数

特　性	指　标
寿命初始的总能量/kW·h	11.8
寿命初始的总容量/A·h	40
工作温度范围/℃	−30～60
额定电压/V	290～310
重量/kg	150
尺寸/mm	1082×682×311

动力电池系统具有以下特点：
① 方形结构有利于提高空间利用率。
② 结构比例适用于大部分纯电动和混合动力车型。
③ 大表面设计有利于传递热量，适用于风冷和液冷系统。
④ 正极材料具有高能量密度、高热稳定性（高安全性）、长寿命等特点。
⑤ 正负电极片同在单体电池上部，有利于组装和集成。

二、荣威 E550 混合动力汽车动力系统工作原理

荣威 E550 在 EDU 电驱变速箱的支持下，有 8 种驱动模式，包括纯电驱动模式、串联驱动模式、怠速充电模式、行车充电模式、并联驱动模式、发动机驱动模式及能量回收模式，再加上最后一种外接充电模式。电脑会自动匹配当前驾驶情况和剩余电量从而进行切换，自动匹配合适的驱动模式。

1. 纯电动驱动模式

当电池电量许可，且车辆扭矩需求适中情况下进入纯电模式。C1 离合器断开，C2 离合器闭合。TM 电机工作驱动汽车，ISG 电机和发动机不参与工作，EDU 可以通过电池带动 TM 电机，实现纯电机驱动的前进挡和倒挡，如图 3-2-11 所示。纯电工况续航 60 km，最高时速 130 km/h。

荣威 E550 动力系统基本工作原理

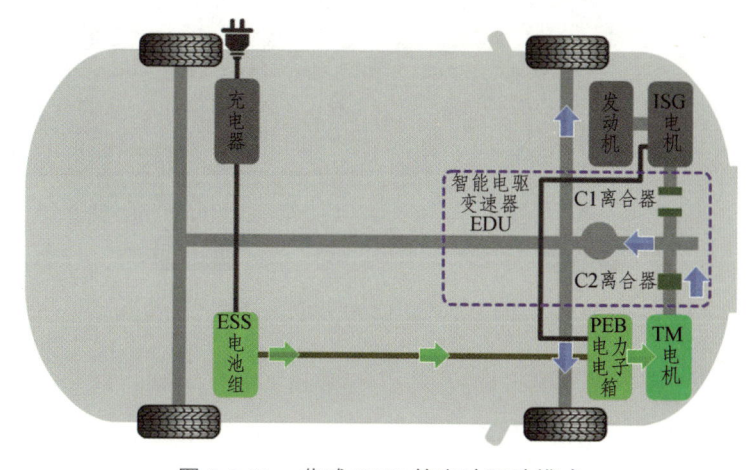

图 3-2-11　荣威 E550 纯电动驱动模式

2. 串联驱动模式

当电池电量较低，且扭矩需求较低的情况下进入串联驱动模式。此时，C1 离合器断开，C2 离合器闭合。发动机带动 ISG 发电，并把电提供给 TM，TM 通过所选挡位（一挡或二挡）驱动车辆，不足或者多余电量将由电池平衡，如图 3-2-12 所示。

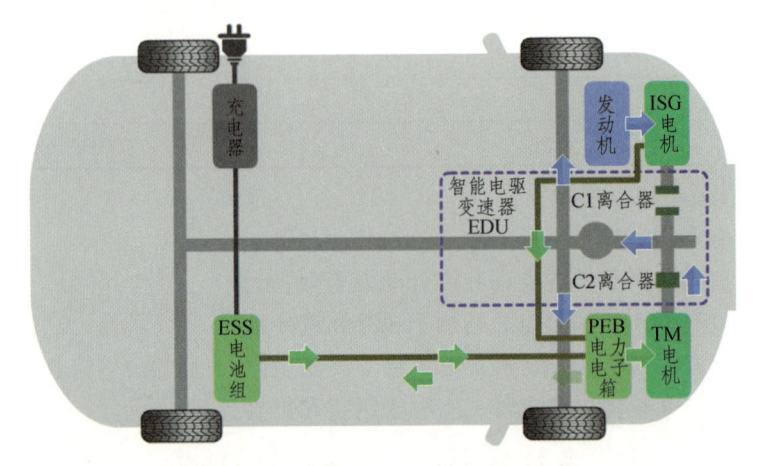

图 3-2-12　荣威 E550 串联驱动模式

3. 并联混合驱动模式

当 TM 电机启动并使得车辆达到一定速度后，根据驾驶者意愿和混动系统状态，HCU 决定何时由 ISG 启动发动机。当曲轴和主轴都达到同步速度后，离合器 C1 和 C2 闭合。之后，HCU 根据驾驶者意愿及电池状态，以及最佳的燃油经济性来决定发动机、ISG 电机和 TM 电机的输出，相应的驱动车辆或者刹车，如图 3-2-13 所示。

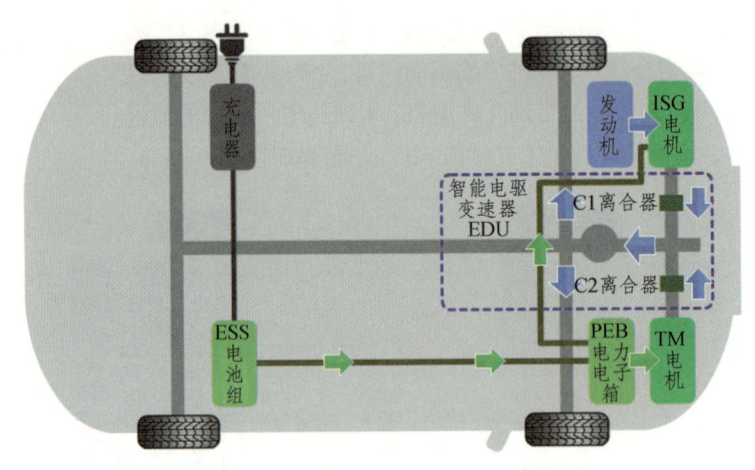

图 3-2-13　荣威 E550 并联驱动模式

4. 能量回收模式

动力系统能量回收是指利用后轮转动反向驱动电动机对电池进行充电。荣威 E550 的能量回收有滑行（全减速）能量回收和制动能量回收。

（1）全减速制动回收模式

当车辆滑行和踏板制动情况下进入动能回收，C1、C2 均闭合，发动机不参与工作，两个电机一起工作将动能转化为电能，如图 3-2-14 所示。

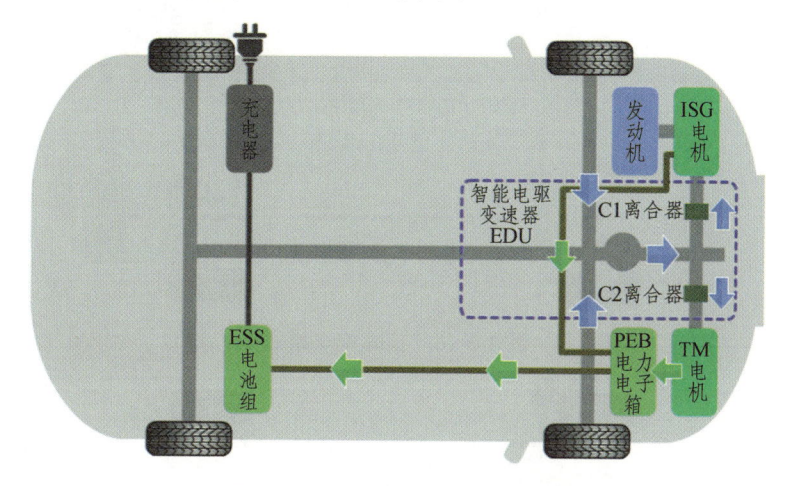

图 3-2-14　全减速制动回收模式

（2）制动回收模式

当车辆滑行和踏板制动情况下进入动能回收，C1 离合器断开，C2 离合器闭合。仅 TM 电机负责发电，制动同时将动能转化为电能，如图 3-2-15 所示。

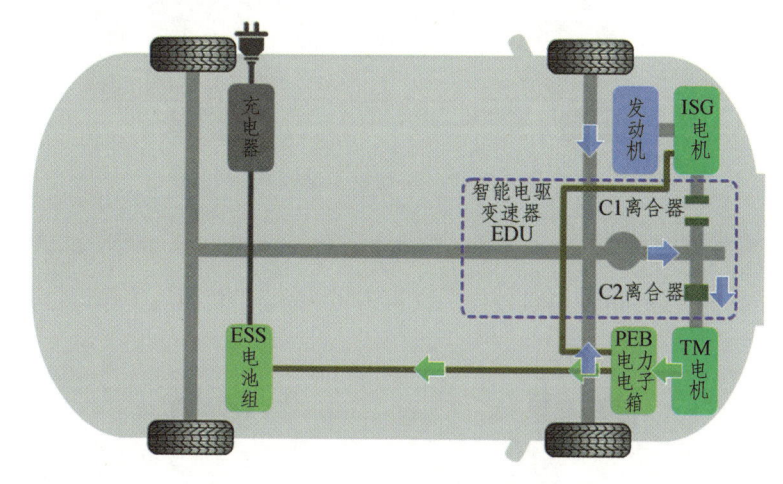

图 3-2-15　制动回收模式

5. 行车充电模式

当行驶过程中电池电量较低，扭矩需求不高，进入行车充电模式。C1 闭合 C2 断开，TM 电机工作，发动机工作同时驱动 ISG 发电，补充动力电池电量，如图 3-2-16 所示。

6. 发动机驱动模式

当行车中车速与扭矩需求在同一范围内，C1 闭合 C2 断开，发动机直接工作驱动车辆，如图 3-2-17 所示。

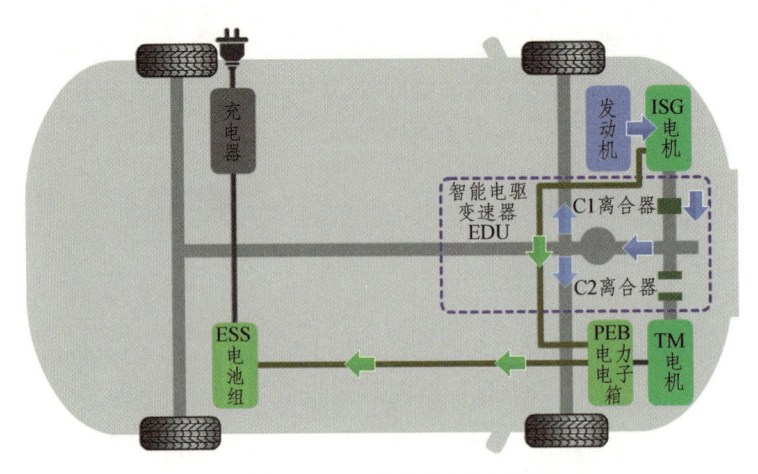

图 3-2-16　行车充电模式

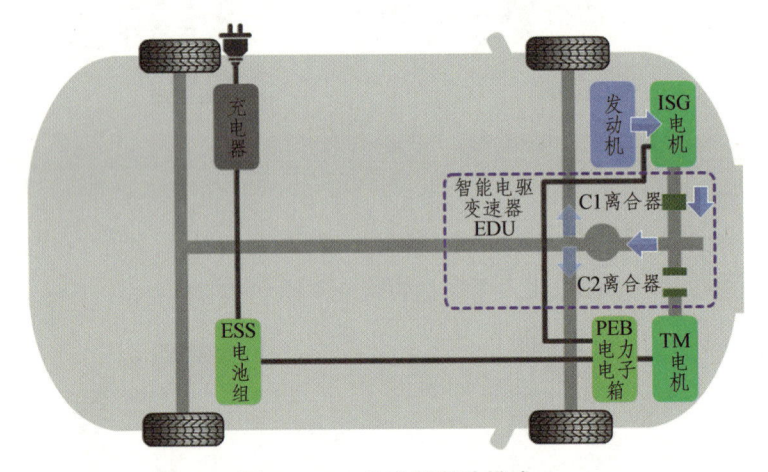

图 3-2-17　发动机驱动模式

7. 怠速充电模式

当车辆处于静止状态,电池电量较低。C1 断开 C2 闭合。发动机工作通过 ISG 电机补电,如图 3-2-18 所示。

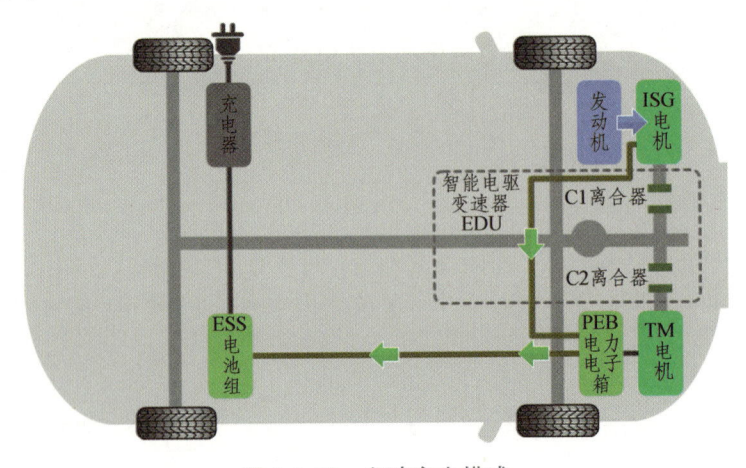

图 3-2-18　怠速充电模式

8. 驻坡功能

在挡位处于 D 挡并且没有踩加速踏板的情况下，为了防止车辆在坡道上溜车，荣威 E550 的混合动力系统具备与传统车相当的驻坡功能，同时车辆也可以在坡道上缓慢爬行，如图 3-2-19 所示。

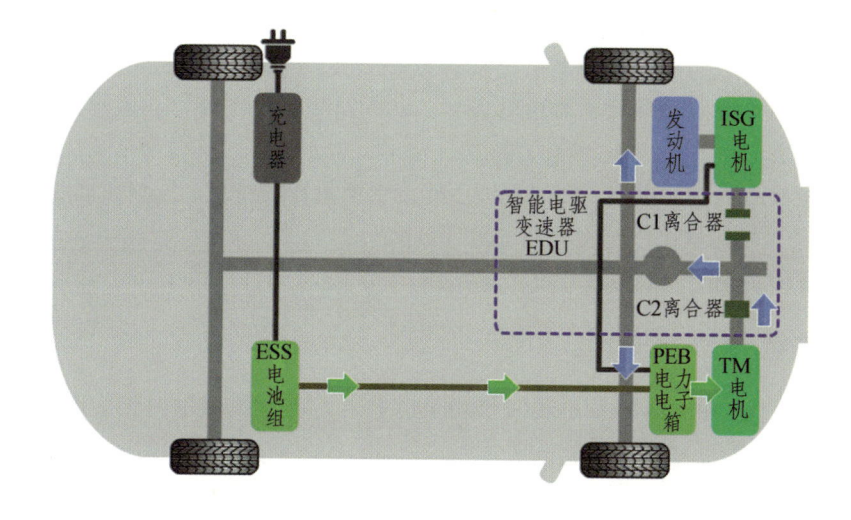

图 3-2-19　驻坡模式

想一想：荣威 E550 混合动力汽车的工作模式与丰田普锐斯的工作模式一样吗？

温馨提示（思政）

通过学习荣威 E550 混合动力汽车的相关知识，让学生认识到随着技术的不断发展，越来越多的自主品牌陆续推出混合动力汽车，我国自主品牌的混合动力汽车的发展和应用，离不开自主研发和科技创新。创新是推动社会技术的重要力量，也是现代经济发展的重要支撑。鼓励作为新时代汽车行业潜力兵的学生，坚持学习汽车专业知识和技能，全身心投入汽车技术的研究，深耕汽车技术领域，不断创造，努力成为顶尖的汽车技术人才，将来为汽车行业的发展做贡献，实现技能报国。

【任务测评】

一、判断题

1. 荣威 E550 的电驱变速器由两个电机和动力耦合装置集合而成。（   ）
2. 荣威 E550 的电力电子箱由电机控制器和 DC/DC 转换器集合而成。（   ）
3. 荣威 E550 的 TM 电机集合在变速箱中，ISG 电机独立在外，它们皆位于发动机右侧。（   ）
4. ISG 电机具有高耦合刚度、高线性度、高转矩惯量比的特点，能够在短时间内输出峰值转矩，在低速甚至堵转状况下连续运行。（   ）
5. 荣威 E550 的常开 C2 离合器位于发动侧，常闭 C1 离合器位于 TM 电机侧。（   ）

二、选择题

1. （　　）是作为发电机及制动回收能量的装置，在车辆启动时作为起动机使用。【单选题】

    A. 液压模块　　　　　　B. ISG 电机
    C. TM 电机　　　　　　D. 双离合器

2. 荣威 E550 动力系统采用的是（　　）。【单选题】

    A. 铅酸蓄电池　　　　　B. 磷酸铁锂电池
    C. 钠氯化镍蓄电池　　　D. 燃料电池

3. 电芯监测模块适用于采用（　　）的高压电池包，采集电芯电压、温度信息并通过 CAN 上传至电池管理控制器。【单选题】

    A. LG 电芯　　　　　　B. A123 电芯
    C. 聚合物电芯　　　　　D. 18650 电芯

4. （　　）是电池冷却系统的一个关键部件，负责将冷却电池的冷却液降温。【单选题】

    A. 冷却水壶　　　　　　B. 电池冷却泵
    C. 冷却管路　　　　　　D. 电池冷却液

5. 下曲轴箱由（　　）组成。【多选题】

    A. 下曲轴箱　　　　　　B. 机油泵总成
    C. 机油集滤器　　　　　D. 机油滤清器

三、简答题

1. 请简述荣威 E550 混合动力汽车动力电池系统组成特点。
2. 请简述荣威 E550 混合动力汽车动力系统工作原理。

项目四　氢燃料电池汽车认知

氢燃料电池汽车作为一种真正意义上的零排放、无污染载运工具，是未来新能源清洁动力汽车的主要发展方向之一。氢燃料电池汽车的进一步研发与量产化，必将成为全球汽车工业领域的一场新革命。本项目主要包括氢燃料电池汽车组成与工作原理和氢燃料电池汽车动力系统认知两个学习任务。

任务一　氢燃料电池汽车组成与工作原理

氢燃料电池汽车是利用氢气和空气中的氧在催化剂的作用下，发生电化学反应产生的电能作为主要动力源驱动的汽车。燃料电池汽车实质上是纯电动汽车的一种，主要区别在于燃料电池只能产生电能，而不能储存电能。这里主要介绍氢燃料电池汽车组成和工作原理（见图4-1-1）。

【学习目标】

知识目标：

（1）说出氢燃料电池汽车的组成。
（2）描述氢燃料电池汽车工作原理。

能力目标：

（1）能找出氢燃料电池汽车组成动力系统主要部件的位置。
（2）能分析氢燃料电池汽车的特点。

素质目标：

（1）通过氢燃料电池汽车组成的学习，理解氢燃料电池汽车的具体结构及作用，提高知识学习和分析能力。
（2）通过氢燃料电池汽车工作原理的学习，学会工作原理的分析，提高分析问题、解决问题的能力。

```
                                              ┌── 按燃料电池类型不同分类 ──┬── 直接燃料电池汽车
                                              │                              └── 重整燃料电池汽车
                                              │
                                              │                              ┌── 压缩氢燃料电池汽车
                                              ├── 按燃料氢的存储方式不同分类 ─┼── 液氢燃料电池汽车
                    ┌── 燃料电池汽车类型 ──────┤                              └── 合金吸附氢燃料电池汽车
                    │                         │
                    │                         │                              ┌── 纯燃料电池驱动(PFC)的燃料电池汽车
                    │                         │                              │
                    │                         │                              ├── 燃料电池与辅助蓄电池联合驱动
                    │                         │                              │   (FC+B)的燃料电池汽车
                    │                         └── 按多电源配置不同分类 ──────┤
                    │                                                        ├── 燃料电池与超级电容联合驱动
                    │                                                        │   (FC+C)的燃料电池汽车
                    │                                                        │
                    │                                                        └── 燃料电池与辅助蓄电池和超级电
                    │                                                            容联合驱动(FC+B+C)的燃料电池
                    │                                                            汽车
                    │
                    │                         ┌── 气燃料电池堆
                    │                         ├── 高压储氢罐
                    │                         ├── 驱动电机
  任务一 氢燃料电池汽 ├── 氢燃料电池汽车组成 ──┼── 辅助动力源
  车组成与工作原理    │                         ├── DC-DC转换器
                    │                         ├── 电机控制器
                    │                         └── 动力控制单元
                    │
                    │                         ┌── 引入氧气过程
                    │                         ├── 输入氢气过程
                    │                         ├── 氢氧反应过程
                    ├── 氢燃料电池汽车工作原理 ┼── 电力传输过程
                    │                         ├── 动力传输过程
                    │                         └── "尾气"排放过程
                    │
                    │                                              ┌── 效率高
                    │                                              ├── 续航里程长
                    │                         ┌── 氢燃料汽车优点 ──┼── 过载能力强
                    │                         │                    ├── 低噪声
                    └── 燃料电池汽车特点 ─────┤                    └── 补充能量速度快
                                              │
                                              │                      ┌── 制造成本和使用成本高
                                              └── 氢燃料电池汽车缺点 ┼── 辅助设备复杂
                                                                     └── 起动时间长
```

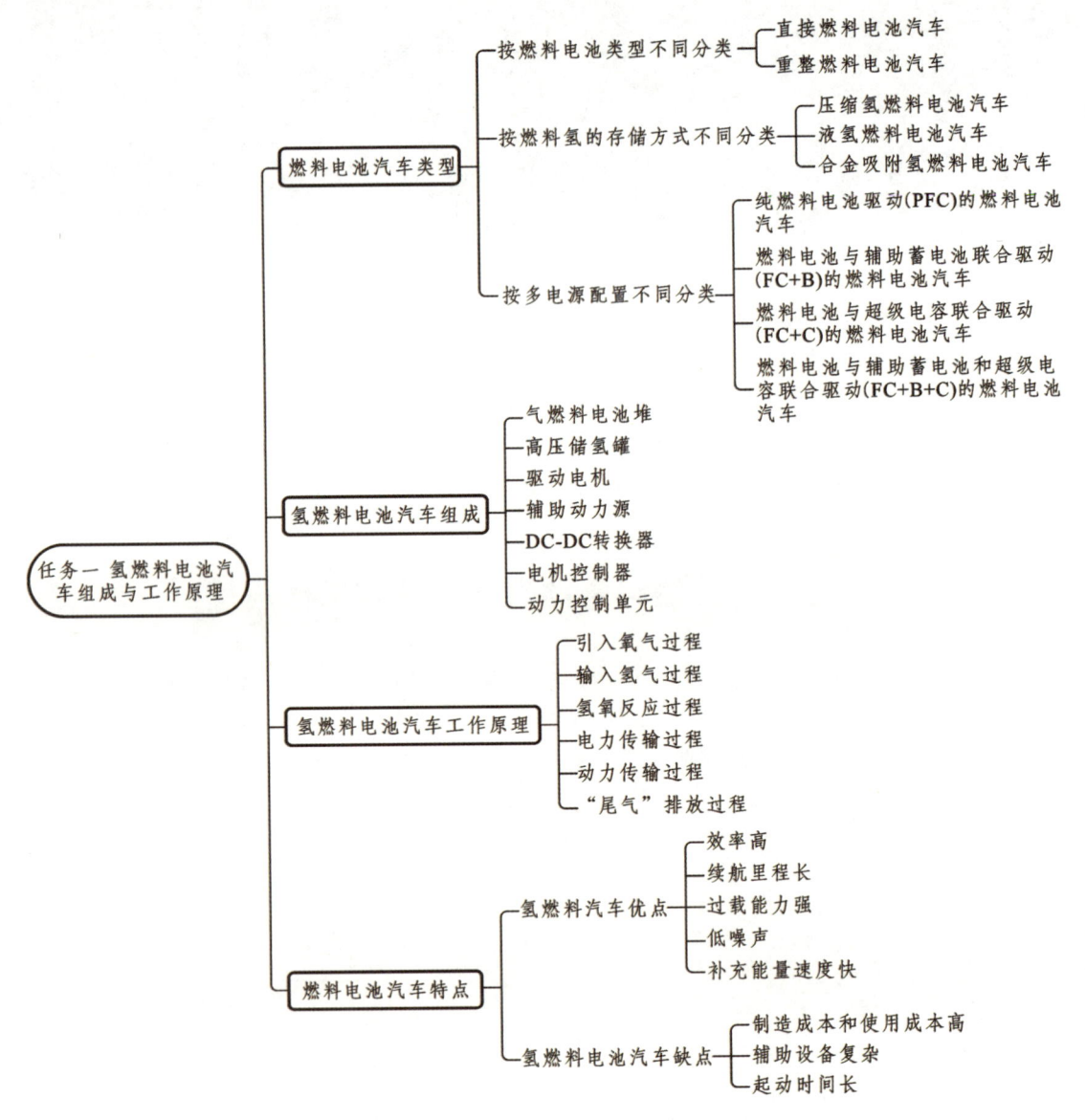

图 4-1-1 任务一知识框架

【获取信息】

根据《燃料电池电动汽车术语》（GB/T 24548—2009）可知，燃料电池是将外部供应的燃料和氧化剂中的化学能直接转化为电能、热能和其他反应产物的发电装置；燃料电池电动汽车是指以燃料电池系统作为动力源或主动力源的汽车。

燃料电池汽车与纯电动汽车最大区别在于：两个电池的概念不一样，纯电动汽车用的是蓄电池，把电储蓄在电池里。燃料电池并不是蓄电池，而是一个发电装置，能源储存在氢里面，使氢气和氧气产生化学反应发电。

一、燃料电池汽车类型

按照不同的标准，燃料电池汽车分为不同类型。

（一）按燃料电池类型的不同分类

按燃料电池类型的不同，可将燃料电池汽车分为直接燃料电池汽车和重整燃料电池汽车两种。

1. 直接燃料电池汽车

直接燃料电池汽车是指车辆直接携带纯氢燃料，这种车的燃料主要是氢气，排放无污染，被认为是最理想的汽车，但氢的制取和存储困难。

2. 重整燃料电池汽车

重整燃料电池汽车是指车辆装有燃料重整器，燃料重整器将烃类燃料转化为富氢气体，这种燃料汽车的燃料主要有汽油、天然气、甲烷、甲醇、液化石油气等，结构比氢燃料电池电动汽车复杂得多。

> 想一想：目前，哪种类型燃料电池更适用乘用车？
> _____
> _____

（二）按燃料氢的存储方式不同分类

按燃料氢的存储方式不同，可将燃料电池汽车分为压缩氢燃料电池汽车、液态氢燃料电池汽车和合金吸附氢燃料电池汽车。

1. 压缩氢燃料电池汽车

压缩氢燃料电池汽车是指使用压缩氢气作为燃料的电动汽车。压缩氢燃料电池汽车使用高压氢气储存装置将氢气压缩存储，以提供更高的能量密度和更长的续航里程

2. 液氢燃料电池汽车

液氢燃料电池汽车是指使用液态氢气作为燃料的电动汽车。液氢具有更高的能量密度，因此可以在更小的空间内储存更多的氢气。液态氢气通常存储在高压容器中，并通过蒸发器将其转化为气态氢气供给燃料电池系统。

3. 合金吸附氢燃料电池汽车

合金吸附氢燃料电池汽车是一种使用吸附剂材料吸附氢气作为燃料的电动汽车。吸附剂通常是由碳纳米管等材料制成的合金，具有较大的表面积和高度可控的孔隙结构，能够在低温下吸附和释放氢气，这样可以避免使用高压氢气储存装置，从而提高了安全性和便携性。

> **想一想**：目前，哪种燃料氢的存储方式电池更适用重型车？
>
> _____
>
> _____

（三）按"多电源"配置不同分类

按多电源配置不同可将燃料电池汽车分为四类：

纯燃料电池驱动（PFC）的燃料电池汽车、燃料电池与辅助蓄电池联合驱动的燃料电池汽车（FC+B）、燃料电池与超级电容联合驱动的燃料电池汽车（FC+C）、燃料电池与辅助蓄电池和超级电容联合驱动的燃料电池汽车（FC+B+C）。

1. 纯燃料电池驱动（PFC）的燃料电池汽车

纯燃料电池驱动的燃料电池汽车只有燃料电池一个动力源，汽车的所有功率负荷都由燃料电池承担，如图 4-1-2 所示。

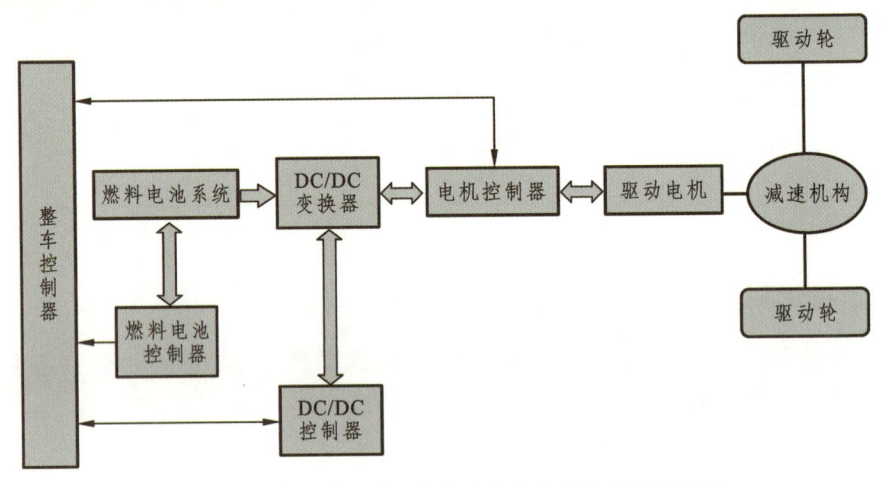

图 4-1-2　纯燃料电池系统电动汽车的动力系统结构图

纯燃料电池汽车的燃料电池系统将氢气与氧气反应产生的电能，通过 DC-DC 变换器和电机控制器转换后送给驱动电机，驱动电机将电能转化为机械能再传给传动系统，从而驱动汽车行驶。

纯燃料电池系统的优点：

（1）系统结构简单，系统控制和整体布置容易；

（2）系统部件少，有利于整车的轻量化；

（3）整体的能量传递效率高，从而提高了整车的燃料经济性。

纯燃料电池系统的缺点：

（1）燃料电池功率大、成本高；

（2）对燃料电池系统的动态性能和可靠性要求很高；

（3）不能进行制动能量回收。

为了有效弥补上述不足，必须使用辅助能量存储系统作为燃料电池系统的辅助动力源，和燃料电池联合工作，组成混合驱动系统共同向电动机提供电能，通过变速机构来驱动汽车。

2. 燃料电池与辅助蓄电池联合驱动（FC+B）的燃料电池汽车

燃料电池与辅助蓄电池联合驱动的燃料电池汽车的动力系统结构属于典型的串联式混合动力结构，如图 4-1-3 所示。

在该动力系统结构中，燃料电池和蓄电池一起为驱动电机提供能量，驱动电机将电能转化成机械能传给传动系统，从而驱动汽车行驶；在汽车制动时，驱动电机变成发电机，蓄电池将储存回馈的能量。在燃料电池和蓄电池联合供能时，燃料电池的能量输出变化较为平缓，随时间变化波动较小，而能量需求变化的高频部分由蓄电池分担。

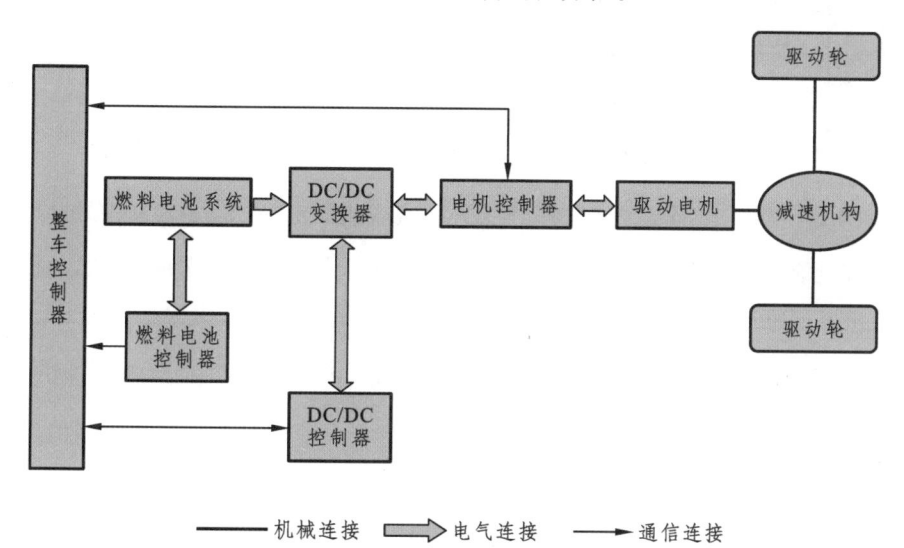

图 4-1-3　燃料电池与辅助蓄电池联合驱动的燃料电池汽车的动力系统结构

该系统结构的优点：

（1）由于增加了比功率价格相对低廉得多的蓄电池组，系统对燃料电池的功率要求较纯燃料电池结构形式有很大的降低，从而大大地降低了整车成本；

（2）燃料电池可以在比较好的设定工作条件下工作，工作时燃料电池的效率较高；

（3）系统对燃料电池的动态响应性能要求较低；

（4）汽车的冷启动性能较好；

（5）制动能量回馈可以回收汽车制动时的部分动能，该措施可能会提高整车的能量效率。

该系统结构的缺点：

（1）由于蓄电池的使用使得整车的质量增加，系统结构的动力性和经济性受到影响；

（2）蓄电池充放电过程会有能量损耗；

（3）系统变得复杂，系统控制和整体布置难度增加。

3. 燃料电池与超级电容联合驱动（FC+C）的燃料电池汽车

这种结构形式与"燃料电池与辅助蓄电池联合驱动"的燃料电池汽车的动力系统结构相

似，只是把蓄电池换成了超级电容，如图4-1-4所示。

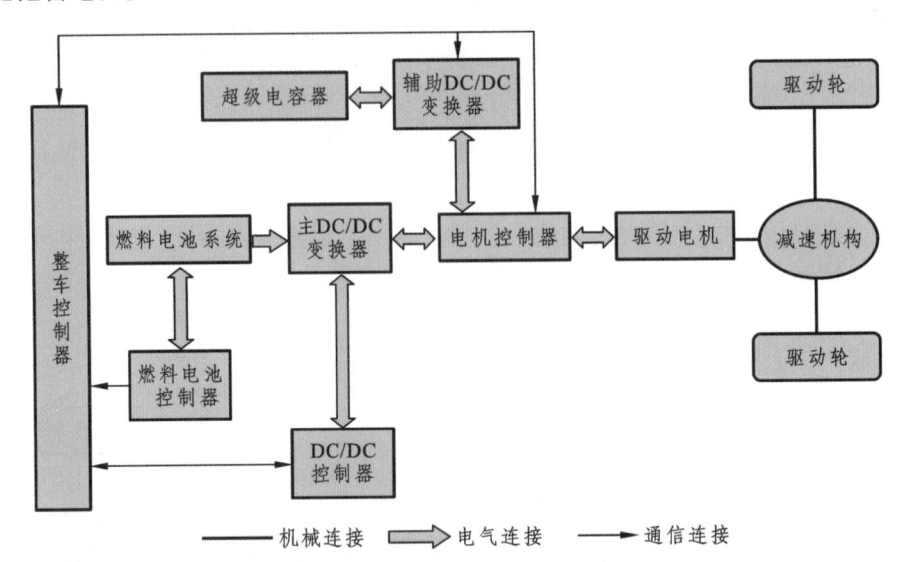

图4-1-4 燃料电池与超级电容联合驱动（FC+C）的燃料电池汽车的动力系统结构

相对于蓄电池，超级电容充放电效率高，能量损失小，比蓄电池功率密度大，在制动能量回收方面比蓄电池有优势，循环寿命长。但是超级电容的能量密度较小。

4. 燃料电池与辅助蓄电池和超级电容联合驱动（FC+B+C）的燃料电池汽车

燃料电池与辅助蓄电池和超级电容联合驱动的燃料电池汽车的动力系统结构也为串联式混合动力结构，如图4-1-5所示。

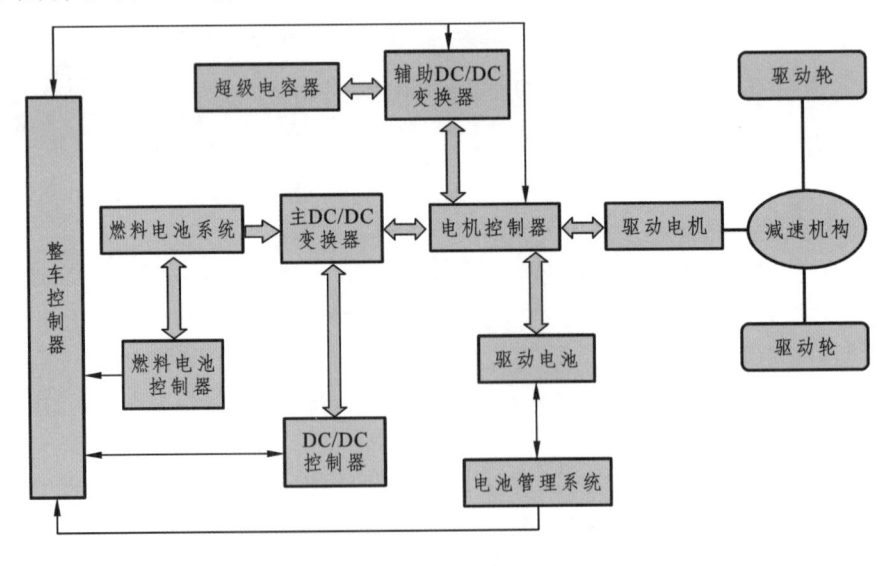

图4-1-5 燃料电池与辅助蓄电池和超级电容联合驱动的FCEV动力系统结构

在该动力系统结构中，燃料电池、蓄电池和超级电容一起为驱动电动机提供能量，驱动电动机将电能转化为机械能传给传动系统，从而驱动汽车行驶；在汽车制动时，驱动电机变成发电机，蓄电池和超级电容将储存回馈的能量。在燃料电池、蓄电池和超级电容联合供能时，燃料电池的能量输出较为平缓，随时间变化波动较小，而能量需求变化的低频部分由蓄电池承担，能量需求变化的高频部分由超级电容承担。在这种结构中，各动力源的分工更加明晰，因此它们的优势也得到更好地发挥。

这种结构在部件效率、动态特性、制动能量回馈等方面，优点相比"燃料电池+蓄电池"的结构形式的优点更加明显，但缺点也一样更加明显，增加了超级电容，整个系统的质量将可能增加；系统更加复杂化，系统控制和整体布置的难度也随之增大。

> 想一想：目前，乘用车一般采用哪种多电源配置方式？

二、氢燃料电池汽车组成

氢燃料电池汽车是指用燃料电池和电动机取代了传统的内燃机汽车的发动机，氢燃料电池通过氢与空气中的氧气结合发电，所产生的电能驱动电动机运转，最终驱动车辆的是电动机。

从功能结构上来看氢燃料电池汽车除了包括底盘、车身、辅助电器等结构，主要由相当于燃油车的动力系统和动力控制单元组成，其中氢燃料电池汽车的动力系统主要由燃料电池堆、高压储氢罐、辅助动力电池（动力电池或超级电容）、驱动电机、DC-DC 转换器和电机控制器，为了确保动力电机、动力辅助电池和电机控制器的性能，燃料电池汽车还有热管理系统或冷却装置等，如图 4-1-6 所示。

图 4-1-6　氢燃料电池汽车动力系统组成

> 想一想：氢燃料电池汽车底盘与燃油车底盘的作用和组成一样吗？

1. 氢燃料电池堆

燃料电池堆是指将氢气与氧气发生化学反应，生成水和电能的装置，它是燃料电池汽车的主要动力源，如图 4-1-7 所示。燃料电池堆可分为氢气、氧气和电解质三部分。在电极反应过程中，氢气被氧化产生正电荷氢离子和电子，电子通过外部电路发生作用产生电能，阳极生成的氢离子穿过电解质膜向阴极移动，与氧气发生还原反应形成水。燃料电池系统输出的电能取决于电池受到氢气的供应和电化学反应速率的影响。

图 4-1-7 氢燃料电池堆

2. 高压储氢罐

高压储氢罐是燃料电池汽车中用于储存压缩氢气的装置，其主要作用是将氢气压缩成高密度状态，以便在有限的空间内存储更多的氢气，从而给燃料电池堆供应需要的氢气，如图 4-1-8 所示。

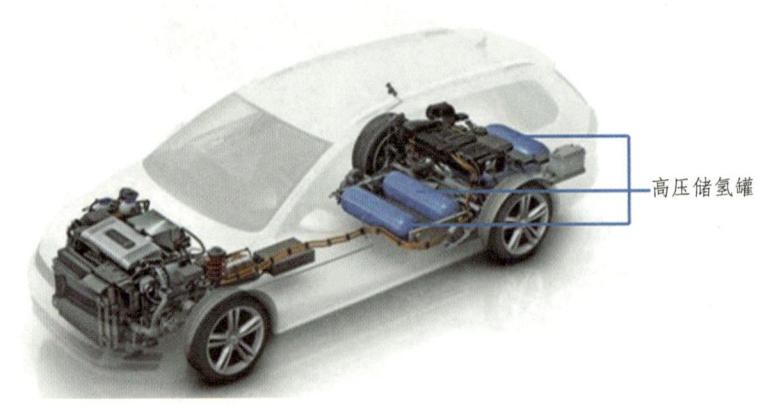

图 4-1-8 高压储氢罐

高压储氢罐要满足如下要求：
① 高压储氢罐能够承载高压氢气；
② 高压储氢罐必须具备高强度和耐压性能，以确保在储存和使用过程中不会发生泄漏或爆炸；

③ 高压储氢罐中的氢气可以通过调节气体压力和控制放气速度来提供稳定的氢气供应。这样可以确保燃料电池系统在需要时能够获得所需的氢气，并保持系统的正常工作。

④ 高压储氢罐对碰撞等安全性能有要求。在装车前，储氢罐的安全性应进行爆破、疲劳、耐久性、火烧、高处跌落、碰撞和枪击等一系列安全测试

高压储氢罐通常使用钢制或碳纤维增强复合材料构建，以确保罐体的强度和密封性。为保证燃料电池汽车一次充气有足够的续驶里程，汽车需要多个高压储气罐来储存气态氢。例如轿车需要 2~4 个高压储氢罐。

3. 驱动电机

驱动电机是产生电力驱动的装置，是燃料电池汽车的动力来源，它可以将燃料电池产生的电能转换为机械能，从而驱动汽车的行驶。和纯电动汽车一样，燃料电池汽车的驱动电机也以三相交流电机为主。在工作时，需要通过电机控制器对其进行转速、扭矩和旋转方向等进行控制，如图 4-1-9 所示。

图 4-1-9　驱动电机

4. 辅助动力源

燃料电池汽车的辅助动力电池是高压储能电池，能够把燃料电池系统产生的剩余电能和制动能量回收产生的电能储存起来的装置。这种辅助动力源就是高压储能电池，和应用在纯电动汽车或混合动力汽车的动力电池包的结构和原理一样，如图 4-1-10 所示。

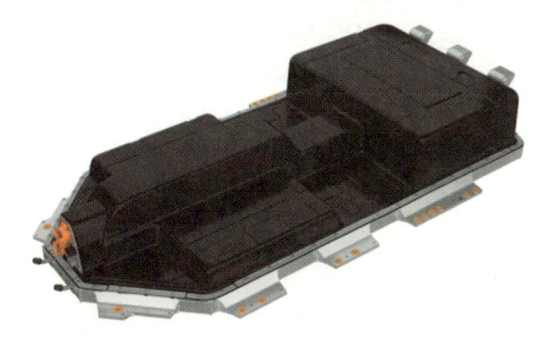

图 4-1-10　辅助动力电源（动力电池包）

燃料电池汽车上辅助动力电池和主要电源燃料电池堆共同组成双电源系统，使驱动电动机的电源可以出现多种驱动模式。

（1）车辆启动时，由辅助动力源提供电能带动燃料电池发动机启动，或带动车辆起步；

（2）车辆行驶时，由燃料电池提供驱动所需全部电能，剩余的电能储存到辅助动力源装置中。

（3）加速和爬坡时，若燃料电池提供的电能不能满足车辆驱动功率要求，则由辅助动力源提供额外的电能，使驱动电动机的功率或转矩达到最大，形成燃料电池与辅助动力源同时供电的双电源供电模式；

（4）储存制动时反馈的电能，以及向车辆的电气设备提供所需要的电能。

为了满足燃料电池汽车工作要求，燃料电池汽车的动力辅助电池需要满足高能量密度、高功率密度、安全性、长寿命和稳定性的要求。

5. DC-DC 转换器

燃料电池汽车的燃料电池需要单向 DC-DC 转换器，辅助动力电池和超级电容器等辅助动力源需要装置双向 DC-DC 转换器，如图 4-1-11 所示。燃料电池产生的直流电压通常比较低，而车辆的电力系统需要的电压通常较高，因此需要通过 DC-DC 转换器将燃料电池的输出电压升高到合适的水平。这样才能为驱动电机、辅助设备和电子系统等提供所需的电力。燃料电池 DC-DC 转换器的作用是将燃料电池输出的直流电压转换为适合于驱动车辆各个部件使用的直流电压。

图 4-1-11　燃料电池的 DC-DC 转换器

辅助动力电池和超级电容器的双向 DC-DC 转换器，可以将辅助动力电池或超级电容器的电压升高到需要的电压，并在车辆减速或制动时产生的电能反馈给辅助动力电池或超级电容器，提高能量的利用率。

> 想一想：氢燃料电池的 DC-DC 转换器与辅助动力电池的 DC-DC 转换器可以互换使用吗？

6. 电机控制器

燃料电池汽车的电机控制器与纯电动汽车相同,如图 4-1-12 所示,其作用是驱动电机的控制单元,可以输出命令,将输入的直流电逆变成电压、频率可调的三相交流电,供给配套的驱动电机,控制驱动电机的工作,并能根据车辆动力控制单元的指令,控制驱动电机的速度、驱动转矩和旋转方向。

图 4-1-12 电机控制器

7. 动力控制单元

燃料电池汽车的动力控制单元(PCU)是车辆的控制单元,如图 4-1-13 所示,用于控制车辆燃料电池、动力辅助电池和驱动电机等高压电器的工作,确保车辆正常行驶。

图 4-1-13 动力控制单元

动力电池单元的具体功能如下:
(1) 燃料电池电压及电流的控制

PCU 负责控制燃料电池堆的输出电压和电流,使其能够满足车辆的动力需求。通过对电池堆的电压和电流进行精确控制,可以确保燃料电池系统的稳定运行。

（2）高压、低压电源的转换

燃料电池的输出电压一般较低，而车辆其他电子设备需要更高的电压供应。PCU 通过转换器将燃料电池的低压电源转换为车辆所需的高压电源，供给驱动电机、辅助装置和车辆电子系统等。

（3）电能回馈与能量管理

PCU 可实现电能的回馈功能，将制动或减速时产生的电能反馈给电池储能系统，提高能量利用效率。此外，PCU 还负责监测和管理电池储能系统的状态，包括电池的充电和放电过程，以确保电池的性能、寿命和安全。

（4）故障诊断与保护功能

PCU 能够监测燃料电池系统的工作状态，包括温度、压力、电流等参数，以实现故障诊断和保护。一旦检测到故障或异常情况，PCU 将及时采取措施，避免进一步损坏或发生事故。

总之，燃料电池的动力控制单元通过对电池的控制、转换、管理和保护等功能，确保燃料电池系统的高效、安全运行，提供稳定和可持续的动力供应。

三、氢燃料电池汽车工作原理

燃料电池汽车工作时，作为燃料的氢在汽车搭载的燃料电池中，与大气中的氧气发生氧化还原化学反应，产生的电能经过 DC-DC 转换器变换后送给电机控制器逆变成需要的三相交流并送给驱动电机，驱动电机带动驱动电机工作，通过动力传动机构将驱动电机的动力传递至驱动轮，从而驱动燃料电池汽车前进。燃料电池汽车的核心部件燃料电池，通过氢气和氧气的化学作用，而不是经过燃烧，直接变成电能动力。具体的工作过程有 6 步骤，如图 4-1-14 所示。

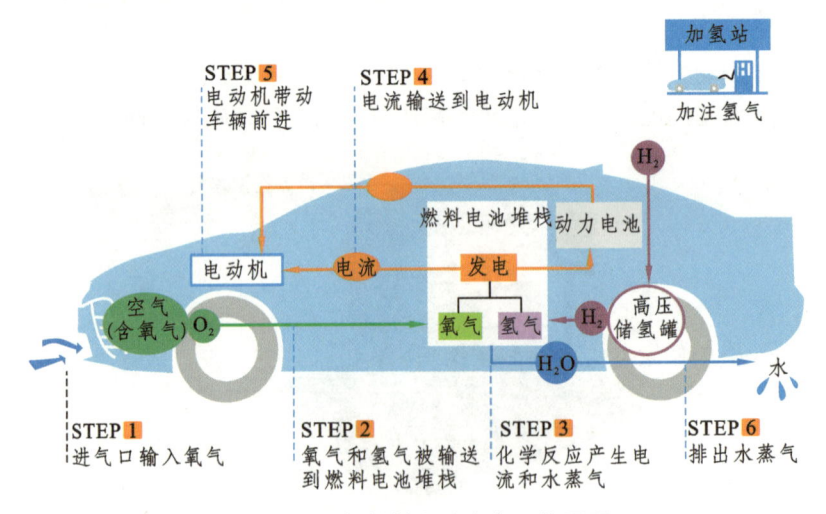

图 4-1-14 氢燃料电池汽车工作原理

想一想：氢燃料电池"电池"与与辅助动力电池的"电池"的却别是什么？

（1）引入氧气过程

氧气从前进气格栅进入并送到燃料电池内。

（2）输入氢气过程

氢气从储氢罐中被释放，进入燃料电池内。

（3）氢氧反应过程

氢气和氧气在燃料电池中发生化学反应，并生成水和电能。

（4）电力传输过程

燃料电池堆内氢氧化学反应产生的电能经DC-DC转换器转换后输送至电机控制器进行逆变，逆变产生的三相交流电送给驱动电机。

（5）动力传输过程

驱动电机在三相交流电的作用下开始工作，产生扭矩和一定的转速，通过减速机构实现减速增矩，从而驱动车辆行驶。

（6）"尾气"排放过程

氢气与氧气在燃料电池堆内化学反应产生了唯一的排放气体"水"，并通过车辆尾管排出。

四、燃料电池汽车特点

氢燃料汽车是电动汽车中最具有市场化前景的车型，具有一定的优点和缺点。

1. 氢燃料电池汽车的优点

燃料电池电动汽车具有以下优点。

（1）效率高。燃料电池的工作过程是化学能转化为电能的过程，不受卡诺循环的限制，能量转换效率较高，可以达到30%以上，而汽油机和柴油机汽车整车效率分别为16%~18%和22%~24%。

（2）续航里程长。采用燃料电池系统作为能量源，克服了纯电动汽车续航里程短的缺点，其长途行驶能力及动力性已经接近传统内燃机汽车。

（3）绿色环保。燃料电池没有燃烧过程，以纯氢作燃料，生成物只有水，属于零排放。采用其他富氢有机化合物用车载重整器制氢作为燃料电池的燃料，生产物除水之外还可能有少量的CO_2，接近零排放。

（4）过载能力强。燃料电池除了在较宽的工作范围内具有较高的工作效率外，其短时过载能力可达额定功率的200%或更大。

（5）低噪声。燃料电池属于静态能量转换装置，除了空气压缩机和冷却系统以外无其他运动部件，因此与内燃机汽车相比，运行过程中噪声和振动都较小。

（6）补充能量速度快。

氢气燃料电池汽车只需3~5分钟就能充满长途行驶所需的高压储气罐，而不是等上几个小时来充满电。纯电动汽车要做到这一点，就必须更换整组电池。充电最快的特斯拉ModelS也至少需要20分钟才能充满电，但行驶的距离还不到氢燃料电池汽车的一半。

2. 燃料电池汽车的缺点

燃料电池电动汽车具有以下缺点。

（1）燃料电池汽车的制造成本和使用成本过高。

① 燃料电池的制造成本居高不下。国内约 3 万元/kW，国外约 3 000 美元/kW，与传统内燃机差距大；

② 使用成本也过高。高纯度高压氢售价约（80～100）元/kg，按 1 kg 氢可发 10 kW·h 电能计算，仅燃料费约为 10 元/kW·h，按燃料电池工作寿命 1 000 h 计算，折旧费为 30 元/kW·h，所以总动力成本达 40 元/kW·h，电能成本远高于各种动力电池。

（2）辅助设备复杂，且质量和体积较大。

以汽油或者甲醇为燃料的燃料电池汽车，经重整器出来的"粗氢气"含有少量有害气体，必须利用净化装置进行处理，增加了结构和工艺的复杂性，使系统变得笨重；而目前普遍采用的氢气燃料的燃料电池汽车，因需要低温、高压和防护的特种储存罐，导致体积庞大，给燃料电池汽车带来了许多不便。

（3）启动时间长，系统抗震能力有待进一步提高。

采用氢燃料的燃料电池汽车，启动耗时约 3 分钟，而采用汽油或者甲醇重整技术的燃料电池汽车，起动时间约 10 分钟，比内燃机汽车启动时间长得多，影响其机动性能。此外，在燃料电池汽车受到冲击或者振动时，各种管道的连接和密封的可靠性需要进一步提高，以防泄漏、降低效率、引发安全事故。

> **想一想**：若考虑氢燃料的生产，氢燃料电池汽车真的绿色环保吗？
> _____
> _____

温馨提示（思政）

学生通过学习氢燃料电池汽车的结构原理、特点相关知识，认识到氢燃料电池汽车是一种高科技、高附加值的汽车产品，涉及到燃料电池技术、氢气制备和储存技术、电动汽车技术、智能网联技术等多个领域，也意识到汽车技术的发展离不开技术创新。

目前，我国各大车企持续奋进在自主创新的道路上，坚持全球化研发布局，充分利用国内外优势人才、优势资源、优势环境，在新平台、新智能、新材料、新工艺等领域深入推进科技创新。引导学生明白创新不是一瞬间的灵感，而是来自对专业知识的学习与积累。鼓励学生坚持学习、深耕汽车技术领域，不断创造，提升自己的创新精神和创新能力，为未来汽车技术的发展做贡献。

【任务测评】

一、判断题

1. 直接燃料电池汽车是指车辆不直接携带纯氢燃料。（ ）
2. 重整燃料电池汽车是指车辆装有燃料重整器，燃料重整器将烃类燃料转化为富氢气体。（ ）
3. 压缩氢燃料电池汽车使用高压氢气储存装置将氢气压缩存储。（ ）
4. 纯燃料电池驱动（PFC）的燃料电池汽车不能进行能量回收。（ ）
5. 燃料电池与辅助蓄电池联合驱动（FC+B）的燃料电池汽车，燃料电池和蓄电池一起为驱动电机提供能量。（ ）

二、选择题

1. 按燃料氢的存储方式不同，可将燃料电池汽车分为（   ）3类。【多选题】
   A 压缩氢燃料电池汽车　　　　B. 液态氢燃料电池汽车
   C. 液态氢燃料电池汽车　　　　D. 合金吸附氢燃料电池汽车
2. 氢燃料电池汽车的动力系统主要由（   ）等组成。【多选题】
   A. 燃料电池堆　　　　　　　　B. 高压储氢罐
   C. 辅助动力电池　　　　　　　D. 驱动电机
   E. DC-DC 转换器　　　　　　　F. 电机控制器
   G. 超级电容器　　　　　　　　H. 镍氢电池
3. （   ）是氢燃料电池汽车的动力源。【单选题】
   A. 驱动电机　　　　　　　　　B. 动力电池
   C. 燃料电池　　　　　　　　　D. 动力控制单元
4. （   ）是氢燃料电池汽车的控制单元。【单选题】
   A. 驱动电机　　　　　　　　　B. 动力电池
   C. 燃料电池　　　　　　　　　D. 动力控制单元
5. 燃料电池汽车的燃料电池的 DC-DC 转换器采用的是（   ）系统。【单选题】
   A. 单向 DC-DC 转换器　　　　　B. 双向 DC-DC 转换器
   C. 三相 DC-DC 转换器　　　　　D. 以上均不是

三、简答题

1. 请简述氢燃料电池汽车动力系统组成及各部分的作用。
2. 请简述氢燃料电池汽车的工作原理。

任务二　典型氢燃料电池电动汽车动力系统结构原理

氢燃料电池电动汽车的动力系统是它的动力源，是氢燃料电池电动汽车的核心系统。燃料电池与辅助蓄电池联合驱动（FC+B）的燃料电池汽车是乘用车常用的配置形式，这种燃料电池汽车工作时，燃料电池和辅助动力电池一起为驱动电机提供能量，驱动电机将电能转化成机械能传给传动系统，从而驱动汽车行驶，汽车制动也能将回收的能量储存到辅助动力电池中。本任务主要介绍典型车型燃料电池与辅助蓄电池联合驱动（FC+B）的燃料电池电动汽车动力系统的组成和工作原理（见图4-2-1）。

```
任务二 典型气燃料电池电动汽车动力系统结构原理
├── 丰田Mirai燃料电池电动汽车动力系统组成
│   ├── 燃料电池堆和DC-DC转换器总成
│   │   ├── 燃料电池堆
│   │   ├── 燃料电池DC-DC转换器
│   │   └── 附属附件
│   ├── 高压储氢罐
│   ├── 动力电池
│   └── 动力控制单元
├── 丰田Mirai燃料电池电动汽车动力系统工作原理
│   ├── 丰田Mirai燃料电池电动汽车工作原理
│   └── 丰田Mirai燃料电池电动汽车动力系统工作原理
│       ├── 启动工况
│       ├── 一般行驶工况
│       ├── 加速行驶工况
│       └── 减速工况
└── 知识拓展
    ├── 燃料电池分类
    │   ├── 按照工作温度分类
    │   ├── 按照燃料种类分类
    │   ├── 开发顺序来分
    │   └── 按电解质类型分类
    ├── 燃料电池基本结构与原理
    │   ├── 质子交换膜燃料电池结构
    │   └── 质子交换膜燃料电池原理
    └── 燃料电池系统组成
        ├── 燃料电池电堆
        └── 辅助子系统
            ├── 供氢子系统
            ├── 供氧子系统
            ├── 水管理系统
            ├── 直流-交流逆变系统
            ├── 控制系统
            └── 安全系统
```

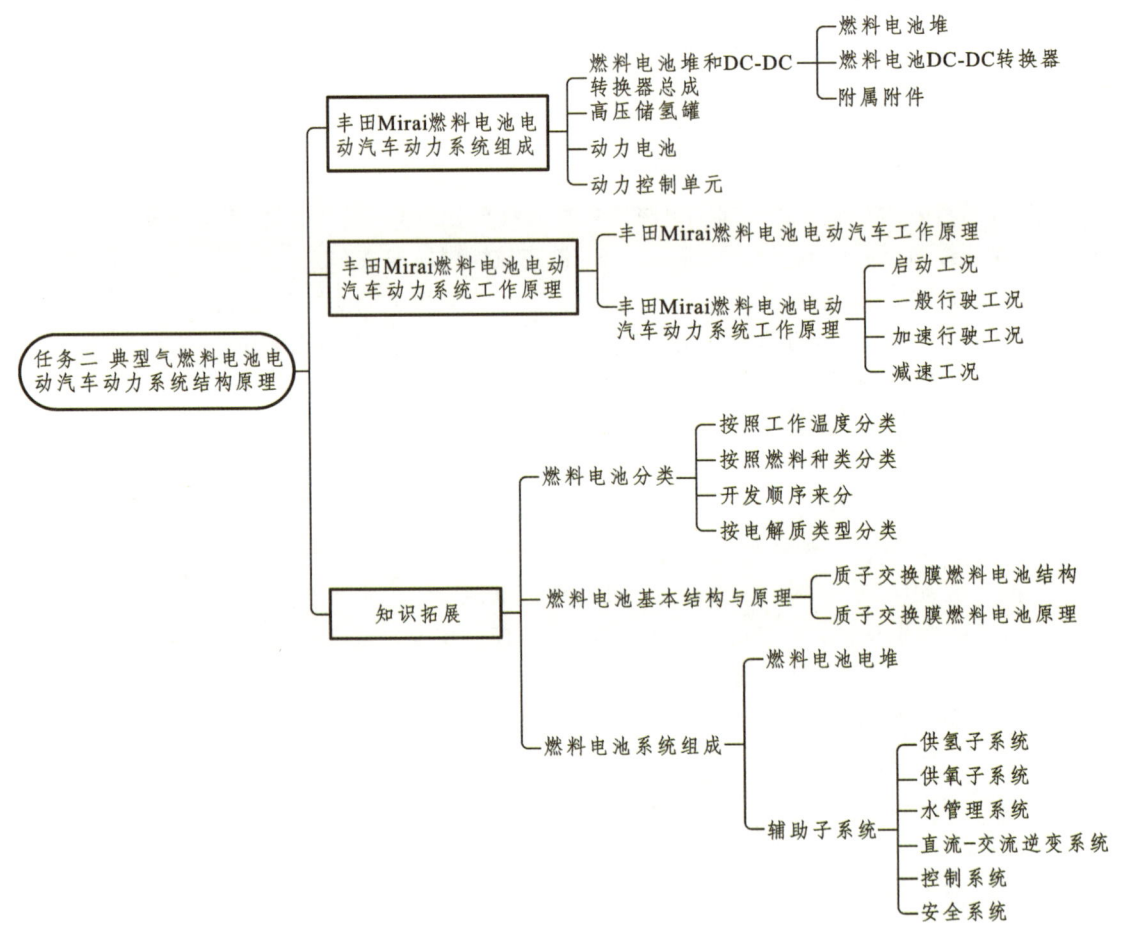

图4-2-1　任务二知识框架

【学习目标】

知识目标：

（1）描述丰田Mirai燃料电池电动汽车动力电池系统的组成。

（2）总结丰田Mirai燃料电池电动汽车动力电池系统的工作原理。

能力目标：

（1）具备找出丰田 Mirai 燃料电池电动汽车动力电池系统部件位置的能力。

（2）具备根据丰田 Mirai 燃料电池电动汽车动力电池系统判断类型的能力。

素质目标：

（1）通过丰田 Mirai 燃料电池电动汽车动力电池系统的学习，理解燃料电池堆、高压储氢罐和动力控制单元作用，提高知识学习和知识应用能力。

（2）通过丰田 Mirai 燃料电池电动汽车动力电池系统工作原理的学习，学会工作原理的分析，提高分析问题、解决问题的能力。

【获取信息】

氢燃料电池电动汽车的动力系统是它的动力源，它可以在驾驶员的操纵下，将燃料电池和辅助动力电池的电能转换成驱动电机的机械能，并传递给驱动车轮，带动汽车行驶，同时保证车辆安全有效行驶。这里介绍丰田旗下首款氢燃料电池电动汽车 Mirai 的动力系统结构和原理。

一、丰田 Mirai 燃料电池电动汽车动力系统组成

丰田 Mirai 燃料电池电动汽车是丰田第一款量产的氢燃料电池电动汽车，运用了丰田燃料电池堆和高压氢储存技术。该燃料电池系统相比于传统内燃机具有更高的能效，而且可实现 CO_2 零排放。

丰田 Mirai 燃料电池电动汽车是一款典型的燃料电池与辅助蓄电池联合驱动（FC+B）的燃料电池汽车，如图 4-2-2 所示，属于电—电混合的动力系统构型，没有传统的燃油发动机，也没有变速器，发动机舱内部是驱动电机及其控制单元。丰田将这套系统称之为 TFSC（Toyota FC Stack），即丰田燃料电池堆栈，它是以燃料电池堆栈为主要核心组件的动力系统，燃料电池通过转换器与电路总线相连接，动力电池与燃料电池之间经过逆变器转化后将电能输送给驱动电机。

丰田燃料电池车 Mirai 的动力系统主要由燃料电池电堆、高压储氢罐、动力电池、燃料电池 DC-DC 转换器、驱动电机和动力控制单元（包括电机控制器和电池 DC-DC 转换器）等组成，如图 4-2-3 所示。其中驱动电机布置于车辆前舱区域，燃料电池布置于前排座椅下方，动力电池布置于座椅后方，两个储氢罐布置于后排座椅下方。

想一想：丰田 Mirai 燃料电池堆与燃料电池有什么区别？

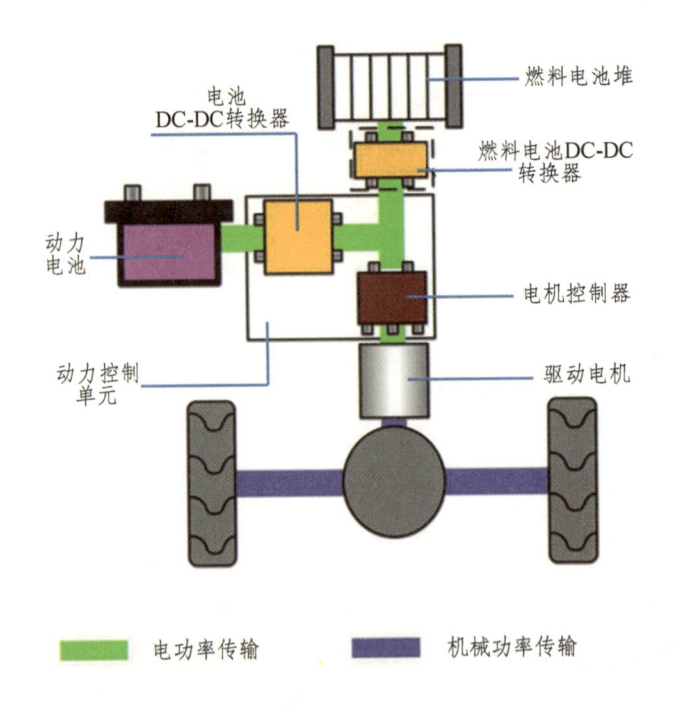

图 4-2-2　丰田燃料电池车 Mirai 动力系统类型

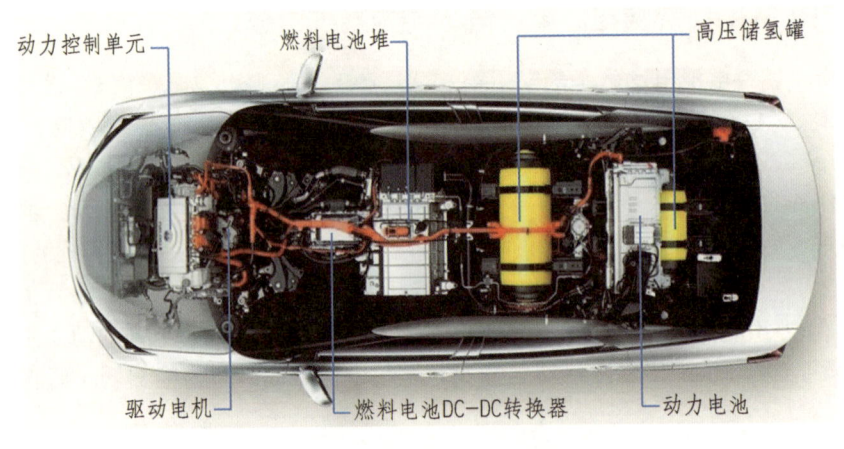

图 4-2-3　丰田燃料电池车 Mirai 动力系统组成

1. 燃料电池堆和 DC-DC 转换器总成

丰田燃料电池车 Mirai 的燃料电池堆、DC-DC 转换器总成和附属组件（氢循环泵）构成燃料电池总成，如图 4-2-4 所示，是车辆动力系统的核心部分，是整车的主要电力来源。集成这些组件可以实现更小、更轻、更便宜的燃料电池堆组件所以，丰田燃料电池车 Mirai 的燃料电池总成是一套轻便、低成本的一体化燃料电池总成。燃料电池汽车工作时，氢气和氧气在燃料电池堆中发生反应产生电能，经 DC-DC 转换器升压后可以提供高达 650 V 的交流电，供给驱动电机。

（1）燃料电池堆

丰田燃料电池车 Mirai 的燃料电池堆（Fuel cell stack）是整车的电力来源，燃料电池堆是发生电化学反应场所丰田 Mirai 搭载的燃料电池堆栈是由 370 片薄片燃料电池以串联方式层叠组合构成的，由于燃料电池堆栈中每片电芯发电的电压范围约为 0.6~0.8 V，整体电压未超过 300 V。燃料电池堆将双极板与膜电极交替叠合，各单体之间嵌入密封件，经前、后端板压紧后用螺杆紧固拴牢，即构成燃料电池电堆，因此被称为"堆栈"（stack），一共可以输出 114 kW 的发电功率。

图 4-2-4　丰田燃料电池车 Mirai 的燃料电池堆和 DC 总成

这款燃料电池汽车的新一代的燃料电池堆的体积功率密度为 3.1 kW/L，其片数为 370 片，每片电池的厚度为 1.34 mm，是世界顶级的水准，它可以安装在轿车的地板下面。这款新堆叠的燃料电池，单电池重量为 102 g，其总的体积、质量分别为 37 L、56 kg。

① 高性能新型单电池流道。

新一代的丰田燃料电池车的电池堆采用了高性能的新型单电池，主要是单电池流道为 3D 网格流道，使用这种 3D 细网格流道能同时改善水的阻隔和氧气扩散，实现细胞表面的均匀生成。

② 单电池结构特点。

新一代的丰田燃料电池车的电池堆采用的是质子交换膜燃料电池，其单电池主要由双极板与膜电极（MEA-催化剂、质子交换膜、碳纸/碳布）组成。双极板是由极板和流场组成。主要作用是气体分配、集流、导热和密封。

双极板如图 4-2-5 所示，是电、热的良好导体，具有良好的机械性能，很好的阻气性能，耐腐蚀性好等特点，其性能决定了燃料电池堆体积比功率和质量比功率。

质子交换膜作为电解质，起到传导质子，隔离反应气体的作用。在燃料电池内部，质子交换膜为质子的迁移和输送提供通道，使得质子经过膜从阳极到达阴极，与外电路的电子转移构成回路，向外界提供电流。

催化剂氢燃料电池反应关键，主要采用 Pt/C，载体材料主要是纳米颗粒碳、碳纳米管、碳须等。催化剂对材料要求导电性好，载体耐蚀，催化活性大。

图 4-2-5 双极板

气体扩散层（GDL）通常由碳纸或者碳布组成，如图 4-2-6 所示，主要起到传质，导电，导热，支持催化层，导水的作用。

图 4-2-6 碳布或碳纸

③ 燃料电池堆内部循环无加湿器。

新型燃料电池通过电池内部发电产生的循环水实现自加湿，无需外部加湿。这使得消除加湿器成为可能，使系统更小（尺寸减小约 15 L）、更轻（重量减少约 13 kg）。

内部循环无加湿器系统通过电池内部发电产生的循环水蒸气进行自增湿，以保持电解质膜的质子电导率性能。

（2）燃料电池 DC-DC 转换器

由于丰田燃料电池车 Mirai 的燃料电池提供的整体电压未超过 300 V，为了更好地给驱动电机供电，需要一个升压转换器将电压进行提升，所以，丰田燃料电池车 Mirai 配置了一个紧凑且高效的大容量升压器。

丰田燃料电池车 Mirai 的燃料电池升压器，也称为 DC-DC 转换器，是一个单向升压器，可以将燃料电池输出的电能进行升压，以满足驱动电机的最大输出需求。这种燃料电池升压转换器体积为 13 L，可以将燃料电池提供的电压等级从 250 V 提高至 650 V，但不能转换减速或者制动时的电能。这种升压在提高燃料电池的供电电压的同时，还能调节整车能量分配、稳定整车直流母线的电压。

（3）附属附件

燃料电池堆的附属附件主要是一个氢循环泵，这个氢循环泵是一个气压泵，其主要有 3 个作用：① 将燃料电池堆出口未反应的氢气再循环至燃料电池堆入口，从而提高氢气的利用率以及用氢安全；② 将燃料电池堆内部由于电化学反应生成的水循环至氢气入口，起到给进气加湿的作用，改善燃料电池堆内的水润水平，提高了水管理能力，进而提升燃料电池堆的输出特性；③ 由于氢气循环泵对进气的加湿作用，使得氢气入口省去了额外的加湿系统，使得燃料电池系统更加精简。

2. 高压储氢罐

丰田燃料电池车 Mirai 采用 2 个高压储氢罐，两个储氢罐的容积分别为 60 L 和 62.4 L，储气压力可达 70 MPa 如图 4-2-7 所示。这种高压储氢罐自 2000 年开始自主研发的，是碳纤维增强塑料层轻型结构，其主要采用碳纤维材质和用于防弹衣面料的凯夫拉材料制造，可以抵挡轻型枪械的攻击。高压储氢罐在 70 Mpa 压力下加满 122.4 L 的储氢罐可容纳 5 kg 左右的氢气，储存密度达到 5.7 wt%，与世界先进水平接近。

图 4-2-7 丰田燃料电池车 Mirai 的高压储氢罐

丰田燃料电池车 Mirai 的高压氢气罐包括 3 层，塑性衬垫（用于氢密封）、碳纤维增强塑料层（用于保证耐压）、玻璃纤维增强塑料层（用于保护表面），如图 4-2-8 所示①②③分别为内层、中间层和外层。高压储氢罐内层采用高分子聚合物材料，与氢气接触不发生反应；中间层是高压储氢罐最重要的一层，采用"热塑性碳纤维增强塑料"；外层采用玻璃纤维增强聚合物材料。每一个保护层的纤维纹路都根据所处罐身位置的不同而做了额外的优化，使纤维顺着压力分布的方向，进一步提升保护层的效果。塑料衬里结构的创新和高效的分层模式使得碳纤维的使用量减少了约 40%。

丰田燃料电池车 Mirai 对储氢罐的要求除了能够承受足够的压力外，还对其碰撞等安全性能有要求。所以，氢罐上装有止逆阀式的易熔塞泄压阀，在车辆着火的情况下，易熔塞会受热熔化并强制性地排出氢气。当车速在 80 km/h 以下发生追尾时不会对氢罐造成任何损伤。

图 4-2-8 丰田燃料电池车 Mirai 的高压储氢罐内部结构

一般，在装车前储氢罐的安全性应进行爆破、疲劳、耐久性、火烧、高处跌落、碰撞和枪击等一系列安全测试。

> **想一想**：丰田 Mirai 高压储氢罐的最大优势是什么？
> _____
> _____

3. 动力电池

丰田燃料电池车 Mirai 配置了 1.6 kW·h 的动力电池（储能电池），能够把燃料电池堆产生的剩余电能和制动能量回收产生的电能储存起来，如图 4-2-9 所示。动力电池和纯电动汽车或混合动力汽车中的动力电池包的结构和原理一样。丰田车系动力电池一般以镍氢电池为主，其优点是质量轻。由于混合动力系统的工作方式，需要不停地对电池进行快速充放电，而镍氢电池恰恰具备良好的快速充放电性能。

图 4-2-9 丰田燃料电池车 Mirai 的动力电池（储能电池）

4. 驱动电机

丰田燃料电池车 Mirai 的驱动电机最大功率为 113 kW，峰值扭矩为 335 N·m，动力相当于 2.0 L 自然吸气的汽油机水平，大扭矩输出保证了其良好的中低速响应，强横的扭力可让它在 10 秒左右完成百公里加速。驱动电机由燃料电池和动力电池组联合供电，电机直接驱动车轮（见图 4-2-10）。

图 4-2-10 丰田燃料电池车 Mirai 的驱动电机

5. 动力控制单元

丰田 Mirai 燃料电池电动车的动力控制单元就像汽车的大脑，整车的所有动力均由动力控制单元计算后分配到车辆驱动轮上。在不同的行驶工况条件下，利用动力控制单元可以控制动力电池的充放电，并可以实现策略优化，提高经济性。

另外，丰田 Mirai 燃料电池电动车的动力控制单元与驱动电机构成驱动电机系统，它的驱动电机也以三相交流电机为主。工作时，需要通过动力控制单元对其进行转速、扭矩和旋转方向等内容的进行控制，如图 4-2-11 为动力控制单元图。

图 4-2-11 丰田燃料电池车 Mirai 的动力控制单元

想一想：丰田燃料电池车 Mirai 的最大意义是什么？

二、丰田 Mirai 燃料电池电动汽车动力系统工作原理

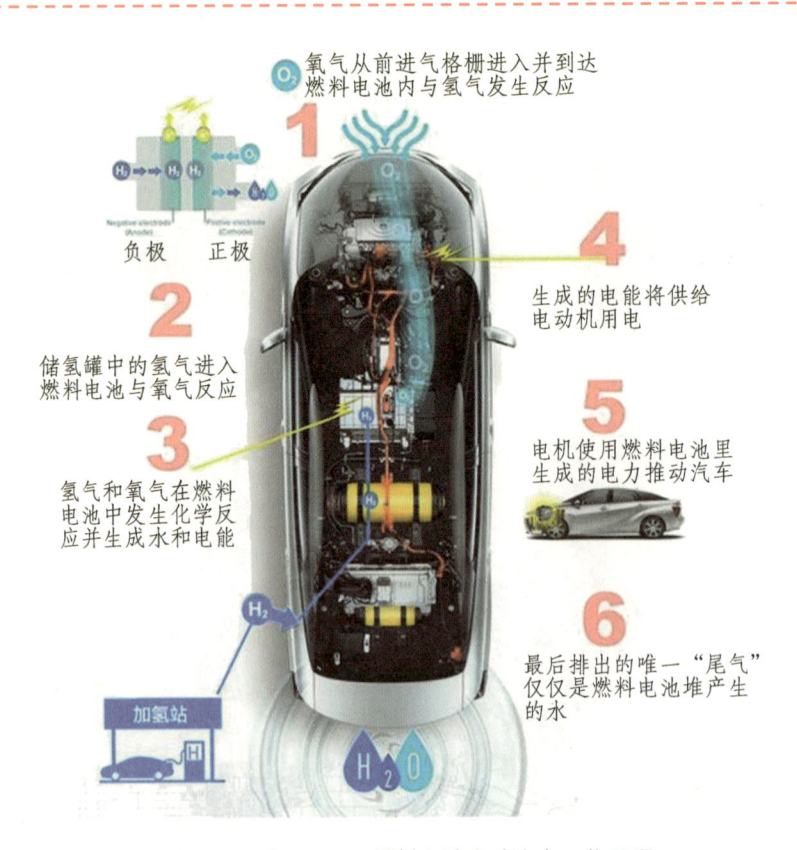

1. 丰田 Mirai 燃料电池电动汽车工作原理

丰田 Mirai 燃料电池电动汽车行驶时，通过进气格栅吸入氧气，与储氢罐中的氢气在燃料电池中发生氧化还原反应产生电量，再由动力控制单元驱动电机工作，反应产生的剩余电能存入动力电池内。制动时，动力控制单元还可将电能储存在动力电池中，理论上整个驱动过程中，燃料电池汽车仅会产生清洁的水，如图 4-2-12 所示。

想一想：若丰田 Mirai 燃料电池电动汽车的氢气没有与氧气充分反应会污染环境吗？

图 4-2-12　丰田 Mirai 燃料电池电动汽车工作原理

具体的过程为:
(1) 氧气从前进气格栅进入并到达燃料电池内与氢气发生反应。
(2) 储氢罐中的氢气进入燃料电池与氧气反应。
(3) 氢气和氧气在燃料电池中发生化学反应并生成水和电能。
(4) 生成的电能将供给驱动电机用电。
(5) 驱动电机使用燃料电池里面生成的电力推动汽车。
(6) 最后排出的唯一的仅仅是燃料电池堆产生的水,实现了二氧化碳等污染物的零排放。

2. 丰田 Mirai 燃料电池电动汽车动力系统工作原理

丰田 Mirai 燃料电池电动汽车的动力电池与燃料电池分别起着不同的作用,在整车负载低的时候可以单独用动力电池给驱动电机供电,带动车辆前进,而燃料电池堆栈也可以通过发电给动力电池充电,动力电池把燃料电池堆产生的剩余电能储存起来,供后续车辆急加速使用和车载用电器使用。

丰田 Mirai 燃料电池电动汽车工况分为启动、一般行驶、加速行驶和减速行驶,如图 4-2-13 所示。

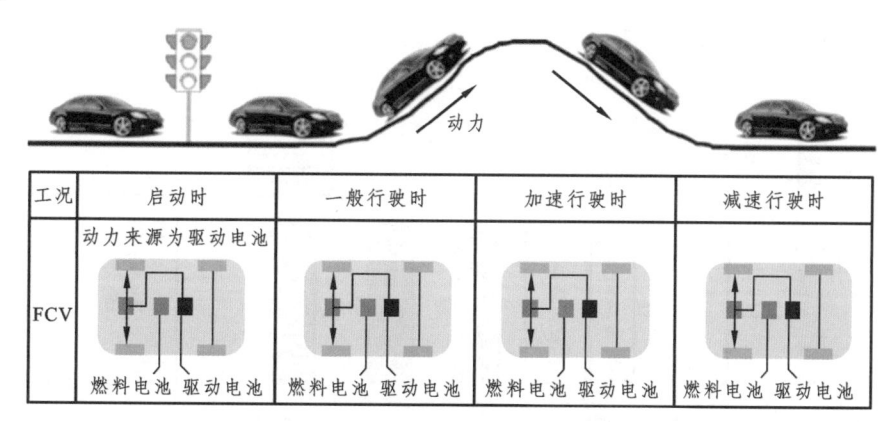

图 4-2-13 燃料电池电动汽车行驶工况

(1) 启动工况

当车辆启动时,镍氢蓄电池经动力控制单元输送电能供给驱动电机,带动驱动电机工作,驱动车辆行驶,如图 4-2-14 所示。

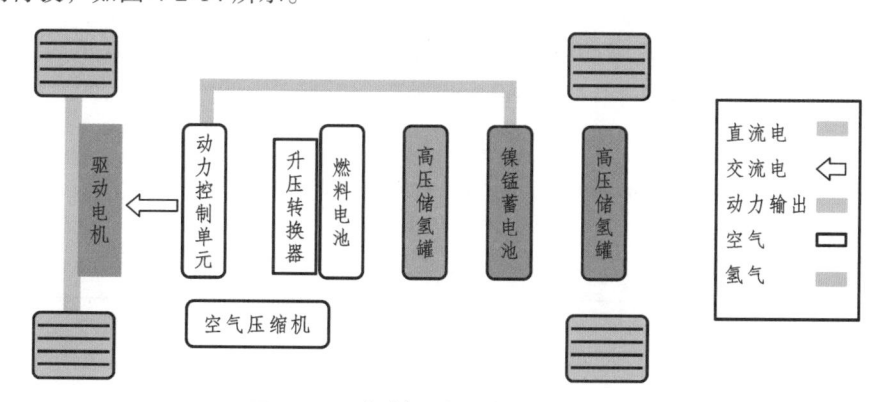

图 4-2-14 燃料电池电动汽车启动工况

（2）一般行驶工况

当车辆行驶时，燃料电池总成通过发生氧化还原反应产生电量，再由动力控制单元驱动电动机工作，带动车辆行驶，如图 4-2-15 所示。

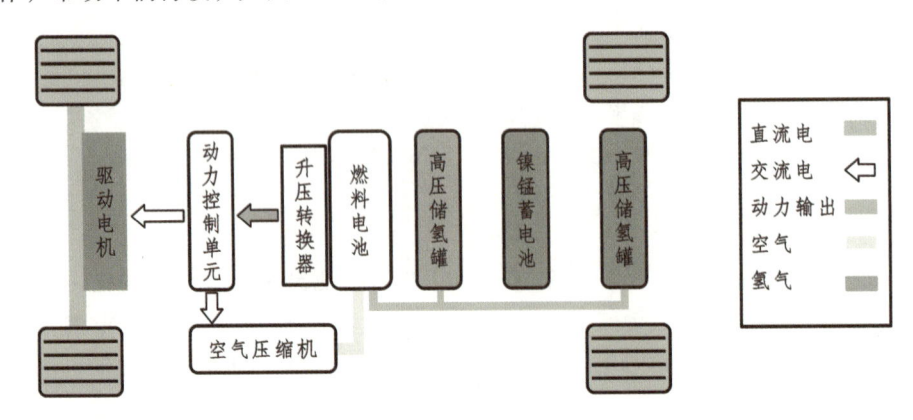

图 4-2-15　燃料电池电动汽车一般行驶工况

（3）加速行驶工况

当车辆有较大的加速动力需求的时候，辅助动力电池和燃料电池总成，两者联合向驱动电机供电，实现双重供电满足动力需求，如图 4-2-16 所示。

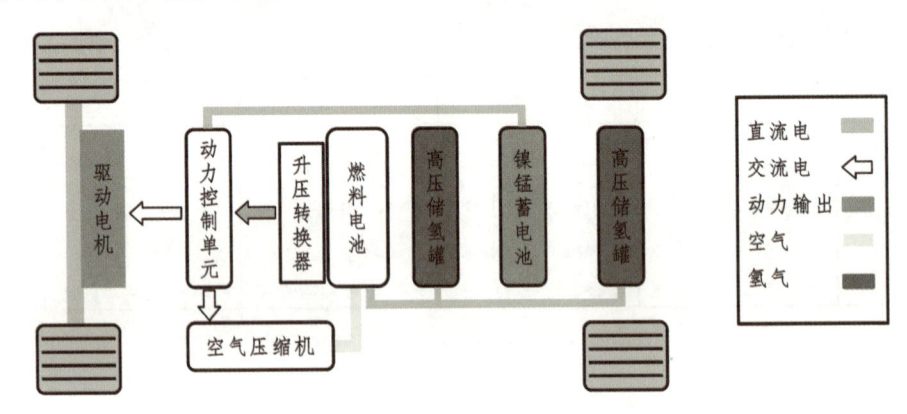

图 4-2-16　燃料电池电动汽车加速工况

（4）减速工况

当车辆减速行驶的时候，驱动电机转化为发电机来回收动能，电能直接回馈输送到动力电池组内储存起来，如图 4-2-17 所示。

> 想一想：若丰田 Mirai 燃料电池电动汽车在启动工况采用燃料电池供电，会影响车辆性能吗？

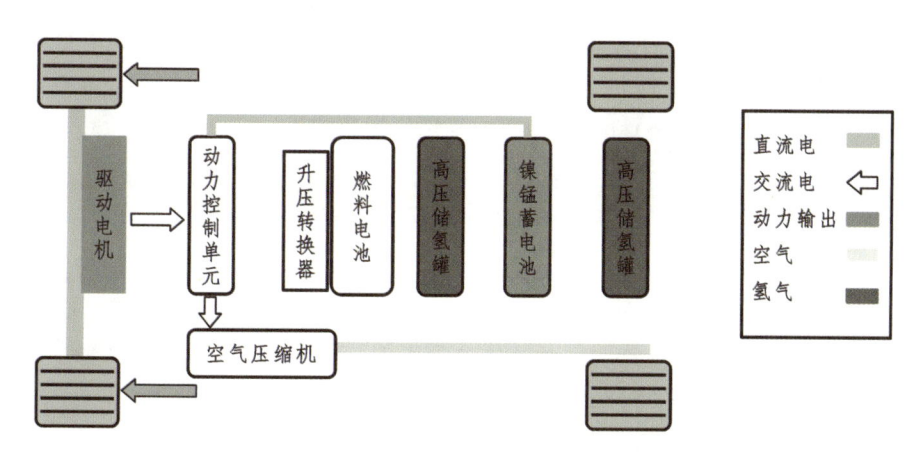

图 4-2-17　燃料电池电动汽车减速工况

> **温馨提示（思政）**
>
> 丰田 Mirai 是一款量产的燃料电池电动汽车，它的出现代表了燃料电池技术在汽车领域的重要突破。
>
> 学生通过学习丰田 Mirai 燃料电池电动汽车相关知识，认识到燃料电池电动汽车具有零排放、高效率、长续航里程等优点，是未来汽车发展的重要方向之一。
>
> 氢燃料电池汽车的出现和应用，为中国汽车产业带来了新的发展机遇和挑战，为中国提供一种新的能源选择和解决方案，有助于推动中国汽车产业的升级和转型，促进汽车产业的高质量发展，同时也有助于实现中国能源结构的转型和环境保护和可持续发展目标。

【知识拓展】

燃料电池堆简称燃料电池（FC），是一种化学电池，它直接把物质发生化学反应时释放出的能量变换为电能，工作时需要连续地向其供给活物质（起反应的物质）——燃料和氧化剂。由于它是把燃料通过化学反应释放出的能量变为电能输出，所以被称为燃料电池。

（一）燃料电池分类

燃料电池的分类有很多种方法，可以依据其工作温度、燃料种类、电解质类型进行分类。

1. 按照工作温度分类

按照工作温度燃料电池可分为低温、中温和高温三类。工作温度为室温至 100℃ 的称为低

167

温燃料电池，包括碱性燃料电池和质子交换膜燃料电池；工作温度 100~300℃的称为中温燃料电池，主要包括培根型碱性燃料电池和磷酸型燃料电池；工作温度 600~1 000℃的称为高温燃料电池，包括熔融碳酸盐燃料电池和固体氧化物燃料电池。

2. 按照燃料种类分类

按照燃料种类燃料电池可分为三类。第一类是直接式燃料电池，即燃料直接使用氢气；第二类是间接式燃料电池，其燃料通过某种方法把甲烷、甲醇或其他类化合物转变成氢气或富含氢的混合气后再供给燃料电池；第三类是再生燃料电池，是指把电池生成的水经适当方法分解成氢气和氧气，再重新输送给燃料电池。

3. 按开发顺序分类

按开发早晚顺序燃料电池可分三代。磷酸燃料电池（PAFC）称为第一代燃料电池，熔融碳酸盐燃料电池（MCFC）称为第二代燃料电池，固体氧化物燃料电池（SOFC）称为第三代燃料电池。

4. 按电解质类型分类

按电解质类型燃料电池可分为如下几类：碱性燃料电池（AFC）、磷酸燃料电池（PAFC）、熔融碳酸盐燃料电池（MCFC）、固体氧化物燃料电池（SOFC）、质子交换膜燃料电池（PEMFC）。在此分类下，不同类型燃料电池的主要区别见表 4-2-1。

表 4-2-1　不同类型燃料电池的主要区别

燃料电池	典型电解质	工作温度	优　点	缺　点
碱性燃料电池	$KOH-H_2O$	80℃	启动快；室温常压下工作	需以纯氧做氧化剂
磷酸燃料电池	H_3PO_4	200℃	对 CO_2 不敏感	对 CO 敏感；工作温度较高；低于峰值功率输出时性能下降
固体氧化物燃料电池	$ZrO_2-Y_2O_3$	1 000℃	可用空气做氧化剂；可用天然气或甲烷作燃料	工作温度高
熔融碳酸盐燃料电池	Na_2CO_3	650℃	可用空气做氧化剂；可用天然气或甲烷作燃料	工作温度高
质子交换膜燃料电池	含氟介子交换膜	80~100℃	寿命长；可用空气做氧化剂；工作温度低；启动迅速	对 CO 敏感；反应物需加湿；成本高

（二）燃料电池基本结构与原理

燃料电池是一种新型发电技术，是继水力、火力和核能发电之后的第四类发电技术，单体燃料电池结构如图 4-2-18 所示；燃料电池组结构如图 4-2-19 所示。这里以质子交换膜燃料电池为例介绍的结构和原理。

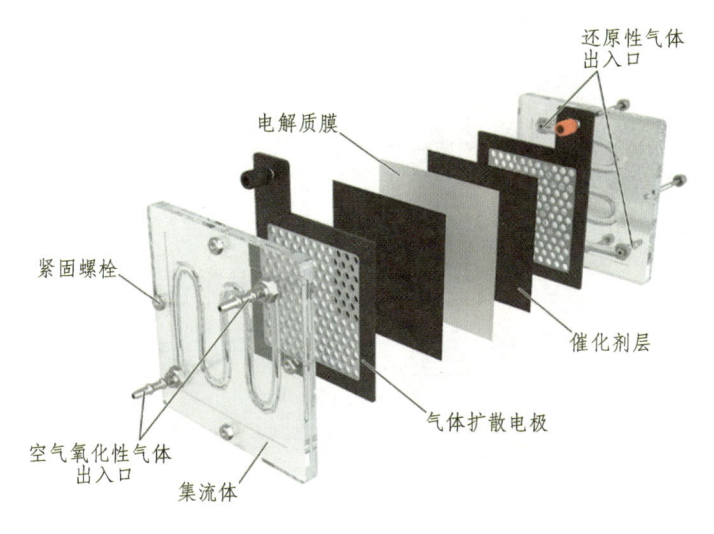

图 4-2-18 单体燃料电池结构

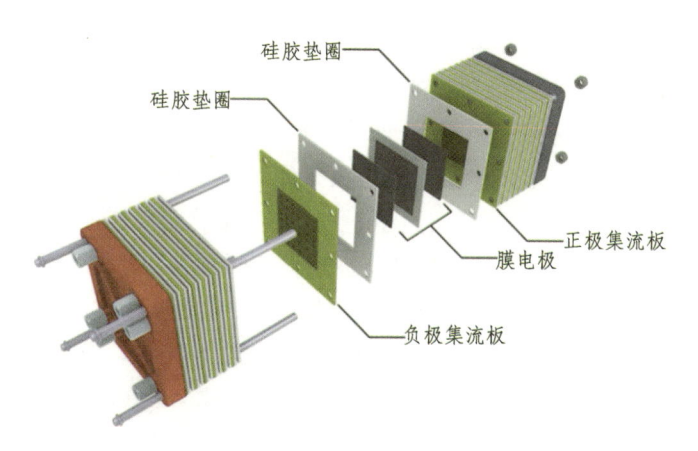

图 4-2-19 燃料电池组结构

1. 质子交换膜燃料电池结构

质子交换膜燃料电池（proton exchange membrane fuel cell）是一种燃料电池，在原理上相当于水电解的"逆"装置。质子交换膜燃料电池的单电池主要由阳极、阴极、质子交换膜、阳极催化层、阴极催化层和集流体等组成，如图 4-2-20 所示。阳极为氢燃料发生氧化的场所；阴极为氧化剂还原的场所；两极都含有加速电极电化学反应的催化剂；质子交换膜作为传递 H^+ 的介质，只允许 H^+ 通过，而 H_2 失去的电子则从导线通过；集流板的主要作用是向电极输送反应物气体。工作时相当于一直流电源，阳极即电源负极，阴极即电源正极。

① 电极。

燃料电池的阴极和阳极统称为电极。电极的材料为聚四氟乙烯（PTFE），又称特氟纶（Teflon），并且在其表面涂有 200～300μm 厚的碳，其上有孔，允许燃料和氧化剂气体通过小孔进行扩散和水的通过，碳层用于收集电子并为其通过提供通路。

169

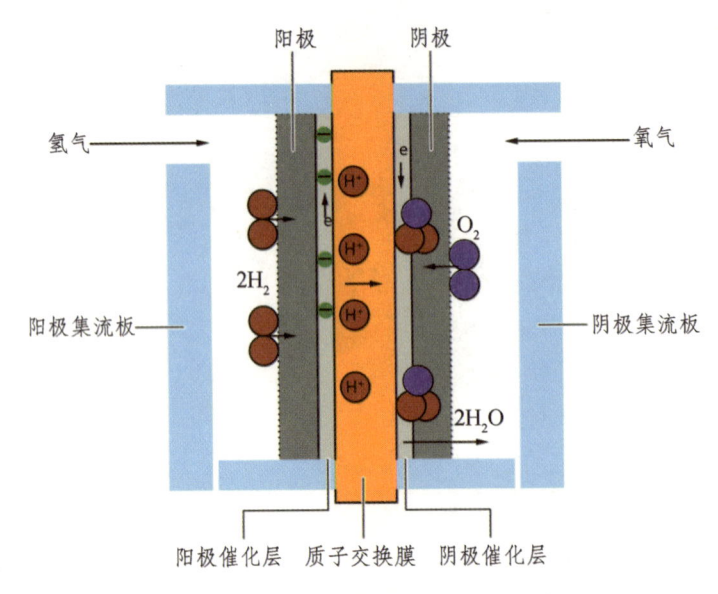

图 4-2-20 质子交换膜燃料电池的结构

② 催化层。

在电极和膜之间有一个很薄的催化剂层,该层由非常精细的铂粒(Pt)与大量的碳粒组成,并且加入少量的聚四氟乙烯(PTFE),直接涂在电极表面,这种结构使反应物与催化剂之间有最大的接触面积,而且由于特氟纶存在,能将水排出到电极气体通道。质子交换膜燃料电池(PEMFC)通常采用氢气和氧气(或空气)作为反应气体。为了加快电化学反应速率,气体扩散电极上都含有催化剂。电极催化剂包括阴极催化剂和阳极催化剂两类。

对于阴极催化剂,研究的重点一方面是改进电极结构,提高催化剂的利用率,另一方面是寻找高效价廉的可替代贵金属的催化剂。阳极催化剂主要要求具有抗 CO 中毒的能力,因为 PEMFC 对燃料气中 CO 非常敏感,即使痕量的 CO 也可使铂催化剂中毒。另外,对于直接使用甲醇或其他烃类燃料的质子交换膜燃料电池系统,研究重点也主要是阳极催化剂体系。

由于 PEMFC 的工作温度低于 100℃,至今还都以催化活性较高的 Pt/C 为电催化剂。目前铂资源非常匮乏,为提高 Pt 的利用率和降低 Pt 的用量,一方面需要开发电极批量生产的工艺研究;另一方面需要将铂以纳米形式高分散地担载到导电、抗腐蚀的载体上。

Pt/C 电催化剂将铂高分散地担载到载体上,主要有两种方法:化学法与物理法。一种适宜的碳载体,应满足以下要求:有效的表面和发达的孔结构,使铂催化剂尽量分散,并且确保使气相传至液相传递过程能顺利进行;在电化学环境中有良好的化学稳定性和热稳定性;有良好的导电性,使电极的内阻尽可能地小;粒径小、比表面积大,以利于吸附金属催化剂。至今所采用的载体均为乙炔黑型炭黑。有时为增加载体的石墨特性,需经高温处理。为增加载体表面的活性基团,也有用各种氧化剂如 $KMnO_4$、HNO_3 处理或用水蒸气处理。

目前应用最广的载体是 Vulcan XC-72 炭黑,它的平均粒径约为 30 mm,比表面积为 250 m^2/g。商品化的催化剂主要是 Pt/C(以氢为燃料的 PEMFC)和 Pt-Ru/C(DMFC),碳载体为 Vulcan XC-72 导电炭黑,近来也有碳纳米管(CNT)作为电催化剂载体的研究报道,铂含量在 10%~40%。

③ 质子交换膜。

质子交换膜是 PEMFC 的关键部分，它能起到分隔燃料和氧化剂、传导质子和绝缘电子的作用，其性能和寿命直接决定电池的性能和寿命。因此质子交换膜应具有以下特性：

a. 良好的质子导电性；

b. 气体（尤其是氢气和氧气）在膜内的渗透性尽可能小；

c. 足够高的机械强度；

d. 聚合物本身不溶于水，但具有较好的水合能力；

e. 在电池工作环境下有较高的热稳定性和化学稳定性；

f. 对燃料和氧化剂有较好的阻隔作用；

g. 与催化剂有较好的结合能力。

目前开发研究的质子交换膜根据其氟含量的多少可以分为全氟质子交换膜、部分氟化质子交换膜和非氟化质子交换膜。PEMFC 使用的质子交换膜主要是 Nafion 膜。Nafion 膜是一种全氟磺酸膜，具有高的电导率和化学稳定性，但其高温下失水严重引起电导率的显著降低，同时其价格昂贵。

④ 集流体。

质子交换膜电池 PEMFC 的集流板位于最外层，其上开有槽，它的主要作用是向电极输送反应物气体，同时在"电池堆"中将各个电池连接起来，要求具有导电性好、机械强度高、适合自动化生产、有较低的成本、抗腐蚀能力强、不允许反应物气体的渗透等特性。

2. 质子交换膜燃料电池原理

质子交换膜燃料电池（PEMFC）通常采用氢气和氧气（或空气）作为反应气体。为了加快电化学反应速率，气体扩散电极上都含有催化剂。电极催化剂包括阴极催化剂和阳极催化剂两类。

它能将储存燃料（H_2）和氧化剂（O_2）中的化学能转变成电能，只要不断地供给燃料和氧化剂，它就能不断地输出电能。图 4-2-21 是 PEMFC 工作原理示意图，图 4-2-22 是 PEMFC 电极反应示意图。

燃料与空气被分别送进燃料电池，在其两极产生电动势，若将外电路连接起来就产生电流。燃料电池与传统的电池一样有正、负电极，正、负电极板被电解液（质子交换膜内含电解液）分开。为了加快化学反应的速率，正、负电极板上附有催化剂，以促进化学反应进行。氢气通过双极板上的导气通道到达电池的阳极，通过电极上的扩散层到达质子交换膜，在阳极催化剂的作用下解离为 2 个氢离子，即质子，并且释放出 2 个电子。

正极反应：$H_2 \rightarrow 2H^+ + 2e^-$

在电池的另一端，氧气或空气通过双极板上的导气通道到达电池的阴极，通过电极上的扩散层到达质子交换膜。同时，氢离子与电解质膜发生质子交换产生的氢离子到达阴极，电子通过外电路也到达阴极。在阴极催化剂的作用下，氧与氧离子和电子发生反应生成水。

负极反应：$\frac{1}{2}O_2 + 2H^+ + 2e^- \rightarrow H_2O$

总的化学反应：$\frac{1}{2}O_2 + H_2 \rightarrow H_2O$

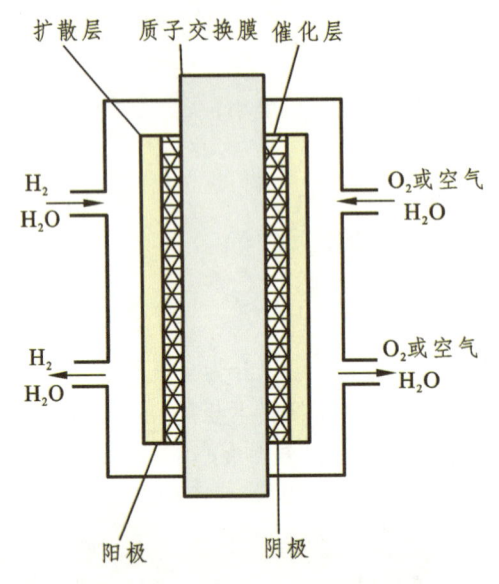

图 4-2-21　PEMFC 工作原理示意图

质子燃料电池工作原理

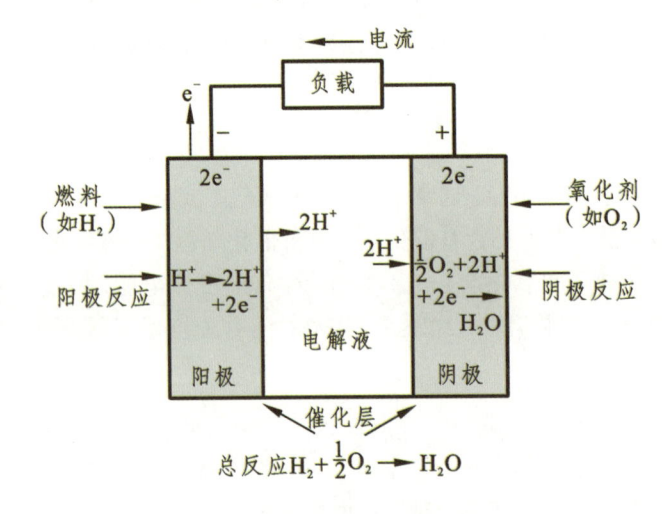

图 4-2-22　PEMFC 电极反应

与此同时，电子在外电路中形成电流，通过适当连接可以向负载输出电能，生成的水通过电极随反应尾气排出。

通常单个 PEMFC 的输出电压很低，只有 0.7 V 左右，为了满足需要，实际应用中都是将多个 PEMFC 串联或并联连在一起组成电池堆使用。通过这种方法可使数十个甚至数百个 MEA 叠放在一起，由于这是一种模块化结构，很容易实现各种容量要求，而且维护、维修方便。值得一提的是，PEMFC 电池堆的输出为直流，当给交流设备供电时，电池堆的输出需要经过 DC/AC 变换器，将输出变成交流。

(三)燃料电池系统组成

燃料电池系统是由燃料电池电堆系统和辅助子系统组成,如图 4-2-23 所示。

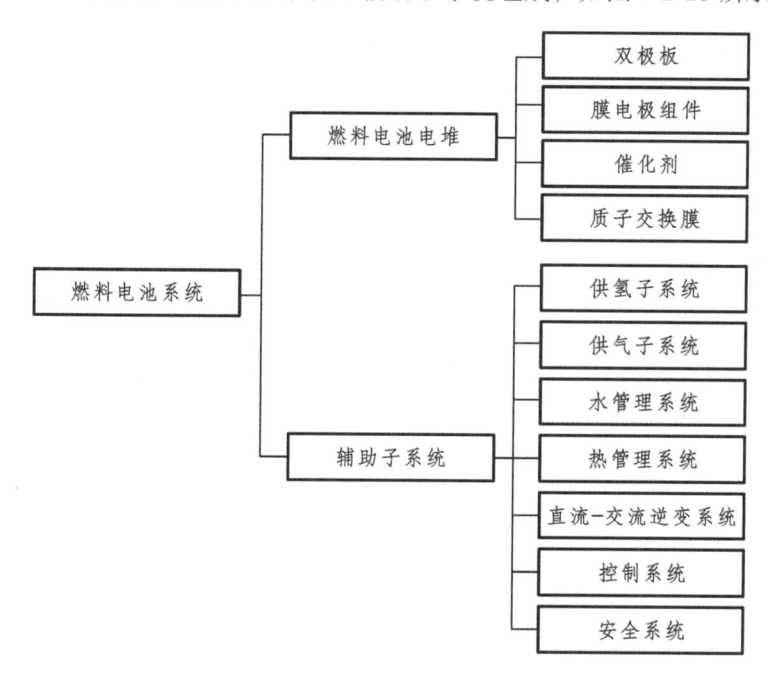

图 4-2-23　燃料电池系统组成

1. 燃料电池电堆

燃料电池电堆主要由质子交换膜、双极板、膜电极组件和催化剂等组成。

(1)质子交换膜

质子交换膜是燃料电池(PEMFC)的核心元件。从膜的结构来看,质子交换膜(PEM)大致可分为三大类:磺化聚合物膜,复合膜,无机酸掺杂膜。目前研究的 PEM 材料主要是磺化聚合物电解质,按照聚合物的含氟量可分为全氟磺酸质子交换膜、部分氟化质子交换膜以及非氟质子交换膜等。伊维经济研究院在研究报告中提到目前最常用的质子交换膜是美国科慕(杜邦)的 Nafion 全氟磺酸膜、戈尔公司的 select 复合膜。

质子交换膜国外已实现规模化生产,主流企业有戈尔、科慕、旭硝子、旭化成等;国内技术水平与国外相当,但多处在中试阶段,能够批量化供应只有东岳集团,已进入 AFCC(奔驰福特合资公司)供应链。目前应用最多的全氟磺酸膜具有化学性能好、质子传导率高等优点,但其产品的合成及磺化工艺复杂,成本高;此外全氟磺酸膜对温度和含水量要求高,以 Nafion 膜为例,其最佳工作温度为 70~90℃,过高温度会使其含水量急剧降低,导电性迅速下降,因此电极反应速度难以提高,催化剂也容易中毒,从而损害电堆寿命。故而部分氟化、无氟化、复合质子交换膜、高温质子交换膜为重要研究方向,它们加工简单、成本低、稳定性更优。

(2)双极板

双极板是电堆的多功能部件,其主要作用是通过表面的流场给膜电极输送反应气体,同时收集和传导电流（多个单电池通过双极板串联）并排出反应的热量及产物水。其重量约占电堆的 80%，成本约占 30%。双极板材料目前主要是石墨双极板、金属双极板和复合板，伊维经济研究院调研发现石墨双极板当前应用最为广泛。石墨双极板耐腐蚀性强，导电导热好，但气密性较差，厚度大且加工周期长，成本较高。另一方面，而由于乘用车空间限制，高功率、低成本的金属双极板具有更好的应用前景，目前国外已实现商业化利用。复合双极板更适合批量化生产，但目前研发程度较低。伊维经济研究院认为石墨双极板技术成熟，目前主流供应商有POCO、巴拉德等。国产厂商主要有上海神力、上海弘枫、嘉裕碳素等公司。尽管石墨双极板已初步实现国产化小规模使用，伊维经济研究院认为由于缺乏耐久性和工程化验证，且生产工艺多为机械加工成型，成本难以降低。

（3）膜电极组件

膜电极是电堆的"电芯"，决定了电堆性能、寿命和成本的上限，成本占据电堆 60%以上。膜电极组件是集膜、催化层、扩散层于一体的组合件，是燃料电池单体的最重要组件。伊维经济研究院研究发现，目前，国际上已经发展了 3 代膜电极技术路线：一是主要采用热压法，将催化剂浆料涂覆在气体扩散层上，构成阳极和阴极催化层，形成"GDE"结构膜电极，总体性能不高；二是把催化层制备到膜上（CCM），一定程度上提高了催化剂的利用率与耐久性，但催化层结构具有不稳定性；三是有序化的膜电极，把催化剂如 Pt 制备到有序化的纳米结构上，使电极呈有序化结构，获得坚固、完整的催化层，进一步提高燃料电池性能，降低催化剂铂载量。目前商业化程度最高的是第二代 CCM 技术，第三代有序化技术还处于研发试验阶段，只有戈尔公司实现量产。伊维经济研究院在研究报告中分析认为目前膜电极市场主要被国外企业占据，主流专业膜电极的供应商主要有 3M、戈尔、东丽等。巴拉德、丰田、本田等电池、乘用车企业自主开发了膜电极。国产膜电极性能与国际水平接近，稍有差距，但在批量化生产工艺和装备方面还需要努力追赶，国外已实现卷对卷的连续化生产。国内专业的膜电极供应商主要是武汉理工新能源，其主要出口供应普拉格，以及供应国内车企使用，是全球六大膜电极供应商之一，其规模化量产年产量达到 12 万片，建成的自动化膜电极生产线产能达到 2 万平方米/年，未来预计建设到 10 万平方米/年。大连新源也自主生产膜电极，主要是自用为上汽的发动机配套。此外还有大连化物所、武汉喜马拉雅、苏州擎动等参与膜电极研发工作。

（4）催化剂

催化剂是燃料电池的关键材料之一，目前燃料电池中常用催化剂是 Pt/C，即由铂的纳米颗粒分散到碳粉载体上的担载型催化剂。研究目标就是使燃料电池催化剂的铂载量低于传统燃油车，国外催化剂铂载量达到 0.1~0.2 g/kW，国内铂载量 0.3~0.4 g/kW，离传统燃油车 0.05 g/kW 还有较大下降空间。

伊维经济研究院研究认为催化剂海外企业领先，已经能够实现批量化生产，国内正起步。其中英国 Johnson Matthey 和日本田中（供应本田 Clarity）等是全球领军企业。国内企业尚处于研究阶段，包括大连化物所、新源动力、贵研铂业等高校、企业，大连化物所制备的 Pd@Pt/C 核壳催化剂，其氧还原活性与稳定性优于商业化 Pt/C 催化剂；贵研铂业和上汽共同研发燃料电池催化剂，已获得一定成果。

2. 辅助子系统

燃料电池辅助子系统主要由供氢子系统、供氧子系统、水管理系统、热管理系统、直流—交流逆变系统、控制系统、安全系统等组成。

（1）供氢子系统

将外部供给的燃料转化为以氢为主要成分的燃料。如果直接以氢气为燃料，供应系统可能比较简单。若使用天然气等气体碳氢化合物或者石油、甲醇等液体燃料，需要通过水蒸气重整等方法对燃料进行重整。而用煤炭作燃料时，则要先转换为以氢和一氧化碳为主要成分的气体燃料。用于实现这些转换的反应装置分别称为重整器、煤气化炉等。

（2）供氧子系统

提供反应所需的氧，可以是纯氧，也可以用空气。氧气供给系统可以用马达驱动的送风机或者空气压缩机，也可以用回收排出余气的透平机或压缩机的加压装置。

（3）水管理系统

将阴极生成的水及时带走，以免造成燃料电池失效。对于质子交换膜燃料电池，质子是以水合离子状态进行传导的，需要有水参与，而且水少了还会影响电解质膜的质子传导特性，进而影响电池的性能。

（4）热管理系统

将电池产生的热量带走，避免因温度过高而烧坏电解质膜。燃料电池是有工作温度限制的。外电路接通形成电流时，燃料电池会因内电阻上的功率损耗而发热（发热量与输出的发电量大体相当）。热管理系统中还包括泵（或风机）、流量计、阀门等部件。常用的传热介质是水和空气。

（5）直流—交流逆变系统

将燃料电池本体产生的直流电转换为用电设备或电网要求的交流电。

（6）控制系统

主要由计算机及各种测量和控制执行机构组成，作用是控制燃料电池发电装置启动和停止、接通或断开负载，往往还具有实时监测和调节工况、远距离传输数据等功能。

（7）安全系统

主要由氢气探测器、数据处理器以及灭火设备构成，实现防火、防爆等安全措施。

【任务测评】

一、判断题

1. 丰田 Mirai 燃料电池电动汽车是丰田第一款量产的氢燃料电池电动汽车。（ ）
2. 丰田 Mirai 燃料电池电动汽车属于电—电混合的动力系统构型。（ ）
3. 丰田燃料电池堆栈以燃料电池堆栈为主要核心组件的动力系统，整个动力系统不需要动力电池，燃料电池的电能经过升压和逆变器转化后输送给驱动电机。（ ）
4. 丰田 Mirai 燃料电池电动汽车的高压储氢罐采用碳纤维材质和用于防弹衣面料的凯夫拉材料制造，可以抵挡轻型枪械的攻击。（ ）
5. 丰田燃料电池车 Mirai 配置了 1.6 kW·h 的动力电池（储能电池），能够把燃料电池堆产生的剩余电能和制动能量回收产生的电能储存起来（ ）
6. 丰田燃料电池车 Mirai 的驱动电机最大功率为 113 kW，峰值扭矩为 335 N·m。（ ）
7. 丰田 Mirai 的 DC-DC 转化器可以将燃料电池提供的 250 V 的电提升至 650 V。（ ）

二、选择题

1. 丰田燃料电池车 Mirai 的（   ）构成燃料电池总成。【多选题】
   A. 燃料电池堆　　　　　　　　　　B. DC-DC 转换器总成
   C. 附属组件（氢循环泵）　　　　　D. 高压储氢罐

2. 燃料电池堆是发生电化学反应场所丰田 Mirai 搭载的燃料电池堆栈是由 370 片薄片燃料电池以（   ）层叠组合构成的。【单选题】
   A. 串联方式　　　　　　　　　　　B. 并联方式
   C. 混联方式　　　　　　　　　　　D. 以上都不是

3. 丰田燃料电池车 Mirai 的动力系统主要由（   ）等组成。【多选题】
   A. 燃料电池堆　　　　　　　　　　B. 燃料电池 DC-DC 转换器
   C. 附属组件（氢循环泵）　　　　　D. 高压储氢罐
   E. 动力电池（镍氢）　　　　　　　F. 驱动电机
   G. 电池 DC-DC 转换器　　　　　　 H. 动力控制单元

4. 装车前储氢罐的安全性应进行的一系列安全测试包括（   ）。【多选题】
   A. 爆破　　　　B. 疲劳　　　　C. 耐久性　　　　D. 火烧
   E. 高处跌落　　F. 碰撞　　　　G. 枪击　　　　　H. 颠簸

5. 丰田 Mirai 燃料电池电动车的动力控制单元与驱动电机构成（   ）组成。【单选题】
   A. 动力系统　　　　　　　　　　　B. 驱动电机系统
   C. 电池管理系统　　　　　　　　　D. 整车控制系统

三、简答题

1. 请简述丰田 Mirai 燃料电池电动汽车动力系统的组合成及各部分的作用。
2. 请简述丰田 Mirai 燃料电池电动汽车动力系统的工作原理。

项目五　新能源汽车使用

随着技术不断进步和新能源汽车的广泛推广，越来越多的人开始使用新能源汽车。因此，正确规范地使用新能源汽车变得越来越重要。为了帮助大家学习如何正确使用新能源汽车，我们将重点介绍新能源汽车的仪表及仪表符号、驾驶部件以及各类新能源汽车的使用流程，以及相关的使用方法和注意事项。本项目主要包括四个学习任务：新能源汽车仪表及驾驶操作部件认知、纯电动汽车驾驶使用、混合动力汽车驾驶使用、燃料电池汽车驾驶使用。

任务一　新能源汽车仪表及驾驶操作部件认知

新能源汽车仪表及驾驶操作部件是新能源汽车中不可或缺的组成部分。新能源汽车仪表可以向驾驶员提供车辆的驾驶信息，监控车辆的状态，并显示任何故障或警示，以帮助驾驶员了解和掌握车辆的运行状态。驾驶操作部件则能够帮助驾驶员实现驾驶操纵，使得车辆能够按照驾驶员的操作行驶。这个任务主要介绍新能源汽车仪表及驾驶操作部件的认知（见图 5-1-1）。

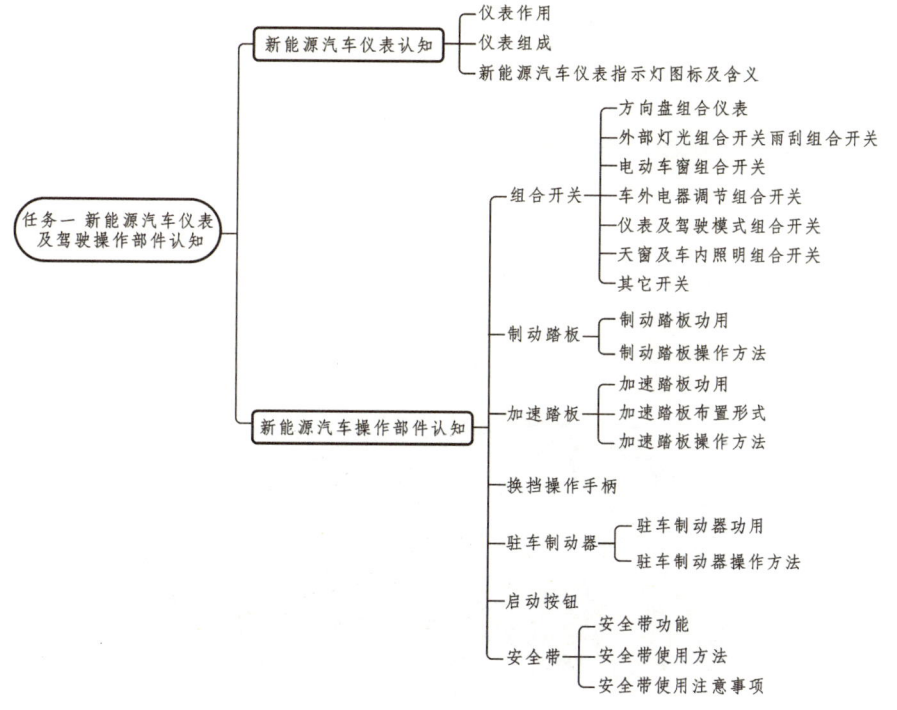

```
任务一 新能源汽车仪表
      及驾驶操作部件认知
      ├── 新能源汽车仪表认知
      │   ├── 仪表作用
      │   ├── 仪表组成
      │   └── 新能源汽车仪表指示灯图标及含义
      └── 新能源汽车操作部件认知
          ├── 组合开关
          │   ├── 方向盘组合仪表
          │   ├── 外部灯光组合开关雨刮组合开关
          │   ├── 电动车窗组合开关
          │   ├── 车外电器调节组合开关
          │   ├── 仪表及驾驶模式组合开关
          │   ├── 天窗及车内照明组合开关
          │   └── 其它开关
          ├── 制动踏板
          │   ├── 制动踏板功用
          │   └── 制动踏板操作方法
          ├── 加速踏板
          │   ├── 加速踏板功用
          │   ├── 加速踏板布置形式
          │   └── 加速踏板操作方法
          ├── 换挡操作手柄
          ├── 驻车制动器
          │   ├── 驻车制动器功用
          │   └── 驻车制动器操作方法
          ├── 启动按钮
          └── 安全带
              ├── 安全带功能
              ├── 安全带使用方法
              └── 安全带使用注意事项
```

图 5-1-1　任务一知识框架

新能源汽车认知与使用

【学习目标】

知识目标：

（1）描述新能源汽车仪表的作用及组成。
（2）简述新能源汽车驾驶操作部件的功能。

能力目标：

（1）能识别新能源汽车各种指示灯。
（2）能说出各种新能源汽车指示灯点亮的原因。

素质目标：

（1）通过新能源汽车仪表及驾驶操作部件的学习，理解新能源汽车仪表及各种驾驶操作部件功能，提高知识学习和分析能力。
（2）通过新能源汽车仪表指示灯的学习，理解各种指示灯点亮的调节，提高分析问题、解决问题的能力。

【获取信息】

新能源汽车仪表和驾驶操作部件对于车辆的使用至关重要。新能源汽车仪表为驾驶员提供了全面的车辆运行状态信息，帮助驾驶员高效管理能源和安全驾驶，从而提升驾驶体验和乘坐舒适度。而驾驶操作部件则是实现驾驶操作的基础，驾驶员可以通过它们来控制并操作车辆。

一、新能源汽车仪表及指示灯认知

1. 仪表作用

新能源汽车仪表，可以给驾驶员提供各种信息、监控车辆状态、显示车辆有无故障警示，帮助驾驶员了解和掌握车辆运行状态，如图 5-1-2 和 5-1-3 所示分别为纯电动汽车仪表和混合动力汽车仪表。具体作用如下：

图 5-1-2　纯电动汽车仪表

图 5-1-3 混合动力汽车仪表

（1）提供驾驶信息

新能源汽车仪表可以显示车速、转速、里程、电池电量、剩余续航里程等相关信息，帮助驾驶员了解车辆运行状态和能源消耗情况。

（2）实时监控

仪表盘能够实时监测车辆各个系统的性能指标，如电池温度、电机状态、充电状态等，让驾驶员对车辆运行状态有清晰的了解。

（3）提示故障和警告

仪表盘配备了故障和警告指示灯，当车辆出现故障、低电量、充电问题等情况时，仪表盘会发出警告和提醒驾驶员进行相应的操作或维修。

（4）能耗和行驶模式显示

新能源汽车仪表还可以显示车辆的能耗情况和不同行驶模式之间的切换，帮助驾驶员根据实时需求选择最优的驾驶模式，优化能源利用和续航能力。

（5）信息交互和控制

一些新能源汽车仪表还具备信息交互和控制功能，如蓝牙连接、语音命令、导航等，方便驾驶员操作多媒体系统、通信设备以及车辆设置和调节。

2. 仪表组成

新能源汽车仪表盘主要显示的是指示灯和各种仪表，用于反映车辆各系统工作状况，以便为驾驶员提供所需的汽车运行参数信息；提醒驾驶员采取必要的措施消除指示灯提示存在的问题，合理、安全使用汽车。比亚迪 E5 纯电动汽车仪表包括驱动电机功率表、多信息显示屏和车速表，如图 5-1-4 所示。

> 想一想：所有新能源汽车仪表的组成都一样吗？

功率表　　信息显示屏　　车速表

图 5-1-4　比亚迪 E5 纯电动汽车组合仪表

（1）功率

驱动电机功率表用于显示当前模式下驱动电机或整车的实时功率，其默认用 kW（千瓦）来指示整车的功率，也可通过菜单中的单位设置选择"HP"（英制功率：马力）。当车辆在下坡或慢速行驶时，功率指示值可能为负值，这表示当前车辆正在给动力电池充电。

（2）多信息显示屏

多信息显示屏是新能源汽车的重要组成部分，它包含多个功能模块，如电量表、里程信息、室外温度、挡位指示、故障信息、行车信息、提示信息和模式信息等。其中电量表用于显示当前车辆动力电池的预计剩余电量。里程信息用于显示车辆已行驶的总里程数。室外温度用于显示室外温度信息。挡位指示用于显示变速杆在某位置时相应的挡位指示。提供故障信息提示，让驾驶员及时检查系统状况并采取必要的措施。显示车辆行驶时的关键信息，如胎压、能量流程图、续驶里程、累计平均电耗等，帮助驾驶员全面了解车辆的性能和效能情况。用于充电和放电的提示信息，提醒驾驶员进行正确的操作以确保车辆的正常运行。显示车辆当前工作模式或驾驶模式，帮助驾驶员选择合适的模式以满足不同的驾驶需求。

（3）车速表

车速表用于显示当前行驶情况下整车的实时车速。车速表默认用 km/h（千米/时）来指示整车的车速，也可通过菜单中的单位设置选择 MPH（英里/时，俗称"迈"）。当电源挡位处于"ON"挡时，此表指示当前车速值。

3. 新能源汽车仪表指示灯图标及含义

新能源纯电动汽车仪表相对于传统汽车仪表，其主要改变包括将发动机转速表变成驱动电机转速表，将油量表变为电量指示表，同时增加了驱动电机、动力电池、充电等相关的故障指示和温度指示灯等。新能源汽车常见的故障警告灯和指示灯，见表 5-1-1。

> 想一想：所有车型的新能源仪表都一样吗？
> _____
> _____

表 5-1-1　新能源汽车常见故障指示/警告灯图标及含义（部分）

序号	名称	图标	含义
1	驻车制动故障警告灯		检测到制动系统故障或制动液液位低（指示灯为红色）
2	ABS 故障警告灯		检测到 ABS（防抱死制动系统）故障（指示灯为琥珀色）
3	座椅安全带指示灯		座椅安全带未系好。（指示灯为红色）
4	驻车制动器故障警告灯		检测到驻车制动器故障（指示灯为琥珀色）
5	SRS 故障指示灯		气囊（指示灯为红色），在车辆准备行驶时，如果该指示灯未短暂闪烁或者始终点亮。
6	ESP 故障警告灯		当电子稳定控制系统能通过控制制动压力和电机功率而主动将车轮空转情况降至最低时，该指示灯闪烁。倘若此指示灯持续亮起，则表明已出现故障。
7	EPS 故障指示灯		当 ESP 故障时，LED 常亮
8	动力电池电量低警告灯		当动力电池的 SOC 低时 LED 常亮，提示驾驶员需充电
9	动力电池充电连接指示灯		当车辆外接充电枪连接或者正在充电时，LED 常亮
10	动力电池故障警告灯		当动力电池发生故障时，LED 常亮
11	动力系统故障警告灯		当动力系统出现故障，不能正常工作时，LED 常亮或闪烁
12	OK 指示灯		只有该灯亮时，车辆才可以正常行驶，且驾驶过程中常亮。注意：有些车辆也用 READY 灯。
13	电机及控制器过热告警灯		当驱动电机或电机控制器过热时，LED 常亮
14	充电系统警告灯		当充电系统故障时，LED 常亮
15	智能钥匙系统警告灯		当钥匙电池电量即将耗尽且智能钥匙系统和车辆之间未正常通信时，该指示灯出现。
16	动力电池过热警告灯		当动力电池过热时，LED 常亮
17	电机冷却液温度过高警告灯		当电机冷却液温度过高时，LED 常亮
18	放电指示灯		当车辆放电时，指示灯点亮
19	功率限制指示灯		车辆功率目前受限，因为电池中的剩余电量较低，或者车辆系统正在加热或冷却（指示灯为琥珀色）。
20	胎压故障警告灯		胎压报警（指示灯为琥珀色）。某个轮胎压力超出范围。如果检测到胎压监控系统（TPMS）故障，相应的指示灯将闪烁。
21	前雾灯指示灯		前雾灯（若装配）（指示灯为绿色）。前雾灯点亮，指示灯亮起。
22	近光灯指示灯		近光大灯亮起（指示灯为绿色）。近光灯点亮，指示灯亮起。
23	示廓灯指示灯		驻车灯（示廓灯、尾灯和车牌灯）亮起（指示灯为绿色）

想一想：所有纯电动汽车都有 OK 指示灯吗？
_____
_____

二、新能源驾驶操作部件认知

新能源汽车驾驶操作的相关部件涵盖了各种操作开关，如组合开关，加速踏板，制动踏板，换挡操作手柄，驻车制动器，启动按钮和安全带等。以比亚迪 E5 纯电动汽车为例进行介绍。

想一想：所有车型新能源汽车的驾驶操作部件的操作方法都相同吗？
_____
_____

（一）组合开关

比亚迪 E5 汽车的组合开关包括方向盘组合开关、外部灯光组合开关、雨刮组合开关、电动车窗组合开关、车外电器调节组合开关、仪表及驾驶模式组合开关、天窗及车内照明组合开关以及其他开关。

1. 方向盘组合开关

多功能方向盘是指在方向盘两侧或者下方设置一些功能键，旨在驾驶员更方便操作方向盘。多功能方向盘包括音响控制按键、影像按键、电话按键等装置，如图 5-1-5 所示。各装置功能如表 5-1-2 所示。

图 5-1-5　比亚迪 E5 多功能方向盘

表 5-1-2　比亚迪 E5 多功能方向盘按键功能

按键名称	按键图片	按键符号	按键符号功能
音响控制按键		"+"	调高音量
		"—"	调低音量
		"∧"	收音机模式下：自动搜寻上一强信号电台（调高频率）；CD/USB/SD/AUX 模式下：播放上一首（曲目号+1）
		"∨"	收音机模式下：自动搜寻下一强信号电台（调低频率）；CD/USB/SD/AUX 模式下：播放下一首（曲目号-1）
		/	1. 若音响处于关机，短按该键可进行开机操作，进入上次关机时的记忆播放模式。长按该键时，可以关闭音响系统。 2. 按下该键，选择模式，可在 FM→AM→CD（若已装唱片）→USB（若 USB 接口已连接 U 盘）→AUX（若 AUX 接口已连接播放器）→SD（如插入）之间切换循环。 3. 如果记忆播放模式无播放源（如无碟片、无外接音频设备），则直接切换到 FM 模式，再次按下时按照上面所述顺序进行切换
		"▲"	仪表菜单向上切换
		"▼"	仪表菜单向下切换
		/	进入菜单
影像按键		/	多媒体进入全景模式，显示右影像界面和倒车影像界面
电话按键		/	通话时短按结束通话（在蓝牙相关的所有界面点击转向盘上的挂断，系统退出蓝牙界面，跳转到进入前的非蓝牙界面）
		/	拨打/接听（当系统处在与蓝牙无关的界面下时，蓝牙未连接情况下，短按该键，系统跳转到蓝牙连接界面；蓝牙已经连接的情况下，系统跳转到拨号主界面）

注：电源挡位处于"ON"挡时，音响控制开关才可用。

2. 外部灯光组合开关

比亚迪 E5 的外部灯光组合开关位于方向盘下部，转向开关左侧，其主要用于控制车辆外部灯光的开闭情况。比亚迪 E5 的外部灯光组合开关包括前大灯、前后雾灯、转向信号灯和小灯指示灯。

（1）前大灯

前大灯在夜间行车或恶劣天气下起到照明的作用，为驾驶员提供足够光线。前大灯有"○"挡、"AUTO"挡、"小灯"挡和"近光灯"挡四个挡位，当车灯开关处于这些位置的任何一处，指示灯将点亮以示提醒。

① "○"挡。

组合开关左手柄打到"○"挡，如图 5-1-6 所示，所有灯光都关闭。

② "AUTO"挡。

组合开关打到"AUTO"挡，如图 5-1-7 所示，组合开关根据光照强度传感器所感受到的光照强度情况而自动点亮或熄灭。

图 5-1-6　比亚迪 E5 前大灯"○"挡　　　　图 5-1-7　比亚迪 E5 前大灯"AUTO"挡

③ "小灯"挡。

组合开关打到"小灯"挡，如图 5-1-8 所示，可点亮前位置灯、后位置灯、后牌照灯及室内小灯。

图 5-1-8　前大灯"小灯"挡

④ "近光灯"挡。

开启近光灯的操作方法是将组合开关调至"近光灯"挡位，如图 5-1-9 所示。开启近光灯的具体操作注意事项包括以下三点：

近光灯的操作方法是将组合开关打到"近光灯"挡，如图 5-1-9 所示，近光灯开启。具体操作时需要注意三点：第一，将组合开关调至"近光灯"挡位，并将组合开关左手柄向前推，如图 5-1-10 所示，当听到"咔哒"声时，远光灯和仪表板上的远光指示灯将亮起。若需切换回近光灯，只需将组合开关左手柄拉回即可，如图 5-1-11 所示。第二，若组合开关左手柄向后拉，然后松开，此时远光灯点亮然后熄灭。第三，无论组合开关调到哪个挡位，只要向后拉动组合开关左手柄并保持不松手，远光灯将一直保持点亮状态。

图 5-1-9 "近光灯"挡　　　　　图 5-1-10 向前推组合开关左手柄

图 5-1-11 向后拉组合开关左手柄

（2）前、后雾灯

雾灯主要用于在雨雾天气行车时为驾驶员照明道路，并对其他行人或车辆给予安全警示。

前雾灯的开启方法是：将组合开关打到小灯挡"⊃O⊂"或"⊇D"挡，并且雾灯旋钮打到"前雾灯"挡，前雾灯开启。此时，仪表盘上的指示灯"⊉D"点亮，以示提醒。

后雾灯的开启方法有两种：一种方法是将组合开关打到"⊃O⊂"挡，并且打到"前雾灯"挡，再将雾灯旋钮打到"后雾灯"挡，后雾灯开启；另一种方法是将组合开关打到"⊇D"挡，再将雾灯旋钮打到"后雾灯"挡，后雾灯开启。

（3）转向信号灯

转向信号灯主要用于汽车转弯时发出明暗交替的闪光信号，使前后车辆、行人、交警知其行驶方向。转向信号灯的开启方法是将组合开关左手柄下拉，左转向灯及仪表转向指示灯同时开始闪烁；将组合开关左手柄上推，右转向灯及仪表转向指示灯同时开始闪烁。

打开转向信号灯后，可以松手，此时转向信号灯也将持续闪烁，待完全转过弯道之后，自动熄灭。

185

转向信号灯用于在汽车转弯时发出明暗交替的闪光信号，以示车辆行驶方向，并提醒前后车辆、行人和交警。以下是转向信号灯的开启方法：左转向时将组合开关左手柄下拉，此时左转向灯和仪表转向指示灯开始闪烁；右转向时将组合开关左手柄上推，此时右转向灯和仪表转向指示灯开始闪烁。在打开转向信号灯后，可以松开手，信号灯将持续闪烁。一旦转弯完成，转向信号灯将自动熄灭。

（4）小灯指示灯

小灯指示灯 的作用是提醒驾驶员车外的灯亮着。当车灯开关处于" "或" "的位置时，此灯会亮起，若已将电源挡位处于"OFF"挡，而尚未关闭车灯开关时，此指示灯会一直点亮。当驾驶员打开驾驶员侧车门时，也会听到提醒的声音。

熄火退电，遥控闭锁，进入防盗报警状态之后，自动熄灯功能会自动将前大灯、小灯熄灭，此时小灯指示灯也熄灭。

3. 雨刮组合开关

雨刮组合开关用于控制雨刮器和洗涤器，位于方向盘下部，转向开关右侧。雨刮开关共分为5个挡位，如图5-1-12所示，即MIST挡（点刮模式）、OFF挡（停止模式）、INT（AUTO）挡（间歇模式）、LO挡（低速刮水模式）和HI挡（高速刮水模式）。选择挡位时，可以上抬或下压控制杆。

图 5-1-12　雨刷组合开关

（1）MIST挡（点刮模式）

MIST挡表示手动开启，向上按一下整个雨刷器往车前的方向推一次，雨刮就刮一次。若使雨刮在点刮模式下运作，应从"OFF"位置将控制杆上抬，雨刮将高速刮水，直至驾驶员将控制杆松开为止。

（2）OFF挡（停止模式）

OFF挡是指雨刷处于不工作状态。

（3）INT（AUTO）挡（间歇模式）

INT（AUTO）挡表示自动间歇刮擦功能，将拨杆拨到此挡位，雨刷器就会自动工作。在间歇挡位时，带间歇时间调节旋钮，随着雨滴数的增加，其刮水间歇时间分别为1 s、3 s、5 s和7 s。

（4）LO挡和HI挡（低速刮水模式和高速刮水模式）

LO挡和HI挡是指雨刮在低速与高速挡位时，雨刮连续刮水。

当清洗前风窗玻璃时，需将雨刮控制杆向后拉起，此时洗涤器就会一直喷水，同时雨刮运作。当松开控制杆时,洗涤器将停止喷水,雨刮将摆动三次后停止。

4. 电动车窗组合开关

电动车窗组合开关位于驾驶侧车门内把手前部,可控制所有车门玻璃升降,并控制车门锁闭/解锁。当电源挡位处于"ON"挡时,使用各侧车窗控制开关,可控制该车门玻璃的升降。驾驶员侧车窗控制开关有四个按键,可分别控制四个车门玻璃的升降(如图 5-1-13 所示)。

图 5-1-13　电动车窗开关示意图　　　图 5-1-14　锁止键

驾驶员侧车窗开关具有一键升降功能,如图 5-1-14 所示,即将按键按到底,手松开后,车窗可自动下降到底;将按键完全拉起,手松开后,车窗可自动上升。一般具有一键升降功能的车窗都具有防夹功能,那么当驾驶员侧车窗在上升过程中,有人或物体被夹住时,玻璃会停止上升并自动向下反转一定距离。

若按下驾驶员侧其他车窗开关,乘员侧车窗下降;若拉起驾驶员侧其他车窗开关,乘员侧车窗玻璃升起。总之,只要按动开关,车窗玻璃就会随之移动。

若按下车窗锁止按键,仅驾驶员可对车窗玻璃进行升降操作,各乘员无法进行其他车窗玻璃升降操作。同时这三个按键上的工作指示灯熄灭。再次按下车窗锁止按键,按键升起,恢复各乘员侧的玻璃升降器开关功能,同时这三个按键上的工作指示灯点亮。

除了上述功能之外,车窗系统控制还具有延迟功能,即当电源挡位关闭后,仍可保证在最长 10 min 的时间内开启或关闭车窗。但是当打开任意一扇前车门时,延迟功能会立即被取消。此时,必须将电源挡位切换至"ON"挡才能控制车窗。此外,当仪表设置车窗系统延迟功能时,长按遥控器解锁,四门玻璃会自动下降,松开按键,玻璃会停止动作;长按左前门微动开关,玻璃会自动上升;松开按键,玻璃会停止动作。

5. 车外电器调节组合开关

车外电器调节组合开关位于仪表左下侧,由电动外后视镜开关、前大灯调节开关、倒车雷达电源开关组成。

(1)电动外后视镜开关

电动外后视镜开关用于调节外后视镜,共有四个方向,即上、下、左、右,如图 5-1-15 所示,分别对应开关的前、后、左、右动作。该开关有关闭挡、左外后视镜挡和右外后视镜挡三个挡位。

① 关闭挡:在此挡时,开关不能前后左右动作,调节功能关闭。

② 左外后视镜挡:把调节按钮向左按下,即选择了左外后视镜。

③ 右外后视镜挡：把调节按钮向右按下，即选择了右外后视镜。

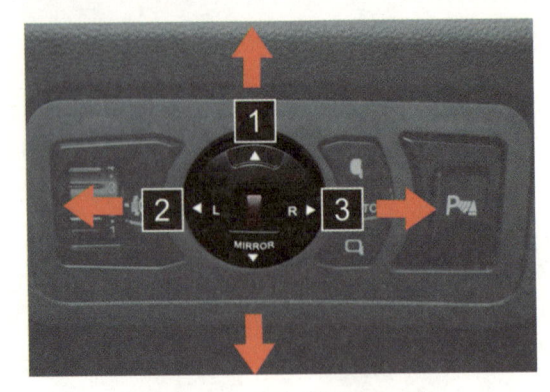

图 5-1-15 电动外后视镜开关

当装有电动外后视镜折叠开关""时，按下折叠按键""，左右外后视镜开始同时折叠。按下""展开按键，左右外后视镜回到展开状态。

当电动外后视镜折叠开关处于"AUTO"挡，车辆遥控闭锁时，左右外后视镜同时折叠，车辆遥控解锁时，左右外后视镜同时展开，开关处于折叠或展开状态时，AUTO 功能自动取消。

（2）前大灯调节开关

前大灯调节开关用于调节前大灯高度。当组合开关在大灯挡时，前大灯调节开关处于 0 挡位，近光灯灯光照射高度最高；前大灯调节开关处于 5 挡位，近光灯灯光照射高度最低。根据乘员人数和车辆的载重状况可以调整近光灯照射高度，如表 5-1-3 所示，调节开关至 0~5 某一挡位，近光灯灯光照射高度随之变化。当组合开关打到小灯挡时，前大灯调节开关背光点亮。

表 5-1-3 前大灯调节开关挡位

就坐人员和车内载重状况		旋钮位置
就坐状况	行李箱负载	
驾驶员	无	0
驾驶员+前排乘员	无	0
满员	无	0.5
满员	最大负荷	2
驾驶员	最大负荷	3

（3）倒车雷达电源开关

装有倒车雷达电源开关时，倒车雷达系统通过指示器和蜂鸣器来提示驾驶员车辆和障碍物之间的大致距离。这种系统利用传感器来探测障碍物。按下开关""，倒车雷达系统处于工作状态。

6. 仪表及驾驶模式组合开关

仪表及驾驶模式组合开关位于车外电器调节组合开关上部，包括背光调节开关、ODO/TRIP

开关和 ECO 开关，如图 5-1-16 所示。

图 5-1-16　仪表及驾驶模式组合开关

（1）背光调节开关

按背光调节开关"+"号时，仪表背光亮度变亮一个档次，以此类推每按一下"+"时，仪表背光变亮一个档次（仪表背光有 10 挡）。当按背光调节开关"—"号时仪表背光亮度变暗一个档次（仪表背光有 10 挡），以此类推每按一下"—"时，仪表背光变暗一个档次。开关长按时可以实现连续变化。

（2）ODO/TRIP 开关

该开关为自复位开关，每按下开关一次，仪表上的里程页面切换一次，共切换三次，页面循环切换。短按此按键切换液晶显示屏上的长/短里程信息，长按此按键可清零短里程。

（3）ECO 开关

当装有该开关时，按下"ECO"开关，整车进入 ECO 模式，同时组合仪表上会有 ECO 字符显示。

7. 天窗及车内照明组合开关

天窗及车内照明组合开关位于车顶前部，可以控制天窗以及车内照明。

（1）天窗开关

天窗共有四个按键，如图 5-1-2 所示，操纵天窗时，电源挡位必须处于"ON"的位置。当按下按键 2 时，天窗可以斜升开启；按下按键 1 时，天窗可以从斜开状态关闭；按下按键 4 时，天窗可以完全打开滑入顶盖；按下按键 3 时，天窗可以从打开状态关闭。当天窗到达希望的位置时，松开开关天窗即可停止运动。由于天窗无防夹功能，因此在开闭天窗前，一定确认所有乘员的手都已从天窗上移开。

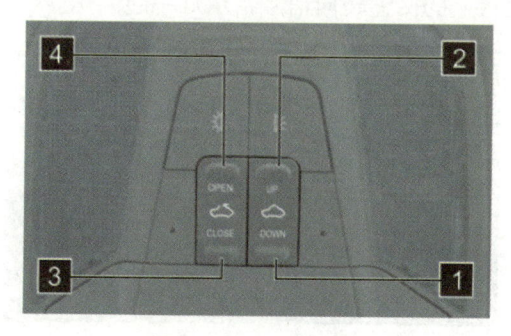

图 5-1-17　天窗开关

（2）车内照明开关

车内照明开关包括左阅读灯控制开关和右阅读灯控制开关，如图 5-1-18 所示。当按下左/右阅读灯控制开关时，左/右侧阅读灯点亮，再次按下左/右阅读灯控制开关时，左/右侧阅读灯熄灭。

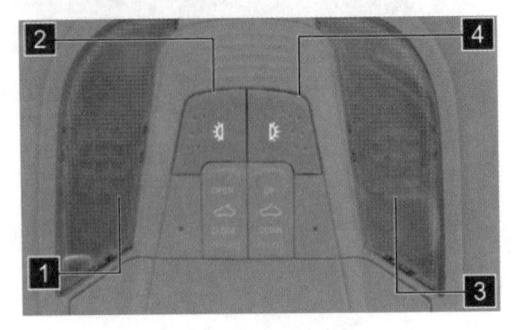

1—左阅读灯；2—左阅读灯控制开关；3—右阅读灯；4—右阅读灯控制开关

图 5-1-18　车内照明开关

8. 其他开关

（1）方向盘调节开关

方向盘用于操纵汽车行驶方向，控制汽车转向轮，使汽车直行或转向，如图 5-1-19 所示。方向盘调节开关位于方向柱下部，要改变转向盘的角度时，可握住转向盘，将转向管柱调节手柄向下按，将转向盘倾斜至需要的角度，然后将手柄恢复至原位。

图 5-1-19　方向盘调节开关

（2）紧急警告灯开关

紧急警告灯用于提醒其他车辆与行人注意本车发生了特殊情况。紧急警告灯开关位于方向盘右侧，如图 5-1-20 所示，当按下紧急警告灯的按钮时，可点亮危险警告指示灯。此时六盏车外转向信号灯和仪表盘上的两盏转向信号指示灯一起闪烁。

图 5-1-20　紧急警告灯开关

(3)放电开关

放电开关位于中控台左侧，如图 5-1-21 所示。车辆电源挡位处于"OFF"挡，按"放电"开关，进入放电模式设置，此时组合仪表上显示提示信息。在放电过程中，再按"放电"开关，放电结束。若需要再放电，可再次按"放电"开关。

图 5-1-21　放电开关

(4)车后微动开关

车后微动开关位于车辆后备厢牌照灯右侧，如图 5-1-22 所示，该开关的解锁方式是携带有效钥匙（智能钥匙或卡式钥匙）按下车后微动开关则所有车门解锁。此时按下行李箱开关则打开行李箱。该开关闭锁的方式是盖上行李箱，行李箱闭锁，按下车后微动开关则所有车门闭锁。

图 5-1-22　车后微动开关

（二）制动踏板

1. 制动踏板功用

制动踏板又称"刹车踏板"，是行车制动器的操纵装置，用于汽车减速或停车，位置如图 5-1-23 所示。踩下制动踏板时，会产生制动作用；松开制动踏板时，制动解除。在踏下制动踏板产生制动作用的同时，制动灯电路也会接通，此时，制动灯亮起，以警告后边随行车辆。

图 5-1-23　制动踏板位置

2. 制动踏板操作方法

纯电动汽车的制动踏板操作可以分为缓慢制动、紧急制动和间歇性制动三种。

（1）缓慢制动

在需要轻踩制动踏板进行缓慢制动时，驾驶员需要根据实际情况，缓慢而逐渐地踏下制动踏板，使制动片逐渐与制动盘摩擦，最终使车辆停止。在缓慢制动时，右脚需迅速放置在制动踏板上，根据车速和停车距离的要求，逐渐增加制动踏板的压力直至停车。

（2）紧急制动

当汽车遇到紧急情况时，驾驶员需要迅速而正确地操作制动器，以在最短距离内将车辆停下。在紧急制动时，驾驶员应紧握转向盘，快速踏下制动踏板，采取一脚踩到底的方式，使车辆能够迅速停止。

（3）间歇性制动

间歇性制动是一种断续踏下和放松制动踏板的制动方法。在山区行车时，由于长时间下坡行驶，制动系统容易产生高温，导致制动性能下降。为防止制动系统过热，驾驶员常使用间歇性制动方法，即断续踏下和放松制动踏板，以减少制动器的使用时间和温度。

（三）加速踏板

1. 加速踏板功用

加速踏板又称"油门踏板"，主要作用是控制发动机节气门的开度，从而控制发动机的动力输出。在自动挡汽车中加速踏板不仅用于控制发动机节气门，还用于将驾驶员意图传递给变速器控制器。

2. 加速踏板布置形式

比亚迪 E5 汽车加速踏板呈"悬挂式"，如图 5-1-24 所示。悬挂式加速踏板由于转轴位于支架顶端，下部结构相对要简单、单薄一点，因此这使得它的踩踏方式更轻巧，而且在设计上可以将踏板支架做成铁棍，所以在很大程度上可以节约成本，因此一般的厂商都喜欢选用这种踏板。

图 5-1-24　加速踏板布置位置

3. 加速踏板操作方法

将右脚脚跟轻放在制动踏板和加速踏板中间的驾驶室底板上，作为支点。脚前掌稍微倾斜向右。脚掌的前部轻轻踩在加速踏板上，利用踝关节和膝关节的力量来控制加速踏板的抬起和踏下。

在踩下加速踏板时，要保持轻柔、平稳和准确的力度。不可忽快忽慢、忽踏忽抬，并且不要一脚踩到底。要根据发动机的声音变化和车辆行驶的需要，准确地控制加速踏板的力度。在抬起加速踏板时，要平稳地放松脚掌。确保踏板的抬起过程平稳无误。

（四）换挡操作手柄

比亚迪 E5 汽车挡位执行器挡位标示在换挡手柄上，如图 5-1-25 所示，主要有 P 挡、R 挡、N 挡和 D 挡四个挡位。"P"挡是驻车挡，在车辆启动或关闭时，都需要按下此按钮，车辆才能正常启动或关闭，需要注意的是无论出于什么原因，只要下车，就必须换至驻车挡"P"挡。启动车辆时，车辆应处于"ON"挡，踩下制动踏板，即可从"P"挡位切换至其他挡位；"R"挡是倒车挡，必须在车辆完全停止后方可使用；"N"挡是空挡，需要暂时停车时使用；"D"挡是行车挡，正常行驶时使用此挡位。无论更换为哪个挡位，只要换挡成功后，手松开，换挡杆自动回到中间位置。

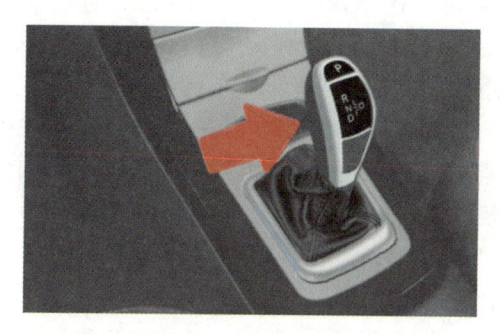

图 5-1-25　比亚迪 E5 换挡操纵手柄

（五）驻车制动器

1. 驻车制动器功用

驻车制动器，通常是指机动车辆安装的手动刹车，简称手刹。在车辆停稳后用于稳定车辆，避免车辆在斜坡路面停车时由于溜车造成事故。比亚迪 E5 电子驻车开关（即 EPB 开关）如图 5-1-26 所示。需要注意的是，驻车及离车时必须保证 EPB 处于拉起状态。

图 5-1-26　比亚迪 E5 电子驻车开关

2. 驻车制动器操作方法

（1）EPB 开关拉起操作方法

比亚迪 E5 汽车有两种方法可以拉起 EPB 开关。

① 手动拉起 EPB。向上拉起一下 EPB 开关，EPB 会施加适当的驻车力，仪表上的指示灯 ⓟ 会先闪烁后常亮，常亮代表 EPB 已拉起，并有文字提示"电子驻车已启动"。

② EPB 自动拉起。EPB 自动拉起又包含两种情况：一种情况是熄火自动拉起，即踩制动踏板将车停下后，按下启动键操作熄火（点火开关由"OK"挡转至"OFF"挡）后，EPB 会自动拉起，待到仪表上指示灯 ⓟ 由闪烁变为常亮且有文字提醒"电子驻车已启动"后，再松开制动踏板；另一种情况是 P 挡自动拉起，即停车后踩住刹车挂至 P 挡，EPB 会自动拉起，待到仪表上指示灯 ⓟ 由闪烁变为常亮，且有文字提醒"电子驻车已启动"后，再松开制动踏板。

（2）EPB 开关释放操作方法

比亚迪 E5 汽车有两种方法可以释放 EPB 开关。

① 手动释放 EPB。车辆处于上"OK"挡或启动状态，且挡位处于非 P 挡（驻车挡）时，持续踩住制动踏板并按下 EPB 开关，开始释放电子驻车，直至仪表上的指示灯 ⓟ 熄灭，此时表示已释放电子驻车，并有文字提示"电子驻车已解除"。

若手动释放 EPB 无效时，需持续按住 EPB 开关 2 s 以上。若 EPB 能够释放，请尽快开到距离最近的维修店，检查制动踏灯开关信号及相关零件和线路；若依然不能释放，建议立即与比亚迪汽车授权服务店联系。

② 车辆起步时自动释放 EPB。EPB 自动拉起又包含两种情况：一种情况是换挡自动释放，即车辆处于平路驻车状态时启动车辆，持续踩下制动踏板，将挡位由 P 或 N 挡挂入 D 或 R 等行驶挡位后，EPB 会自动释放，指示灯 ⓟ 熄灭，并有文字提示"电子驻车已解除"；另一种情况是驶离自动释放，即当车辆已经启动，挡位处于 D 或 R 等行车挡位，EPB 处于拉起状态时，只需缓慢踩下加速踏板到一定深度，EPB 会自动释放，指示灯 ⓟ 熄灭，并有文字提示"电子驻车已解除"。

在实际驾驶过程中，有时会遇到一些特殊情况，不同的特殊状况需要进行不同的操作。下面以坡道起步和应急制动情况为例进行介绍。

A. 坡道起步。

坡道起步可以分为车辆驻车状态下的坡道起步和车辆行进过程中连续坡道起步两种工况。

a. 车辆驻车状态下的坡道起步。

车辆已经处于驻车状态时，不要手动释放 EPB，只需正常地执行换挡—踩油的起步操作，EPB 就会智能地控制释放时机保证车辆顺畅起步。

b. 车辆行进过程中连续坡道起步。

当车辆需要在坡道起步时，请先确认 EPB 已经拉起（指示灯 ⓟ 常亮，则 EPB 已经拉起），如果 EPB 未拉起，请按照手动拉起 EPB 的操作，随后即可按照驶离自动释放的方法进行操作，这样车辆可以轻松顺畅地起步。

B. 应急制动。

在车辆行驶过程中，如果发现脚制动失效或受阻，驾驶员可以持续拉起电子驻车制动（EPB）

开关，从而对后轮进行强制制动，以达到紧急制动的效果。在强制制动过程中，仪表板上的指示灯会闪烁，同时会发出警报声和文字提醒，提示驾驶员"请释放电子驻车开关"。如果驾驶员希望中途取消制动，只需松开 EPB 开关即可。当车速降至 3km/h 以下时，EPB 将进入驻车状态，此时松开开关 EPB 将不会解除制动。

（六）启动按钮

比亚迪 E5 汽车配备了电子智能钥匙，通过它可以实现车门的锁定或解锁，并启动车辆，如图 5-1-27 所示。当使用电子智能钥匙或微动开关来锁定车门时，转向盘将会自动锁定。而在按下启动按钮时，转向锁会自动解除。然而，如果启动按钮上的绿色指示灯开始闪烁，这意味着转向锁卡住了。要解除转向锁，只需同时按下启动按钮并轻轻晃动转向盘即可。另外，如果启动按钮上的橙色指示灯开始闪烁，这表明启动部分出现故障。在这种情况下，建议前往比亚迪汽车授权服务店检查车辆

图 5-1-27　比亚迪 E5 电子智能钥匙

踩下制动踏板并按下启动按钮，此时智能进入和智能启动系统警示灯点亮，且车辆中的蜂鸣器鸣响一声。在蜂鸣器鸣响后的 30 s 内将电子智能钥匙接近启动按钮，蜂鸣器会再次鸣响一声提示可以启动车辆。在此蜂鸣器鸣响后的 5 s 内启动车辆。

（七）安全带

1. 安全带功能

安全带是用于保护驾乘人员在汽车碰撞中的基本防护装置。比亚迪 E5 汽车的安全带功能包括以下方面：

（1）紧急锁止（ELR）功能

在车辆急转弯、紧急制动、碰撞或乘员身体前倾速度过快时，安全带织带会自动锁紧，有效约束和保护乘员。当车辆平稳行驶时，安全带织带会随着乘员缓慢、平稳地移动，使乘员可以自由活动。

（2）预紧限力功能

当车辆遭遇严重的正面碰撞并满足预紧装置触发条件时，预紧装置会迅速卷收部分安全带并锁紧，以增强对乘员的保护。限力装置会在一定范围内限制安全带对乘员身体的束缚力，

避免因束缚力过大而对乘员造成伤害。

（3）自动锁止（ALR）功能：

该功能用于固定儿童安全座椅。将安全带完全拉出即可启动锁止功能，锁止功能启动后，安全带只能回卷，无法再被拉出，并且回卷时会有连续的"咔嗒"声。当安全带完全回卷后，自动锁止功能会自动关闭，安全带可以自由拉出和回卷。

（4）未系声光报警功能

如果车辆启动后驾驶员未系安全带，声光报警系统会开始工作，直到驾驶员系好安全带后停止报警。当副驾驶座椅上有乘客且该乘客未系安全带时，多功能显示屏上会显示副驾驶安全带未系的指示灯，并伴有警示音，以提醒驾乘人员，直到副驾驶乘客系好安全带。

2. 安全带使用方法

安全带的使用时可依照以下步骤进行操作：

（1）调整座椅至合适位置，调整靠背至合适角度。

（2）调节三点式安全带的位置。首先，将安全带织带平顺地拉出，使之斜跨过靠近织带拉出位置的肩部而斜挎胸前，织带不应位于手臂下方或从颈部后方跨过。然后将腰部安全带尽可能保持在低至臀部的位置，切记一定不要扣在腰部位置，如图5-1-28所示。

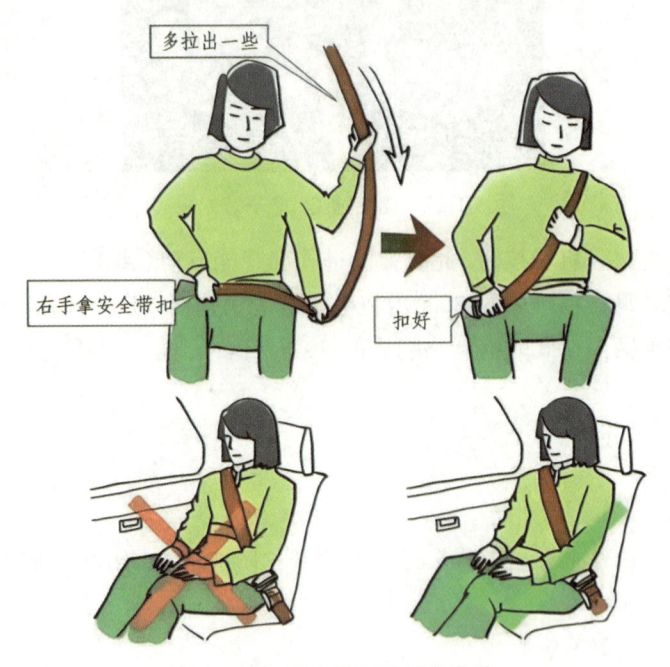

图5-1-28　安全带正确操作方法

（3）将锁舌插入带扣，直到听到"咔嗒"声，反方向拉锁舌，确认锁止成功。注意织带不能扭曲。

（4）调整安全带高度调节器至合适位置，以获得最佳舒适性和保护作用。

（5）调整完毕后，用力拉一下肩部安全带，检查安全带高度调节器是否锁止。

（6）解锁安全带。按下带扣上的红色解锁按钮，锁舌自动弹出，安全带自动回卷。

3. 安全带使用注意事项

使用安全带时需要注意以下几点：

（1）在同一时间安全带只能由一个人单独使用，请勿两人或两人以上共用一条安全带，即使是儿童也不行。

（2）车辆行驶前，应确保车中所有乘员均已正确系好安全带。否则在紧急制动或发生碰撞事故时，车中乘员易受伤，重者甚至死亡。车辆上的安全带根据成人体型设计，不适用于儿童，因此需根据孩子的年龄和体型选择合适的儿童保护装置。

（3）孕妇也应像其他乘员一样按正确的使用方法系好安全带，尤其注意将腰部织带尽可能低地横跨于髋部，避免发生事故时织带勒紧腹部而对孕妇和胎儿造成严重伤害。

（4）避免将座椅靠背过度倾斜。座椅靠背直立向上时，安全带所起的保护作用最佳。

（5）请勿使安全带织带、锁舌、带扣被车门夹住，否则可能损坏安全带。

（6）定期检查安全带有无切痕、磨损、松动等异常情况。发现异常建议立即联系相关汽车授权服务店进行确认和处理，在此之前，请勿使用相应座椅。

（7）切勿擅自拆卸、拆解或改装座椅安全带。

（8）事故发生后建议到相关汽车授权服务店检查安全带。若预紧功能被激活，则一定要更换安全带。

（9）如果发生严重事故，即使未出现明显损坏，也应将安全带连同座椅总成一起更换。

> **想一想**：新能源汽车的驾驶操作部件的功能与燃油汽车的相同吗？
> _____
> _____

温馨提示（思政）

新能源汽车作为新时代的交通工具，不仅代表了科技的进步，也承载着对环境的责任和对可持续发展的追求。

在对新能源汽车仪表和部件的认知过程中，让学生认识到新能源汽车的发展是科技创新的成果，展现了人类在能源利用和汽车技术方面的不断探索和突破，鼓励学生积极培养创新精神，追求科技进步，为社会的发展作出贡献。

通过新能源汽车操作部件的认知，让学生意识到新能源汽车的发展涉及多个领域的合作，包括汽车制造商、科技企业、政府等。这体现了合作的力量，也让学生明白只有通过各方的共同努力，才能实现新能源汽车的广泛应用和社会的可持续发展。

【任务测评】

一、判断题

1. 只要安全带没坏，即使发生了事故，也可以不用对其进行检查。（ ）
2. 新能源汽车仪表盘只能显示车速和转速。（ ）
3. 新能源汽车仪表盘可以实时监控车辆各个系统的性能指标，如电池温度、电机状态、充电状态等。（ ）
4. 电动外后视镜开关包括关闭挡、左外后视镜挡和右外后视镜挡三个挡位。（ ）
5. 新能源汽车制动踏板可以进行缓慢制动、紧急制动和间歇性制动。（ ）

二、选择题

1. 新能源汽车仪表的功能包括（   ）。【多选题】
   A. 提供驾驶信息　　　　B. 实时监控　　　　C. 提示故障和警告
   D. 能耗和行驶模式显示　E. 信息交互和控制　　F. 故障自诊断

2. 新能源汽车仪表可以提供（   ）信息。【单选题】
   A. 车速、转速、里程、电池电量、剩余续航里程
   B. 车速、转速、里程、电池电量
   C. 车速、转速、里程
   D. 车速、转速

3. 驾驶纯电动汽车车辆的具体步骤是（   ）。【单选题】
   ① 确认显示在仪表上的"D"挡信息。② 踩下加速踏板，开始驾驶。
   ③ 踩住制动踏板。④ 将变速杆挂入 D 挡。松开后变速杆会回到原来的中央位置。
   ⑤ 松开制动踏板。
   A. ①②③④⑤　　　　　　　B. ③④①⑤②
   C. ③④①⑤②　　　　　　　D. ③①④⑤②

4. 下列表示车辆外接充电枪连接或者正在充电的动力电池充电连接指示灯的是（   ）。【单选题】
   A. 🔌　　B. 🔋!　　C. 🚗!　　D. OK

5. 只有（   ）灯亮时，车辆才可以正常行驶，且驾驶过程中常亮。【单选题】
   A. 🔌　　B. 🔋!　　C. 🚗!　　D. OK

三、简答题

1. 请简述新能源汽车仪表常用指示灯有哪些，并说出各指示灯的含义。
2. 请简述加速踏板和安全带的使用方法。

任务二　纯电动汽车驾驶使用

随着技术的发展和国家政策的推进,纯电动汽车的应用越来越广泛。那么纯电动汽车如何正确使用呢？本任务主要介绍纯电动汽车的工作模式、驾驶使用步骤和使用注意事项(见图5-2-1)。

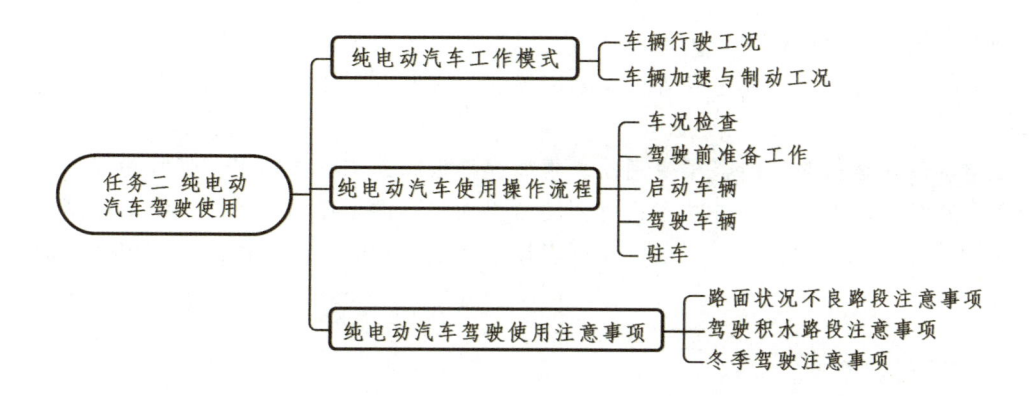

图 5-2-1　任务二知识框架

【学习目标】

知识目标：

（1）理解纯电动汽车工作模式。
（2）总结电动汽车使用流程。

能力目标：

（1）具备能将纯电动汽车正常上电的能力。
（2）具备根据车辆仪表显示判定纯电动汽车状况的能力。

素质目标：

（1）通过纯电动汽车工作模式的学习，理解纯电动汽车的工作模式和控制要点，提高知识学习和知识应用能力。
（2）通过纯电动汽车驾驶操作和使用注意事项的学习，学会纯电动汽车的使用，提高电动汽车使用能力。

新能源汽车认知与使用

【获取信息】

纯电动汽车在驾驶体验方面具有一定的优势，如起步加速性能出色，扭矩输出平稳且立即响应，驾驶过程更加安静，无噪声和震动等。此外，电动汽车没有传统燃油汽车的排气噪声和震动，还可以提供更高的乘坐舒适性。

一、纯电动汽车工作模式

纯电动汽车的运行模式较为简单，主要包括动力运行工作模式和附属功能模式，其中附属功能模式主要指仪表显示和外放电功能模式，这里主要介绍纯电动汽车的动力运行工作模式。

纯电动汽车运行时，由整车控制器采集加速踏板和挡位状态信息，来判断驾驶员的驾驶意图，并结合动力系统部件状态，协调动力驱动系统输出动力。另外，整车控制器还会同时协调动力电池、热交换系统运行和仪表显示等辅助功能。这种模式具体包括下面3种工况。

1. 车辆行驶工况

当纯电动汽车驱动或加速运行时，整车控制器根据加速踏板位置、换挡信息和动力电池状态信号等，分析处理得出驱动电机转速和转矩需求，并向电机控制器发出相应控制指令。通过控制电机控制器工作，将动力电池输出的高压直流电逆变成相应三相交流电，并结合车辆转速和负荷需求，控制驱动电机输出相应机械能带动汽车驱动行驶。

2. 车辆减速与制动工况

当纯电动汽车减速或者制动时，整车控制根据制动开关、挡位、车速传感器检测的车辆状态信息和电池管理器检测的动力电池状态信息等，经过分析处理，判定是否能进行能量回收以及能量回收的强度，并将其转换成控制指令发送给电机控制器。同时，车辆动能经过传动装置减速器传递给驱动电机，驱动电机处于发电模式，将车辆的动能转换成电能，经过点击空气整流后储存到动力电池中。需要注意的是，当ABS被激活或者ABS故障时，整车控制系统禁止车辆进行能量回收。

纯电动汽车动力运行工作模式下，整车控制器不间断利用各个传感器采集车辆状态，计算并输出期望的转矩。动力电池的BMS随时检测电池的运行状态，并及时传送给整车控制器，控制器结合这些状态信息及当前的功率输出需求来平衡电能功率的使用，并通过仪表显示给驾驶员。

想一想：纯电动汽车充电枪连接至充电口时，车辆能行驶吗？

二、纯电动汽车驾驶使用操作流程

纯电动汽车驾驶流程主要包括四个步骤：车况检查、驾驶前准备工作、启动车辆、驾驶车辆、驻车。

1. 车况检查

（1）基本检查：打开前机舱盖，检查冷却液液位、制动液液位是否符合标准，标准液位应在 MAX 刻度和 MIN 刻度之间。检查低压蓄电池电压是否在正常范围以内。

（2）胎压检测：使用胎压表检测轮胎气压是否符合标准。标准气压可从车辆出厂铭牌中查看。

（3）环车检查：检查车辆周围地面是否存在漏液痕迹或零件散落痕迹等情况，并检查车辆表面是否完好，是否存在板件变形、脱漆和板件脱落情况，从而确认车辆状况。

2. 驾驶前准备工作

驾驶前需要做以下几个方面的工作：
（1）进入车内之前，须检查一下车辆四周的情况，确保安全进入车内。
（2）调节座椅位置、座椅靠背角度、头部保护装置的高度和转向盘的角度。
（3）调节车辆内侧和外侧的后视镜。
（4）关上所有车门。
（5）按照规范系好安全带，并确保副驾驶乘员系好安全带。

3. 启动车辆

启动车辆的步骤主要有以下五点：
（1）确保智能钥匙放在感应范围以内，操控有效智能钥匙。
（2）踩住制动踏板。
（3）按下启动按钮，启动车辆。
（4）观察仪表，检查仪表盘内驾驶就绪指示灯（OK 指示灯）是否亮起。确保正常上电后，检查动力电池电量和计程表上的预估行程，确保满足使用里程的需求，若不能满足使用需求，需先补充电能。

4. 驾驶车辆

驾驶车辆的步骤如下：
（1）踩住制动踏板。
（2）将变速杆挂入 D 挡。松开后变速杆会回到原来的中央位置。
（3）确认显示在仪表上的 D 挡信息。
（4）松开制动踏板。

（5）踩下加速踏板，驱动车辆，开始按照驾驶意图驾驶车辆。

5. 驻车

驻车的操作步骤如下：

（1）驻车时，踩住制动踏板的同时按下变速杆上的 P 挡按键。通过电子驻车状态指示灯，确认电子驻车处于"已启动"状态，然后松开制动踏板。

（2）按下电源挡位处于"OFF"位置。

（3）如果停车场装置有充电设备，可根据需要对动力电池进行充电。

> 想一想：纯电动汽车无法上电时该如何处理？
> _____
> _____

三、纯电动汽车驾驶使用注意事项

为了安全行驶，延长电动汽车的寿命，纯电动汽车使用时需要注意以下事项。

1. 路面状况不良路段注意事项

（1）行驶路段若有镶边石时应缓慢行驶，并尽可能保持正常直线行驶，避免根据路面反馈频繁改变行驶方向。

（2）经过颠簸路面或在坎坷不平的道路上行驶时要减慢车速，以减少对轮胎的冲击和损坏。

（3）避免在具有高而尖锐边缘的物体上行驶，以免轮胎受损或发生炸裂等严重损坏。

（4）长距离下陡坡行驶时应减速，避免过多的制动操作导致制动系统过热无法正常工作。

2. 驾驶积水路段注意事项

（1）驶入积水路段前必须查明积水深度，确保积水高度不超过车身下边缘。

（2）若需要涉水行车，在车辆起步前应关掉空调，减速慢行，并轻踩加速踏板且不要松脚，以稳定而缓慢的速度通过积水路段。

（3）顺利涉水通过积水区后，必须连续轻踩制动踏板数次，以帮助水蒸发，恢复正常的制动性能。

（4）切勿将车辆停在过深的积水中，以免造成发动机进水或其他损坏。若遇到过深的积水，应选择其他安全的路线或等待水位下降后再行驶。

3. 冬季驾驶注意事项

（1）确认防冻液具有正确的防冻保护作用。使用与原车型号相同的防冻液，根据环境温度选择合适的防冻液型号加注到冷却系统中。使用不适当的防冻液可能损坏电动机冷却系统。

（2）检查电池和电缆状况。寒冷的天气会降低起动型铁电池的能量储存，因此要确保起动型铁电池保持充足的电量以用于冬季启动。

（3）避免车门锁被冰雪冻结。在车门锁孔内喷入一些除冰剂或甘油，以防结冰。

（4）使用含有抗冻剂的洗涤液。在严寒的冬季，使用含有抗冻剂的洗涤液以防止洗涤液结冰。可以在汽车授权服务店和汽车零件店购买这类产品，确保水和抗冻剂的混合比例符合厂商规定。

（5）避免挡泥板的下方积雪。挡泥板下方积雪会导致转向困难。在严寒的冬季驾驶时，应经常停车检查挡泥板下是否积雪。

（6）根据行驶路况的不同，建议携带若干必要的紧急用具或物品，例如防滑链、车窗刮刀、一袋沙或盐、信号闪光装置、小铲、连接电缆等。这些物品可以帮助应对紧急情况或特殊路况，提高安全性和应急处理能力。

想一想：纯电动汽车汽车冬季驾驶与燃油汽车冬季驾驶的区别有什么？
_____
_____

温馨提示（思政）

纯电动汽车使用代表着一种新兴的绿色出行方式，在驾驶车辆过程中，要尊重其他路上的行人和车辆，保持良好的驾驶行为，为社会交通秩序的维护贡献力量。

作为纯电动汽车的驾驶员，在日常驾驶和使用过程中，不仅要关注操作要点，还要深入了解其工作原理和特点，全面掌握驾驶技巧，确保安全驾驶。同时，要牢记自己和乘客的安全责任，遵守交通规则，避免酒驾、超速等危险行为。

【任务测评】

一、判断题

1. 当 ABS 被激活或者 ABS 故障时，纯电动汽车能进行能量回收。（　　）
2. 纯电动汽车的整车控制器会根据加速踏板位置、换挡信息和动力电池状态信号等来协调动力驱动系统输出动力。（　　）
3. 纯电动汽车冷却液液位和制动液液位应在 MAX 刻度和 MIN 刻度之间。（　　）
4. 纯电动汽车驾驶前，要确保按照规范系好安全带，并提醒乘员系好安全带。（　　）
5. 智能钥匙不在车辆感应范围以内，车辆也能正常起动。（　　）

二、选择题

1. 整车控制器会根据什么信息来判断是否进行能量回收以及能量回收的强度？（　　）。【单选题】
　　A. 加速踏板位置　　　　　B. 换挡信息
　　C. 制动开关、挡位和车速传感器等车辆状态信息　D. 动力电池状态信息
2. 纯电动汽车的动力运行工作模式主要包括（　　）工况。【多选题】
　　A. 电池管理和储能工况　　B. 车辆行驶工况
　　C. 车辆减速与制动工况　　D. 车辆充电工况
3. 纯电动汽车车况检查包括（　　）【单选题】
　　A. 制动液和冷却液液位检查　B. 胎压检查
　　C. 环车检查　　　　　　　　D. 低压蓄电池电压检查
4. 下列驾驶车辆的正确顺序是（　　）。【单选题】
　　① 将变速杆挂入 D 挡。松开后变速杆会回到原来的中央位置。
　　② 踩住制动踏板。
　　③ 确认显示在仪表上的 D 挡信息。
　　④ 踩下加速踏板，驱动车辆，开始按照驾驶意图驾驶车辆。
　　⑤ 松开制动踏板。
　　A. ②①③⑤④　　　　　　B. ①②③⑤④
　　C. ④②①③⑤　　　　　　D. ③②①⑤④
5. 驻车时，踩住制动踏板的同时按下变速杆上的（　　）按键，再驻车。【单选题】
　　A. P 挡　　　　B. N 挡　　　　C. D 挡　　　　D. R 挡

三、简答题

1. 请简述纯电动汽车驾驶使用流程。
2. 请简述纯电动汽车驾驶使用注意事项。

任务三　混合动力汽车驾驶使用

混合动力汽车的驾驶使用可以实现节能环保、延长续航里程、提升驾驶性能、提高燃油经济性和节省使用成本，同时推动充电基础设施和电动出行的发展。那么混合动力汽车如何驾驶使用呢？本任务主要介绍混合动力汽车的工作模式、驾驶使用步骤和使用注意事项（见图5-3-1）。

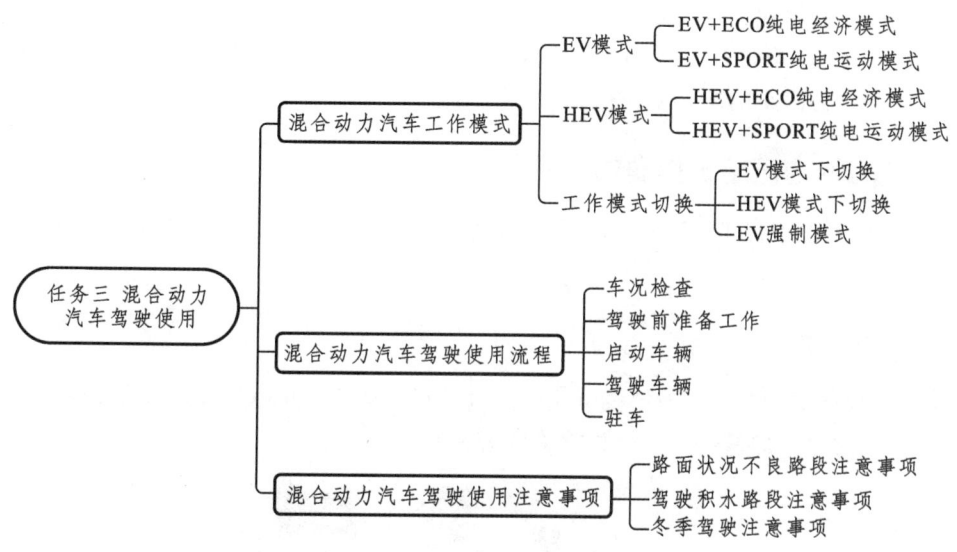

图 5-3-1　任务三知识框架

【学习目标】

知识目标：

（1）理解混合动力汽车工作模式。
（2）总结混合动力汽车使用流程。

能力目标：

（1）具备能完成混合动力汽车模式切换的能力。
（2）具备根据车辆仪表显示判定混合动力汽车工况的能力。

素质目标：

（1）通过混合动力汽车工作模式的学习，理解混合动力汽车的工作模式和控制要点，提高知识学习和知识应用能力。
（2）通过混合动力汽车驾驶操作和使用注意事项的学习，学会混合动力汽车的使用，提高汽车使用能力。

【获取信息】

混合动力汽车是一种可以通过使用传统燃油和纯电动两种方式进行行驶的汽车，并且可以根据车况来灵活切换行驶模式。与传统汽车相比，混合动力汽车的驾驶操作方法在模式切换上更加复杂。所以，驾驶混合动力汽车需要掌握一定的操作要领。

混合动力汽车有串联式、并联式和混联式三种形式的混合动力汽车，不同形式的混合动力汽车有不同的工作模式，混合动力汽车常见的工作模式有普通模式（normal 模式）、舒适模式（comfort 模式）、运动模式（sport 模式）、经济模式（economy 模式）等，本任务以比亚迪秦为例，介绍混合动力汽车的两种工作模式和驾驶操作。

一、混合动力汽车工作模式

比亚迪秦采用 DM（Dual Mode，双模）系统工作模式，包含 EV（纯电动）以及 HEV（混合动力）两种驱动模式。

（一）EV 模式

EV 工作模式下，动力电池提供电能以供电机驱动车辆，此模式满足多种工况的行驶，如起步、倒车、怠速、加速、匀速行驶等（见图 5-3-2）。

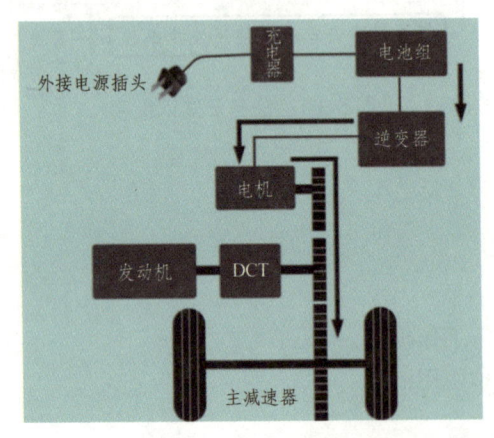

图 5-3-2　纯电动驱动模式

纯电动模式包含纯电经济模式（EV+ECO 模式）和纯电运动模式（EV+SPORT 模式）两种模式，如图 5-3-3、5-3-4 所示。

图 5-3-3　纯电动经济模式　　　　图 5-3-4　纯电动运动模式

1. EV+ECO 纯电经济模式

在纯电经济模式下，电动机工作，发动机不工作，踩下加速踏板控制器时缓慢增大电机电流，车速提升缓慢。

2. EV+SPORT 纯电运动模式

在纯电运动模式下，电动机工作，发动机不工作，踩下加速踏板控制器时直接用最大电流供给电机，车速提升迅速。

需要注意的是，在急加速、车速过高、爬坡、混合动力系统温度较高、混合动力系统或室外温度较低、电量低等情况下，车辆可能会自动切换到 HEV 模式，使用发动机驱动，在车辆以较稳定的速度行驶时，发动机输出的一部分扭矩会驱动电机进行发电，对动力电池进行充电，如图 5-3-5 所示。

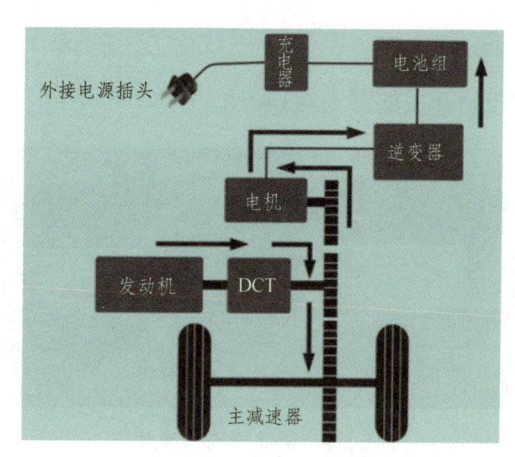

图 5-3-5　驱动充电模式

（二）HEV 模式

HEV 模式下，车辆由发动机和电机共同驱动，动力性最佳，同时仍能保证混合动力系统具有良好的经济性，如图 5-3-6 所示。当电量不足或高压系统故障时，可单独使用发动机驱动，实现了高压系统的独立性，如图 5-3-7 所示。

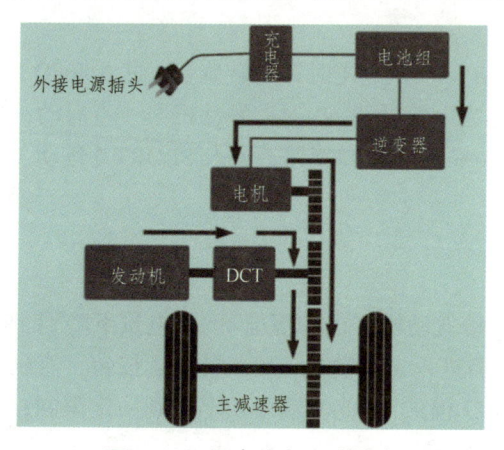

图 5-3-6　混合动力驱动模式

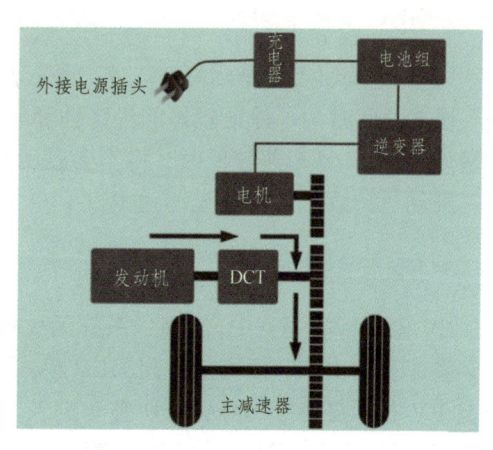

图 5-3-7　发动机独立驱动模式

1. HEV+ECO 双驱经济模式

在双驱经济模式下，当车速低于 40 km/h、电量高于 20%时不使用发动机；时速超过 40 km/h 时发动机自动启动，给车辆提供 10%的动力，控制器缓慢增大电机电流，同时为电池充电；当车速低于 40 km/h，电量低于 20%时同样会启动发动机，此时发动机处于怠速状态，不给车辆提供动力，给动力电池充电。只要车速一直不超过 40 km/h，那么电池充电充到 25%以上后发动机会自动熄火。

2. HEV+SPORT 双驱运动模式

在双驱运动模式下，发动机一直工作，停止和启动只能靠手动进行。发动机以 100%的动力传输给车轮，电机也工作在最大功率。

（三）工作模式切换

比亚迪秦的驱动模式切换开关如图 5-3-8 所示。

图 5-3-8　驱动模式切换开关

1. EV 模式下切换

"EV"按钮上的指示灯（冰蓝色）点亮表示在 EV 模式，逆时针旋转旋钮，进入 ECO（经济）模式，在保证动力的情况下，最大限度节约电量；顺时针旋转旋钮，进入 SPORT（运动）模式，以保证较好的动力性能。

2. HEV 模式下切换

"HEV"按钮上的指示灯（蓝色）点亮表示在 HEV 模式，逆时针旋转旋钮，进入 ECO（经济）模式，此时为了保证较好的经济性和动力性，当电量低于 5%时，发动机会一直启动；当电量大于 5%，且车速较低时，将不会启动发动机。顺时针旋转旋钮，进入 SPORT（运动）模式，发动机持续工作保持充沛动力。

3. EV 强制模式

EV 模式行驶过程中，在高压系统无故障、无启动发动机需求的情况下，当电量下降到 15%时，整车自动由 EV 模式切换到 HEV 模式。若仍需进入 EV 模式，可长按 EV 按钮，直到仪表上 EV 指示灯持续闪烁，表明整车进入"EV-ECO 模式"，此时输出功率受到一定限制；当电量下降到 5%时，整车将自动切换到"HEV-ECO 模式"。

> 想一想：混合动力汽车在高速行驶时，选用哪种模式比较好？
> _____
> _____

二、混合动力汽车驾驶使用流程

1. 车况检查

（1）基本检查

① 打开前机舱盖，检查冷却液液位、制动液液位是否符合标准，标准液位应在 MAX 刻度和 MIN 刻度之间。

② 检查低压蓄电池电压是否在正常范围以内。

③ 检查发动机机油液位是否正常，标准液位应在仪表机油刻度显示或机油尺的 MAX 刻度和 MIN 刻度之间。

（2）胎压检测

使用胎压表检测轮胎气压是否符合标准。标准气压可在车辆出厂铭牌中查看。

（3）环车检查

① 检查车辆周围地面是否存在漏液痕迹或零件散落痕迹等情况。

② 检查车辆表面是否完好，是否存在板件变形、脱漆和板件脱落情况，以明确车辆外观状况。

2. 驾驶前的准备工作

在驾驶混合动力汽车前需要做好以下准备工作：

（1）进入车内之前检查车辆周围环境，确保安全。检查可能存在的障碍物、行人等，以免发生碰撞或危险情况。

（2）调节座位位置、座位高度、座椅靠背角度、头枕高度和方向盘角度。确保舒适的驾驶姿势，有利于操控和驾驶舒适性。

（3）节车辆内外的后视镜。调整后视镜的角度，使驾驶员能够清晰地看到车辆周围的情况，确保安全驾驶。

（4）关好所有车门。在开始行驶之前，确保车门全部关闭，以保持车辆的密封性和安全性。

（5）系好安全带，并确保副驾驶乘员也系好安全带。安全带是驾驶时保护驾驶员和乘员安全的重要装置，务必正确佩戴并调整到合适的位置。

（6）确认驻车制动已释放，驻车制动提示灯熄灭。在开始行驶之前，确认驻车操纵机构已被充分释放，同时确保驻车制动提示灯已熄灭，以免行驶时受到制动的干扰。

3. 启动车辆

起步前需放开电子手刹（EPB），释放 EPB 时，同时踩制动踏板。若操作不当，可能导致 EPB 无法释放，车辆无法行驶；也可能导致 EPB 释放不到位，后轮拖滞。

比亚迪秦车辆配有一键启动系统。混合动力系统在踩制动踏板的同时通过短暂按下"启动/停止"按键，当"OK"点亮时，车辆可以启动。

4. 驾驶车辆

驾驶过程中要平稳的加速或减速，混合动力汽车的能源在减速时能够通过再生制动器完成回收，通过多媒体"行驶设置"选项可以设置"能量回馈强度"，如图 5-3-9 所示。

图 5-3-9　设置能量回馈强度

用户可以根据对松油门减速感的需求自由选择回馈强度，体验不同减速感，获得不同的驾驶乐趣。松油门回馈强度设定以后具有记忆功能，即使车辆退电，下次再上电时，仍保持上次设定的回馈模式。

5. 驻车

驻车时，拉起 EPB 开关，并按下 P 挡按键。

> **想一想**：混合动力汽车运行过程中，来回切换混动和纯动模式，应该如何处理？
> _____
> _____

三、混合动力汽车驾驶使用注意事项

在驾驶混合动力汽车的过程中，需要注意以下事项：

1. 路面状况不良时的注意事项

（1）行驶路段若有镶边石时应缓慢行驶，尽可能保持直线行驶。

（2）减慢车速在颠簸路面或坎坷不平的道路上行驶，以防止轮胎严重损坏。

（3）避免在具有高而尖锐边缘的物体上行驶，以避免严重损坏轮胎。

（4）长距离下陡坡行驶时应减速。如果踩制动次数过多，会导致制动系统过热而无法正常

工作。

2. 驾驶经过积水路段的注意事项

（1）驶入积水路段前必须查明积水深度，积水高度不得超过车身下边缘。

（2）如要涉水行车，建议在车辆起步前将空调关掉，使用 EV 模式，若 SOC 偏低则采用 HEV 模式，然后轻踩加速踏板不要松脚，以稳定而缓慢的速度通过积水路段。若松开踩加速踏板的脚则会造成排气回压将水倒吸入发动机，使发动机损坏。

（3）切勿将车辆停在水中，也不可在水中倒车和关闭发动机。

（4）顺利涉水通过积水区后尽可能避免紧急制动，同时必须连续轻踩制动踏板数次将制动盘上的水膜除去，以尽快恢复正常的制动性能。

3. 冬天驾驶的注意事项

（1）确保冷却液的冷冻保护作用。使用与原厂规格相同的冷却液，根据环境温度选择合适的冷却液型号。

（2）检查电池和电缆状况。寒冷的天气会降低起动型铁电池的能量，因此，起动型铁电池应保持充分的电量以用于冬季启动。

（3）确认机油的黏度适合冬季驾驶。

（4）避免车门锁被冰雪冻结。在车门锁孔内喷入一些除冰剂或甘油，防止结冰。

（5）使用含有抗冻剂的清洁液。水和抗冻剂的混合比率须符合厂商要求。

（6）避免挡泥板的下方积有冰雪。在严寒的冬季驾驶时，应经常检查挡泥板下是否积有冰雪。

（7）根据驾驶地点的不同建议携带若干必要的紧急用具。防滑链、车窗刮刀、一袋沙或盐、信号闪光装置、小铲、连接电缆等最好能常备车中。

> **想一想**：混合动力汽车在积水路段使用的注意事项与燃油汽车相同吗？
> _____
> _____

温馨提示（思政）

作为混合动力汽车的驾驶员，在日常驾驶和使用过程中，不仅需要关注技术和操作层面，还应当具有能源节约意识和注重绿色节能环保。

混合动力汽车的能源利用率较高，但仍需驾驶员的合理操作来实现节能目标。我们驾驶混合动力汽车过程中应当养成节约能源的良好习惯，避免急加速、急刹车等浪费能源的行为，并合理规划行车路线，避免不必要的行驶。

混合动力汽车以低排放、高能效的特点，成为推动绿色出行的重要选择。作为驾驶员，我们应当树立绿色出行意识，积极选择环保的出行方式，减少对环境的负担。

【任务测评】

一、判断题

1. 混合动力汽车包含有多种工作模式,所有混合动力汽车的工作模式都一样。（　　）
2. HEV 模式下车辆由发动机和电动机共同驱动,虽然保证了动力性但无法满足经济性。（　　）
3. 双驱运动模式下停止和启动只能靠手动进行。（　　）
4. 长距离下陡坡时,需要多次轻踩制动踏板进行减速。（　　）
5. 所有混合动力汽车工作模式的切换方式都一样。（　　）

二、选择题

1. 电机驱动系统是（　　）的组合。【多选题】
    A. 驱动电机　　　　　　　　B. 驱动电机控制器
    C. 电驱冷却系统　　　　　　D. 减速器总成
2. 永磁同步电机是以（　　）为媒介进行机械能和电能相互转换的电磁装置。【单选题】
    A. 磁场　　　　　B. 电流　　　　　C. 励磁
3. 与其他电机相比,永磁同步电机还必须装有（　　）,用来检测磁极位置,并以此对电枢电流进行控制,达到对永磁同步电机驱动控制的目的。【单选题】
    A. 永磁体　　　　　　　　　B. 转子位置传感器
    C. 逆变器　　　　　　　　　D. 温度传感器
4. 永磁同步电机主要由（　　）和旋转变压器、温度传感器等组成是纯电动汽车的电池性能。【多选题】
    A. 定子　　　　　　　　　　B. 转子
    C. 壳体　　　　　　　　　　D. 端盖
5. （　　）的作用可以带走电驱动系统中的驱动电机和驱动电机控制器工作过程中产生的热量,将其工作温度控制在适宜的范围内,使其具有良好的工作性能。【单选题】
    A. 驱动电机　　　　　　　　B. 电驱冷却系统
    C. 电机控制器　　　　　　　D. 减速器总成

三、简答题

1. 请简述混合动力汽车驾驶使用流程。
2. 请简述混合动力汽车驾驶使用注意事项。

任务四　燃料电池汽车驾驶使用

燃料电池汽车的驾驶使用具有一系列优势，包括：零排放、高效能、安静运行、快速加氢和长续航里程等。那么燃料电池汽车如何驾驶使用呢？本任务主要介绍燃料汽车的驾驶模式、驾驶使用流程和使用注意事项（见图 5-4-1）。

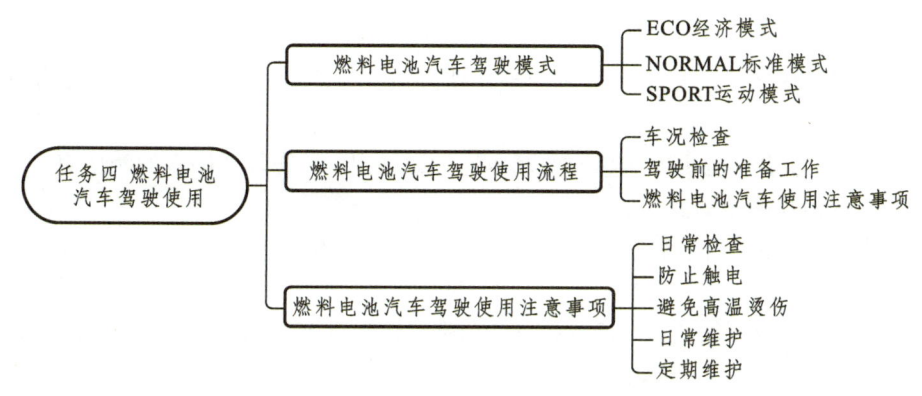

图 5-4-1　任务四知识框架

【学习目标】

知识目标：

（1）理解燃料电池汽车驾驶模式。
（2）总结燃料电池汽车使用流程。

能力目标：

（1）具备能进行燃料电池汽车模式切换的能力。
（2）具备根据车辆仪表显示判定燃料电池汽车续航里程和工况的能力。

素质目标：

（1）通过燃料电池汽车工作模式的学习，理解燃料电池汽车驾驶模式，并会根据路况选择合适的模式，提高知识学习和知识应用能力。
（2）通过燃料电池汽车驾驶操作和使用注意事项的学习，学会燃料电池汽车的使用，提高汽车使用能力。

【获取信息】

燃料电池汽车是一种利用燃料电池向电动机提供动力的汽车，它的燃料是氢气，而不是传统汽车的汽油或柴油。燃料电池汽车具有环保、高效、噪音小的优点，是未来汽车的一种重要发展方向。但由于技术限制和成本问题，目前燃料电池汽车并不是普及的交通工具。本文将以丰田 Mirai 燃料电池电动汽车为例介绍燃料电池汽车的使用方法。

一、氢燃料电池汽车驾驶模式

丰田 Mirai 燃料电池电动汽车有三种驾驶模式，分别是：ECO 经济模式、NORMAL 标准模式、SPORT 运动模式。

1. ECO 经济模式

在 ECO 经济模式下，车辆会通过调整其动力系统与能量管理策略以实现更为节能高效地运行，其特点如下：

（1）动力输出优化。电机控制单元限制车辆动力输出，使得加速踏板的响应更为平缓，从而达到限制能源消耗的目的。

（2）能量回收增强。当车辆处于滑行或制动状态时，车辆将最大限度地回收动能并转化为电能储存在电池中。

（3）空调等辅助设备能耗低。车辆会自动调整车内温度与通风设备的能耗，降低整体能源消耗。

（4）能量管理策略优。系统将优先调用储氢罐中的氢气，以及回收的电能，延长燃料电池的使用寿命和能源利用效率。

（5）轻量化设计。ECO 经济模式可能会停用一些非必要的电子设备，减少车身负重以及能耗。

（6）车辆乘坐舒适性好：车辆运行过程中，车辆利用各类传感器持续监控和调整系统性能，以确保在经济模式下行驶的安全性与舒适性。

在经济模式下，车辆油门响应相对较平缓，可降低车辆能耗，最大程度地提升续航里程。在城市拥堵路况下使用效果显著，可有效减少能源消耗。

2. NORMAL 标准模式

在 NORMAL 标准模式下，车辆将以默认的行驶状态运行，在保证舒适性和动力性能的前提下，实现能耗与性能的平衡。车辆的动力输出相对 ECO 经济模式更为充沛，但仍会控制能量消耗以保持较好的续航里程。其具体的工作特点如下：

（1）车辆平稳好。ENERGY 模式下，Mirai 车辆更注重舒适和安静的驾乘体验。电动机产生的动力输出平稳，加速和减速过程相对柔和。车内噪音水平较低，悬架系统也能提供较为舒适的行驶质感。

（2）工作效率高。为了最大化续航里程，ENERGY 模式通常会对能源管理系统进行优化。车辆可能会调整燃料电池堆的工作点，以提高整体效率。此外，能量回收系统也会更加积极地工作，将车辆制动和减速过程中的能量回收并储存起来。

（3）加速性能适中：尽管 ENERGY 模式优先考虑续航里程和效率，但车辆仍然能够提供足够的动力和加速性能，以满足日常行驶的需求。电动机能够迅速响应油门输入，确保车辆在城市和高速公路上都能自如行驶

在 NORMAL 标准模式下，车辆在续航里程和性能之间达到了较好的平衡，且具有良好的

平衡舒适性。适用于大多数日常驾驶情况，能够提供较为平稳的驾驶体验。

3. SPORT 运动模式

在 SPORT 运动模式下，车辆将释放其全部性能潜力，为驾驶者带来更加激动人心的驾驶体验。该模式通过优化动力系统和能量管理策略，实现以下特点：

（1）动力输出增强。SPORT 模式会调整燃料电池和电动驱动系统的参数，以提供明显更强的动力输出。驾驶者将感受到更迅猛的加速和更高的车速，使超车和驾驶更具乐趣。

（2）驾驶的操控感增强。电动驱动系统的响应速度将得到提升，使车辆能够更快地响应油门输入，提供即时的动力传递，增强驾驶的操控感。

（3）高速稳定性强。为了提升操控性能，SPORT 模式可能会调整悬挂系统的硬度和转向的灵敏度，使车辆在高速行驶和弯道驾驶时更加稳定和敏捷。

（4）能源利用率优化。尽管在运动模式下追求更高性能，但车辆依然会通过智能能量管理系统来有效地利用能源，以保证在高性能输出的同时，尽量减少能源消耗。

（5）驾驶信息提示。车内仪表盘将提供与运动模式相关的信息，如增强的动力输出状态、车速等，为驾驶者提供更直观的驾驶反馈。

这种模式下车辆悬架系统、转向系统及动力系统的特性均有所调整，以适应更激进的驾驶需求。行驶过程中，受限于燃料电池的输出特性，其加速性能相对传统内燃机车型较平缓。

> 想一想：燃料电池汽车在高速行驶时，选用哪种驾驶模式比较合理？
> _____
> _____

二、燃料电池汽车驾驶使用流程

1. 车况检查

燃料电池电动汽车驾驶前需要进行车况检查，以确保车辆处于良好的工作状态。如果发现任何异常情况，应立即联系专业技术人员进行维修，其具体检查项目如下。

（1）基本检查。

① 打开前机舱盖，检查燃料电池冷却液液位、制动液液位是否符合标准，标准液位应在 MAX 刻度和 MIN 刻度之间。在检查燃料电池冷却液液位和制动液液位时，应确保车辆处于平稳状态，并且冷却液和制动液的温度已经降至室温以下。

② 检查低压蓄电池电压是否在正常范围以内。

③ 检查车辆底部是否存在漏液痕迹。

④ 检查车辆外观是否完好，是否存在板件变形、脱漆和板件脱落情况，以明确车辆外观状况。

（2）胎压检测。使用胎压表检测轮胎气压是否符合标准。在检查轮胎气压时，应确保轮胎处于冷态，并且轮胎气压应符合车辆用户手册中的规定。

（3）检查燃料电池电堆和氢气系统。检查燃料电池电堆和氢气系统是否存在泄漏情况。如果发现任何异常，应立即联系专业技术人员进行维修。在检查燃料电池电堆和氢气系统时，应确保车辆处于断电状态，并且应使用专业的检测设备进行检测。

（4）检查驱动电机和变速器。检查驱动电机和变速器是否工作正常，是否存在异常噪音或振动。在检查驱动电机和变速器时，应确保车辆处于停车状态，并且应使用专业的检测设备进行检测。

（5）检查仪表盘。检查仪表盘上的指示灯是否正常，如电量指示灯、故障指示灯等。在检查仪表盘时，应确保车辆处于点火状态，并且应仔细观察仪表盘上的指示灯是否正常。

2. 驾驶前的准备工作

在驾驶燃料电池汽车前需要做好以下准备工作：

（1）进入车内之前进行绕车检查。

① 检查车辆外观是否有损坏，包括车身、轮胎、车窗等。确保轮胎气压正常，无明显磨损或损坏。检查车辆周围环境，确保安全。

② 检查车辆周围可能存在的障碍物、行人等，以免发生碰撞或危险情况。

（2）车内检查。

① 检查车内设备和设施是否正常，包括座椅、安全带、仪表盘、音响等，确保其功能正常。

② 调节驾驶视野。调节座位位置、座位高度、座椅靠背角度、头枕高度和方向盘角度。确保舒适的驾驶姿势和视野，有利于操控和驾驶舒适性。

③ 关好所有车门。在开始行驶之前，确保车门全部关闭，以保持车辆的密封性和安全性。

④ 系好安全带，并确保副驾驶乘员也系好安全带。安全带是驾驶时保护驾驶员和乘员安全的重要装置，务必正确佩戴并调整到合适的位置。

⑤ 踩下制动踏板，按下电源按钮，车辆将进入准备模式，检查车辆电源系统，包括电池电量和充电状态，确保电池电量充足，以支持正常驾驶。

3. 启动车辆

① 选择适合当前驾驶条件和个人喜好的模式，如经济模式、普通模式或运动模式。

② 放开驻车制动：放开电子手刹（EPB），释放 EPB 时，同时踩制动踏板，确认驻车制动已释放，驻车制动提示灯熄灭。若操作不当，可能导致 EPB 无法释放，车辆无法行驶；也可能导致 EPB 释放不到位，后轮拖滞。

③ 启动车辆：当车辆的燃料电池储存的氢气充分时，踩下制动踏板，将挡位切换到目标挡位，如前进挡（D 挡）、倒车挡（R 挡），缓慢松开制动踏板，车辆就可以启动。

4. 驾驶车辆

驾驶过程中要平稳地加速或减速，驾驶员通过踩下和松开加速踏板实现加速和减速，若需要紧急制动，踩下制动踏板，车辆将迅速制动。与传统燃油汽车一样，通过转动方向盘来控制车辆的转向。换挡则通过操作换挡杆来完成。丰田 Mirai 燃料电池电动汽车通常是自动挡，所以只需要将换挡杆切换到所需的挡位即可。

在行驶过程中，要注意观察仪表盘上的信息，如车速、电量、续航里程等。同时，要注意道路交通安全，遵守交通规则。

丰田 Mirai 燃料电池电动汽车需要定期充电和加氢。加氢的时间和方式类似于传统汽车的加油，只是需要注意几点：

① 加氢站的种类不同，加氢时间也会有所区别，一般在 3~5 分钟。
② 加氢之前需要关闭发动机、关闭气门，以确保安全。
③ 加氢时请注意不要过量，以免发生危险。

5. 驻车

当车辆需要驻车时，先逐渐减慢车速，保持在 5~10km/h 的速度，再停车。

在车辆静止后，踩下制动踏板，然后拉起驻车制动。关闭车辆电源：按下电源按钮将车辆关闭。这将切断车辆的电力供应，包括燃料电池系统和其他电气设备。

在离开车辆之前，检查周围环境，确保没有障碍物或其他车辆靠近。同时，确认车窗和车门是否关闭。确认一切安全后离开车辆。

注意事项：
① 燃料电池汽车的噪音小，在行驶中请注意听到前方行人和其他车辆的声音。
② 燃料电池汽车的加速性能较好，需要注意控制速度，以确保安全
③ 由于氢气是燃料电池汽车的燃料，在加氢和行驶过程中会产生少量的废气，因此在停车后需要将车辆停在通风的地方，以便排放废气，确保安全。

总体来说，燃料电池汽车的使用方法与传统汽车比较相似，但在加氢和停车过程中需要注意安全。

> **想一想**：燃料汽车运行过程中，当高压储氢罐内氢气不足时，应该怎样处理？
> _____
> _____

三、燃料电池汽车使用注意事项

在驾驶燃料汽车的过程中，需要注意以下事项：

1. 日常检查

每天工作前先对氢气管路、阀门进行检查，确认无问题后按规定开启阀门；工作结束后按规定关闭阀门。氢气泄漏时，氢气报警器发出警报，应尽快关闭氢气阀，再及时关闭系统主电源。严禁穿戴静电的服装进入氢气库及使用氢气的测试车间。燃料电池泄漏氢气时，应立即停机切断负载，并关掉氢气总阀开关。

2. 防止触电

燃料电池堆的电压与单电池个数有关，当电池堆的工作电压超过 36 V，就存在触电致死的危险。所以在使用燃料电池动力系统时一定要防止触电，尽量避免佩戴可能导致短路或触电

事故的导电饰品,切勿用手触摸电堆、控制器件等带电器件。每天工作前对电路进行检查,启动电源开关;工作结束后,关闭设备电源。燃料电池严禁短路,燃料电池输出电路严禁处于裸露状态。

3. 避免高温烫伤

当燃料电池工作的时候,电池堆表面及测试系统管路表面的温度可能在 70~80℃之间,这个温度可使人烫伤,所以工作时不要接触这些热表面。

4. 日常维护

燃料电池系统的维护非常重要,直接关系到燃料电池系统的性能及使用寿命,其维护事项都可分为日常维护和定期维护。日常维护包括燃料电池系统使用前和使用后的维护。使用前的维护事项:检查氢气管路是否泄漏,检查氢气报警器是否正常工作,检查去离子水是否足够(水冷方式),检查各个电气线路是否正确连接。使用后的维护事项:确保设备电源关闭,确保氢气阀门关闭,确保系统储存在干净的环境中。

5. 定期维护

定期更换去离子水,如果长期不使用应在使用前检查去离子水的纯度,更换周期一般为 7 天;定期更换空气过滤器,视使用环境而定,一般情况 500 小时左右更换一次;定期清洁燃料电池系统,视使用环境而定;如长期不使用,应定期运行燃料电池,检查燃料电池各个部件工作情况。

> **想一想**:燃料电池汽车的日常检查内容与纯电动汽车有什么区别?
> _____
> _____

温馨提示(思政)

通过学习燃料电池汽车的驾驶操作,使学生了解了燃料电池汽车的驾驶模式驾驶操作流程和使用要点。学习过程中,让学生体会到新技术的优势和潜力,激发学生对科学技术的兴趣和探索欲望,引导学生关注和支持其他领域的创新,培养其创新意识和创新能力。同时,通过具体的驾驶使用,学生也关注车辆的能源效率,合理规划行驶路线,以最大程度地利用燃料电池的能量。引导学生积极参与推动可再生能源的发展和应用,为创建一个更可持续的社会贡献力量。

【任务测评】

一、判断题

1. 当燃料电池工作的时候，电池堆表面及测试系统管路表面的温度可能在 70~80℃之间，这个温度可使人烫伤。（ ）
2. 所有燃料电池汽车的驾驶模式都一样。（ ）
3. 丰田 Mirai 燃料电池电动汽车的经济模式下，车辆油门响应相对较平缓，能降低车辆能耗，最大程度地提升续航里程。（ ）
4. 丰田 Mirai 燃料电池电动汽车的标准模式用于大多数日常驾驶情况，能够提供较为平稳的驾驶体验。（ ）
5. 丰田 Mirai 燃料电池电动汽车只需要进行日常维护。（ ）

二、选择题

1. 丰田 Mirai 燃料电池电动汽车有（　　）三种驾驶模式。【多选题】
   A. 经济模式　　　　B. 标准模式　　　　C. 运动模式　　　　D. 节能模式
2. 在（　　）下，车辆将释放其全部性能潜力，为驾驶者带来更加激动人心的驾驶体验。【单选题】
   A. 经济模式　　　　B. 标准模式　　　　C. 运动模式　　　　D. 节能模式
3. 在（　　）下，车辆会通过调整其动力系统与能量管理策略以实现更为节能高效地运行【单选题】
   A. 经济模式　　　　B. 标准模式　　　　C. 运动模式　　　　D. 节能模式
4. 燃料电池电动汽车的车况检查包括（　　）。【多选题】
   A. 基本检查　　　　　　　　　　　　B. 胎压检测
   C. 检查燃料电池电堆和氢气系统　　　D. 检查驱动电机和变速器
5. 丰田 Mirai 燃料电池电动汽车使用时需要定期加氢，下列加氢描述不正确的是（　　）。【单选题】
   A. 加氢站的种类不同，加氢时间也会有所区别，一般在 3~5 分钟。
   B. 加氢之前需要关闭发动机、关闭气门，以确保安全。
   C. 加氢时请注意不要过量，以免发生危险。
   D. 打开点火开关的情况下，可以加氢。

三、简答题

1. 请简述燃料电池汽车驾驶使用流程。
2. 请简述燃料电池汽车驾驶使用注意事项。

参考文献

[1] 李凯. 新能源汽车概论[M]. 北京：北京交通大学出版社，2018.

[2] 邹政耀，王若平. 新能源汽车技术基础[M]. 北京：清华大学出版社，2020.

[3] 高建平. 新能源汽车概论[M]. 北京：机械工业出版社，2018.

[4] 何泽刚. 新能源汽车认知与使用安全[M]. 北京：机械工业出版社，2018.

[5] 谭婷，尹爱华. 新能源汽车电学基础与高压安全[M]. 北京：机械工业出版社，2018.

[6] 周梅芳，罗英. 新能源汽车概论[M]. 北京：机械工业出版社，2018.

[7] 孙旭，陈社会. 新能源汽车概论[M]. 北京：机械工业出版社，2023.

[8] 杨光明. 新能源汽车结构与原理[M]. 北京：化学工业出版社，2018.

[9] 朱升高，冯健，张德军. 电动汽车结构原理与维修[M]. 北京：机械工业出版社，2019.

[10] 宫英伟. 混合动力电动汽车结构原理与检修[M]. 北京：机械工业出版社，2018.

[11] 刘尚达. 新能源汽车构造[M]. 北京：机械工业出版社，2023.

[12] 尹安东,于霞. 燃料电池电动汽车驱动系统及其控制技术[J]. 农业装备及车辆工程，2007（4）.